교회, 다시 봄

세움북스는 기독교 가치관으로 교회와 성도를 건강하게 세우는 바른 책을 만들어 갑니다.

동네 교회 이야기 시리즈 6

교회, 다시 봄

개척 전에 교회를 먼저 건축한 푸른마을교회 이야기

초판 1쇄 인쇄 2023년 1월 25일
초판 1쇄 발행 2023년 1월 30일

지은이 | 유재춘
펴낸이 | 강인구

펴낸곳 | 세움북스
등　록 | 제2014-000144호
주　소 | 서울시 종로구 대학로 19 한국기독교회관 1010호
전　화 | 02-3144-3500
팩　스 | 02-6008-5712
이메일 | cdgn@daum.net

교　정 | 김　설 · 류성민
그　림 | 심효섭
디자인 | 참디자인

ISBN 979-11-91715-63-7 (03230)

교회, 다시 봄

개척 전에 교회를 먼저 건축한 푸른마을교회 이야기

유재춘 지음

세움북스

추천사

친구 유재춘 목사님의 신간이 나와 단숨에 읽었습니다. 봄을 가장 좋아하는 목사님처럼 책을 읽는 내내 봄의 따스함과 향기로움을 기대했습니다. 그러나 목사님의 삶은 오히려 겨울의 추위와 가시밭길이 훨씬 더 많은, 그야말로 목사로서 살기 위한 분투의 나날들이었습니다. 그럼에도 목사님의 글은 그런 힘겨움 속에서도 봄(春)의 따스함과 향기로움을 다시 바라보는(視) 기대와 소망을 가지게 합니다.

아름다운 교회를 꿈꾸던 때에도, 열정으로 교회를 세우던 시절에도, 기쁨으로 열매를 거두던 때에도, 가슴 아픈 눈물을 흘리던 시기에도, 아무도 그 수고와 눈물을 몰라 줘도, 예상치 못한 역경과 눈물로 깊은 탄식에 빠졌던 순간에도, 아무리 부르짖어 기도해도 하나님이 응답해 주지 않는 것 같은 영혼의 어두운 밤에도, 목회자의 가슴에 대못을 박고 떠나는 성도의 뒷모습을 지켜보는 쓸쓸함의 경험 가운데서도 "주님께 기억되는 인생이 복"이라는 목사님의 고백에서 인생의 사계절을 경험한 겸손을 느낍니다.

세움북스의 "동네 교회 이야기 시리즈"는 이렇게 이름도 빛도 없이 자신에게 주어진 목회의 삶과 현장을 묵묵히 지켜 내고 있는 목회자와 교회, 그리고 성도의 이야기를 통해 목회자가 세워지고, 교회가 세워지고, 성도가 세워져 가는 생생한 이야기를 경험하실 수 있습니다. 주님의 교회를 다시 보기 원하는, 주님의 교회에 다시 희망이 봄이 오기를 고대하는 모든 목회자들과 성도님들께 일독을 권합니다.

김관성 목사 _ 낮은담침례교회 담임 목사, 《본질이 이긴다》, 《살아 봐야 알게 되는 것》 저자

꿑

이 책에는 〈교회여 일어나라〉라는 찬양처럼, 교회를 통한 하나님 나라의 중흥을 꿈꾸고 있지만 대형 컨퍼런스와 집회를 통한 행사를 말하지 않습니다. 오히려 우리 동네 골목에 있는 교회로서, 하나님 나라가 작지만 치열한 삶의 현장에서 어떻게 만들어져 가는지를 생생하게 보여 주고 있습니다. 충주라는 소도시에서 동네 작은 교회를 개척하며 눈물 속에 교회 공간을 만들어 간 이야기, 교회가 세워진 후 성도 한 사람 한 사람을 '리얼(real) 크리스천'으로 변화시키며 겪었던 가슴 시린 이야기가 담겨 있습니다. 그래서 '스몰 스토리' 속에 담긴 하나님 나라는 놀랍도록 생생합니다.

저자는 저에게 37년 전 복음을 소개한 리얼 크리스천 청소년이었으며 아직도 그때의 심정을 가슴에 담고 있는 푸르고 푸른 중년입니다. 봄을 좋아하는, 교회의 봄날을 꿈꾸는 목회자입니다. 저자와 교회와 하나님 나라에 관한 이야기를 하면 가슴 깊은 곳에서 복음의 열정이 다시금 불 지펴집니다. 현재 진행형 하나님 나라를 상상하게 되고, 하나님의 소명이 현실 속에서 확인되기 때문입니다. 저자에게 전염된 저는 현재 목회자로 살아가고 있습니다. 그래서 저자는 아직도 매력이 있습니다. 하나님 나라 발전소가 가슴에 있기 때문입니다. 고통이라는 회전축을 통해 구원을 찾고, 상함을 통해 위로를 찾고, 고립이라는 통증 속에 연합과 연대를 갈망하며, 죄에 대한 통렬한 자각 속에서 구원자를 향해 여전히 목마르기 때문입니다. 그 지점에서 저자는 교회의 고통과 상함, 고립과 죄성이라는 부정적 에너지를 하나님에 대한 갈망이라는 여과지를 통과시켜 희망 에너지로 전환시킵니다. 물리적 발전소가 회전이라는 과정을 통해 전기를 생산한다면, 교회는 하나님의 나라 안에서 복음의 축을 중심으로 회전하면서 이전에 발견할 수 없었던 희

망이 포착됩니다. 저자는 예배실의 바닥을 기도로 뒹굴며 하나님 나라 희망을 포착했습니다. 그래서 저자는 복음의 동력을 일으키고자 작은 사건들 하나마다 가슴 뭉클한 하나님의 마음으로 물들어 있습니다. 복음의 동력이 매일 운동력을 가져야 치열한 현장이 주는 압박감과 고립감, 욕망과 자기 중심성을 극복할 수 있습니다.

저자는 삶의 사건들 속에서 예수 그리스도를 발견합니다. 그렇게 복음의 터빈을 회전시켜 새로운 에너지를 발생시킵니다. 이렇게 파생된 복음의 에너지는 자신의 생기가 되고 교회의 동력이 되며 세상을 변화시킬 운동력이 됩니다. 저자는 생명력을 잃고 절망에 사로잡힌 사람들, 방황하는 이들에게 희망을 실어 나르는 역할이 목회자의 사명이고, 교회의 사명이라고 말하는 것입니다.

이 책은 교회를 바라보는 냉랭한 선입견을 갖고 있는 시대를 향해 주머니 손난로 같은 온기를 전해 줍니다. 가슴을 숨 쉬게 합니다. 그런 목회자, 그런 교회 하나 있다는 것이 다행이다 싶게 합니다. 관찰 카메라에 포착된 클로즈업(close-up)된 작은 사건을 통해 생생한 은혜를 전달받게 됩니다. 저자가 바라본 교회의 미래는 광화문에 그리스도의 계절을 외치는 선봉대가 아닙니다. 동네 골목에 소담스럽게 핀 채송화 같습니다. 이 책에서 바라본 교회의 봄은 봄이면 꼭 있어야 하는 가장 낮은 곳에 피어난 채송화입니다. 그래서 이 책은 귀합니다, 일독을 권합니다.

김광섭 목사 _ 2동탄중앙교회 담임 목사, 모자이크센터 대표, 크리스천타임즈 칼럼니스트(캐나다)

사도 바울은 밀레도 섬에서 에베소 교회의 장로님들과 눈물의 이별을 하면서 "하나님께서 자기 피로 사신 교회"(행 20:28)를 위해 겸손과 눈물 그리고 인내로 섬겼다고 했습니다. 이렇듯 교회는 예수님의 피로 세워졌기에 목회자의 눈물과 겸손과 인내를 필요로 합니다. 눈물과 겸손과 인내 없이는 천하보다 귀한 영혼이 구원받아 하나님의 군대로서 설 수가 없기 때문입니다.

저는 유재춘 목사님의 이 책을 읽으면서 많은 감동과 하나님의 은혜를 보았습니다. 그리고 깊은 공감을 하였습니다. 유재춘 목사님께서는 예수님의 피로 세우신 교회를 개척하는 기쁨과 교회 건축 과정에서 겪는 피눈물에도 불구하고 자신의 교회를 세우시는 하나님의 놀라운 역사를 체험하셨습니다. 그리고 천하보다 귀한 한 영혼이 구원받아 교회 회원이 되는 기쁨을 통해 해산의 수고와 기쁨을 맛보셨고, 한 영혼이 교회를 떠남으로 인해 밤을 새워 잠을 자지 못하는 괴로움을 체험하셨습니다. 그 가운데 겪게 되는 가족들의 희생을 바라보면서 사명자의 삶에 대한 깊은 고뇌와 축복을 기록하였습니다. 그래서 저는 이 책을 '눈물로 쓴 글'이라고 이야기하고 싶습니다.

제가 이 책에서 본 중요한 포인트 중 하나는 '보이지 않는 하나님의 손'입니다. 나보다 항상 먼저 일하고 계시며, 지금도 일하고 계시고, 앞으로도 일하시는 하나님의 손입니다. 보이지 않지만 하나님은 일하고 계셨습니다. 유재춘 목사님의 눈물의 글에 나타난 보이지 않는 하나님의 손이 세우시는 교회의 살아 있는 현장으로 여러분을 초대합니다.

김정원 목사 _ 우리꿈교회 담임 목사, 경기도 침례교연합회 대표회장

유재춘 목사님의 처녀작이 나온다는 말을 듣고 내심 매우 기뻤습니다. 그를 어린 시절부터 지켜봐 왔던 터라, 목사님의 책에 추천사를 쓰게 되어서 흐뭇합니다. 한 권의 책 속에는 저자 인생의 모든 것이 들어 있기 마련입니다. 헤아릴 수 없는 그의 경험, 다양한 지식, 좋아하는 것과 아픔도 들어 있을 것이며, 하고 싶은 말과 평소에 볼 수 없었던 진솔한 모습도 녹아 있을 것입니다.

비록 읽는 사람 편에서는 대수롭지 않게 보일지 몰라도, 글을 쓴 사람에게는 아이를 낳는 심정과 방불한 심적 고통이 따르는 작업이라고 봅니다.

그런 면에서 생명의 숨결이 담긴 첫 번째 책을 낳은 그의 저서 《교회, 다시 봄》에 대한 기대가 자못 크며, 널리 알리고 싶습니다.

신실한 신자였던 할머니의 영향으로 태어나자마자 교회를 다닌 저자는, 지금 목사가 되어 교회를 개척하고 오늘에 이르기까지 교회와 더불어 평생을 살아온 생애이기 때문에, 교회는 곧 그 자신과도 같으며, 교회를 떠나서 그의 인생을 말한다는 것은 상상할 수도 없습니다. 그래서 저자는 누구보다 교회를 향한 애정 어린 시선으로 교회와 관련한 자기의 경험, 교회를 향한 아름다운 꿈, 교회에 흘린 눈물 어린 사랑의 고백을 담아 내고 있어, 읽는 이로 하여금 짙은 감격을 느끼게 해주며 사랑의 마음으로 교회를 다시 보자고 독자들을 보듬어 줍니다.

저자는 교활해지는 세상에서 지나치게 순수함을 간직하고 있는 깨끗한 영성을 소유하고 있습니다. 그런 그의 책을 읽는 이들도 덩달아서 그의 글에 담긴 맑은 향기에 취하게 될 것입니다. 수많은 책이 매일 쏟아져 나오는 때에, 우리의 영혼을 잔잔히 적셔 줄 그의 책을 만나는 기쁨에 잔뜩 기대가 되며, 책을 읽고 나면 주님의 몸 된 교회를 향한 마음이 분명 달라져 있을 것입니다. 교회의 홍수 시대라고 할 수 있는 때에 본서를 통해 아름다운 교회의 좋은 모델이 나오길 기대해 봅니다. 이것이 첫걸음을 뗀 유재춘 목사님의 다음 저서가 벌써 기다려지는 이유입니다. 진심으로 그를 축복합니다.

김형윤 목사 _ 침례교해외선교회(FMB) 세계순회 선교사, 세계순회선교회(WPM) 대표,
前 서울제일침례교회 담임 목사

추천사를 부탁받았을 때, 저는 저자 유재춘 목사님과의 행복한 추억이 떠올랐습니다. 침례교단 사모님들이 우리 두 사람을 훈남이라고 말해 준 것입니다. 유재춘 목사님은 누가 보기에도 훈남입니다. 외모만이 아니라 그의 마음 씀씀이와 목회도 훈남입니다. 이번에 책을 읽으면서 다시금 느낀 것은

그의 필력이 상당하다는 것이며, 특히 청소년들에게 인정받는 유능한 강사라는 점이었습니다. 요즘 아이들은 호불호가 분명합니다. 강의 시작 2분 안에 그 강의의 승패가 갈립니다. 그런데 그들에게 인정받는다는 것은 그만큼 매력적이면서 분명한 주제들을 효율적으로 다루고 있다는 뜻입니다.

이 책 《교회, 다시 봄》에서 유 목사님의 이런 매력을 느껴 볼 수 있었습니다. 할머니의 신앙으로 시작된 믿음의 가문에서 성장, 청소년기의 뜨거운 소명과 헌신, 교회 개척과 건축 과정의 눈물과 한숨, 목사의 개인 가정사 등 한 페이지마다 스토리와 철학이 스며져 있습니다. 특별히 건축 중단의 고통과 예배당 바닥에서 신음하며 흘렸던 눈물이 눈에 선하게 그려집니다. 함께 아파하고 함께 울었습니다. 그리고 마침내 건축을 완공하고 새로운 봄을 맞은 영광과 기쁨에 함께 감동을 느꼈습니다. 현재 코로나 이후 한국 교회는 유 목사님의 예배당 공사 중단기처럼 모두가 힘을 잃고 낙심하며 고통스러워하고 있는 것 같습니다. 저는 이 시기에 이 책을 펴낸 유 목사님의 마음을 생각해 보았습니다. 이름처럼 '재춘(載春)'이 봄의 희망을 실어서 운반하듯이, 한국 교회가 이 차가운 겨울을 이겨 내고 따스한 봄을 맞도록 이 책을 통해서 격려하고 사랑하는 봄의 마음을 느낄 수 있었습니다. 그가 목회 현장에서 보듬고 눈물로 사랑한 그 손길은 예수님을 많이 닮아 있습니다. 그 손길이 닿는 곳마다 차가운 겨울 마음이 따스한 봄의 마음으로 변화한 것처럼, 이 책을 읽는 모든 독자들 또한 저자를 통해 전해지는 따스한 주님의 마음을 충분히 느끼게 되리라 확신합니다.

남병습 목사 _ 미국 Southwestern Baptist Seminary 목회학 박사, 충북 심리상담 교육센터 센터장

유재춘 목사가 전도사 시절에 하남 푸른마을교회를 담임하던 나는 유재춘 전도사를 우리 교회 전도사로 청빙하여 5~6년을 동역했습니다. 어느 날 충주에 계시는 어머님에게 복음을 전해 달라는 부탁을 받고 성도들과 함께 충

주 유재춘 전도사의 고향 집을 방문했었습니다. 그때 저는 할머니 신앙의 영향으로 손주들이 셋이나 목회자의 길을 가는 이 가정이 참 부러웠습니다. 그리고 비록 자리에 누워 계시지만 깨어서 기도하시는 안나와 같은 할머니를 뵈었습니다.

저는 유재춘 목사의 할머님, 어머님, 아버님, 누님과 형님들을 알고, 그의 고향, 그의 출신 교회, 그리고 그가 사역했던 교회를 담임했습니다. 그는 하나님의 사람이고, 하나님의 통치를 받으며 살기를 고대하는 하나님 나라 백성입니다. 하나님 나라를 살면서 하나님이 원하시는 목회를 묵묵히 하고 있는 하나님의 아들입니다. 특별한 기적이 일어나지 않아도 하나님의 통치를 받으며 살면 그 삶이 곧 기적입니다.

이 책은 그가 하나님 나라를 살면서 겪었던 이야기를 진솔하게 써 내려갑니다. 그래서 하나님 나라를 사는 사람에게는 그의 이야기가 곧 나의 이야기가 되고, 다른 사람들의 눈에는 평범한 이야기가 하나님 나라를 사는 사람에게는 가슴을 뭉클하게 하는 기적이 되는 것입니다. 하나님의 통치를 받으며 사는 사람에게는 큰 교회와 작은 교회의 차이가 없습니다. 한 영혼을 주님의 심정으로 사랑할 뿐입니다. 그 목회의 이야기가 이 책 속에 있습니다. 너무나 평범한 목사, 너무도 평범한 목회, 그러나 하나님과 함께 만들어 온 지난 시간은 결코 평범하지 않습니다. 유재춘 목사와 같은 문제, 같은 어려움으로 주님 앞에 눈물 흘리는 이 땅의 목회자들에게는 새롭게 생명이 싹트는 '봄'이 되기 때문이다.

임성도 목사 _ 디딤돌교회 담임 목사

친구 유재춘 목사는 우리 동기들에게는 언제나 봄이었습니다. 항상 따뜻했고, 넉넉한 웃음과 귀공자 같은 외모, 그리고, 솔 이상 올라가지 않는 잔잔한 말투. 그 모든 것이 봄과 어울렸습니다. 그가 어떻게 살아왔는지, 어떻게 살고 있는지, 얼마나 힘든지 그의 얼굴을 통해 도무지 읽어 낼 수 없었습니다. 그는 언제나 우리에게 봄으로 다가왔습니다. 이제 보니 그의 이름 속에 봄이 있었습니다. 봄은 자기는 괴롭고 남은 즐겁게 하는 계절입니다. 추운 겨울과 싸워야 하고, 녹지 않은 땅을 갈라서 꽃을 피워야 합니다. 나비와 벌들이 날아와 꽃 위에 앉는 듯하다가도 아직 물러가지 않은 꽃샘추위에 화들짝 놀라 달아납니다. 봄이 왔다고 다들 좋아하지만, 봄은 그 봄을 선물하기 위해, 그 봄을 봄답게 하기 위해 힘겨운 싸움을 하고 있습니다. 친구의 책을 읽고, 눈물이 났습니다. 늘 우리에게 봄을 실어 날라 주었던 재춘은 힘겹게 주님 앞에서 살아왔습니다. 누구나 목회의 여정 가운데 겪는 고통이라지만, 우리 앞에 늘 웃으며 따뜻하게만 다가왔던 친구인지라, 그 뒤에 있었던 겨울이 유난히 더 춥게 느껴집니다.

이 책은 또한 복음의 겨울을 맞은 한국 교회에 힘겹게 다시 봄을 가져오기 위해 몸부림친 한 목회자의 이야기입니다. 그의 이야기가 기쁠 때 함께 기쁘고 그의 이야기가 아플 땐 함께 아픕니다. 그의 고생은 모두 스스로 선택한 길입니다. 주님을 위해 그의 이야기는 항상 좁은 문을 선택한 이야기입니다. 그는 늘 자기 앞에 있었던 더 나은 길을 포기하고 주님이 원하시는 길을 선택했습니다. 그 선택은 형통과 번영이 아닌 고난과 눈물이 더 많았고, 배신과 구겨지는 자존심이 더 많았습니다. 하지만, 우리는 그 길이 주님이 그토록 말씀하셨던 좁은 길임을 알고 있습니다. 모두가 알지만 선뜻 들어서지 못하는 그 좁은 길, 유재춘 목사에게 전혀 어울릴 것 같지 않은 그 길을 이 친구는 잘도 걸어왔습니다.

이 책은 한국 교회에 다시 봄을 가져다줄 뜨거운 책, 따뜻한 책, 눈물과 땀으로 젖은 책입니다. 세움북스의 '동네교회 이야기 시리즈'가 참 고맙습니다. 이런 멋진 교회들을 찾아내어 세상에 소개하는 출판사에게 고맙고, 출판사가 자신 있게 출판할 수 있도록 동네를 품고 성실히 목회해준 친구에게 고맙습니다. 부디, 이 책이 많은 사람의 손에 전해져 목회의 소망을 회복하고, 섬기는 교회들의 영광을 경험하기를 바랍니다. 친구의 교회에도, 이

대한민국 얼어붙은 대지에도 예수의 계절, 그 봄이 오기를 소망합니다.

최병락 목사 _ 강남중앙침례교회 담임 목사, 월드연구소 소장, 《부족함》, 《목회 멘토링》 저자

신학교 신입생이 되어 모든 것이 낯설었던 저에게 말을 걸어온 동기가 있었습니다. "반갑다."라는 그의 한마디는 겨우내 꽁꽁 얼어 있는 호수를 깨우는 봄 햇살처럼 따뜻했습니다. 그 인자한 미소에 마음이 열렸고, 우리는 그렇게 친구가 되었습니다. 어느 날 그 친구의 책이 제 손에 들렸고, 첫 장을 넘기는 순간부터 마지막 페이지까지 완전히 몰입하여 단숨에 읽어 내려갔습니다. 유 목사의 목회 사계절이 담긴 이 책을 읽으며 무릎을 치며 공감했고, 안타까움에 몸서리치기도 했으나, 그 어느 지점에서는 말할 수 없는 큰 위로에 압도당했습니다.

하나님이 허락하신 소명에 순종하여 흔들림 없이 걸어 온 그의 목회 여정은 때로는 봄 햇살처럼 따스했고, 때로는 한 여름의 태양처럼 열정적이었습니다. 한 명의 성도도 없이 숱한 어려움 속에서도 건축으로 개척을 해내고, 담을 낮추고 지역사회와 소통하며 세상에서 교회가 어떤 모습으로 존재해야 하는지 본이 되는 모습으로 성장하여 열매 맺는 가을의 시절도 보냈습니다. 그러나 그의 목회 여정 속에는 교회 안의 여러 가지 부정적인 모습들, 말없이 떠나 버린 이들에게 받은 상처들로 인해 그늘진 어두움도 있었습니다. 이런 혹독한 겨울의 모습도 은닉하지 않고 정직하게 열어 보여 준 그의 용기 앞에 탄복하기도 했습니다.

자연의 사계(四季)에서는 기나긴 겨울도 다가오는 봄 앞에는 결국 그 자리를 내어 줘야 한다는 창조의 섭리를 발견하게 됩니다. 그러나 이 책에서 등장하는 교회의 사계(四季)에서는 봄, 여름, 가을, 심지어 삭풍이 부는 겨울일지라도 하나님께서 동행하시는 여정이라면 따뜻하고 포근한 봄날임을 선언하는 저자의 멋진 고백을 만나게 될 것입니다. 아름다운 교회의 모습, 정직

하고 본받고 싶은 지도자를 갈망하는 신학생들과 목회자들, 특별히 교회를 사랑해야 한다는 하나님의 사명 앞에 다시 꿋꿋하게 서기를 원하는 모든 분들에게 이 책을 기꺼이 추천합니다.

최인선 목사 _ 은혜드림교회 담임 목사, 한국침례신학대학교 특임 교수

《교회, 다시 봄》은 우리의 정지된 믿음과 소명을 일깨우고, 하나님과 삶에 대해 흐릿해져만 가는 우리의 시선을 정화합니다. 저자의 이야기는 흔하게 접하는 개척 교회 목사의 자아도취적 성공담과는 너무도 거리가 멉니다. 그의 이야기는 명태처럼 '얼었다 녹았다'를 반복하는 개척 목회의 소박한 성취와 좌절에 대한 자술서이면서, 신앙인이고 세 아이의 아빠이며 한 아내의 남편인 평범한 가장이 고군분투하는 진솔한 삶의 고백입니다. 그의 소소한 이야기가 어떻게 우리의 삶과 하나님, 교회에 대한 생각을 순결하게 할 수 있을까요? 그것은 그의 이야기가 우리를 신앙과 삶의 깊은 곳인 하나님께로 데려가기를 주저하지 않고, 세상의 흩어진 이런저런 다양한 교회들이 조화롭게 어우러질 우주적 교회의 이상을 펼치기 때문입니다.

저는 책을 읽는 동안 저자와 함께 설렜고, 함께 울었으며, 때론 그와 함께 낙심도 했지만, 함께 그리워하고, 보다 깊고 높은 곳을 동경하였습니다. 그것은 어수선했던 마음속에 잔잔한 울림으로 차오른 경건하고 거룩한 감정들이었습니다. 《교회, 다시 봄》은 신앙과 삶, 목회의 어둠 속에서 절망하고 있는 많은 무명한 자들에게 "빛이 어둠 속에서 비치고 있다"(요 1:5)라는 구원의 소식을 알리는 그리스도의 편지임에 분명합니다. 저자도 그랬던 것처럼 이 책을 읽는 우리 모두가 삶에 개입하여 들어오시는 하나님의 주권적이고 신비한 이끄심을 경험하고 고백할 수 있기를 바랍니다.

최진봉 교수 _ 장로회신학대학교 예배설교학 교수

친애하는 유재춘 목사님의 《교회, 다시 봄》의 출간을 진심으로 축하드리며 저 또한 매우 기쁘게 생각합니다. 제가 유재춘 목사님을 처음 만난 것은 25년 전인 1998년입니다. 충주에 있는 모 침례교회에서 신학생 네 사람이 교육 전도사로 만났습니다. 당시 함께 찍은 기념사진에는 유재춘 목사님이 저에게 다정하게 어깨동무한 모습이 담겨 있습니다. 다른 전도사님들과도 좋은 관계를 유지했지만, 저는 유독 유재춘 목사님과 친밀한 교제를 나누었습니다. 유재춘 목사님이 저에게 친밀하게 다가와 주었다는 것이 더욱 정확한 표현일 것입니다. 당시 신학생이 된 지 불과 2년 차라 교회 사역에서 좌충우돌을 면치 못하고 있었지만, 유재춘 목사님(당시 교육 전도사님)은 안정감을 지닌 가운데 사역을 잘하셨습니다. 당시 교회의 모든 교육 기관 가운데 유재춘 목사님이 담당했던 주일학교가 가장 안정적으로 성장한 것으로 기억합니다.

그때 저는 유재춘 목사님의 장래 모습을 나름대로 생각해 보았습니다. '미국 유학을 다녀와서 학자의 길을 걸을 것인가? 아니면 성도들에게 하나님 말씀을 전하는 목사요 믿지 않는 분들을 향해 눈물을 흘리며 구원의 메시지를 선포하는 전도자가 될 것인가?' 시간이 지난 후 '성도들에게 하나님 말씀을 전하는 목사요 믿지 않는 분들을 향해 눈물을 흘리며 구원의 메시지를 선포하는 전도자'가 된 유재춘 목사님을 다시 만났습니다. 각각 목회 현장에서 말씀을 선포하고 복음을 전하는 담임 목회자와 강의하며 글을 쓰는 작가가 되어 다시 만났습니다.

유재춘 목사님이 책 출간을 앞두고 있다는 소식을 듣자마자 마치 제 일처럼 기쁜 마음이 이루 말할 수 없었습니다. 목사님의 글을 읽으면서 그동안 궁금했던 목사님의 목회 사역 발자취를 알 수 있었습니다. "아! 과연 하나님은 유재춘 목사님과 함께하셨구나." 과연 목회 사역은 하나님께서 인도하시는 사역이라는 것을 다시금 깊이 깨달았습니다.

유재춘 목사님의 책 《교회, 다시 봄》은 '진솔한 그리스도인'이며 '뼛속까지 목사일 수밖에 없는 현장 목회자'의 솔직한 고백이라고 생각합니다. 수년 전 제가 쓴 책에서 한국 교회의 저명한 신학자요 영성가였던 목사님 한 분을 일컬어 저는 '진솔한 그리스도인'이라고 하였습니다. 그만큼 진솔한 그리스도인이라고 인정받기가 쉽지 않음을 의미합니다. 그뿐만 아니라 '뼛속까지 목사'라는 고백은 참으로 조심스러울 수밖에 없습니다. 그것은 '영성과 인격이 갖추어진 목회자'라는 것을 의미하기 때문입니다. 이런 측면에서 저는 유재춘 목사님을 '진솔한 그리스도인'이며 '뼛속까지 목사일 수밖에 없는 현장 목회자'라고 소개하고 싶습니다.

그렇기 때문에 이 책을 읽은 모든 분이 유재춘 목사님과 함께하신 임마누엘 하나님이 자신과도 함께하신다는 깊은 확신을 얻기를 바라며 이 책을 적극 추천합니다. 다시 한번 유재춘 목사님의 《교회, 다시 봄》 출간을 축하드리며, 크게 기뻐합니다.

홍인표 목사 _ 《강아지 똥으로 그린 하나님 나라》 저자, 성악가

목차

프롤로그

비발디의 바이올린 협주곡 〈사계〉(四季, Le quattro stagioni)는 봄, 여름, 가을, 겨울의 변화와 특징적인 풍경을 묘사한 음악입니다. '봄' 악장에서는 새들이 아침을 노래하고 얼어붙었던 시냇물이 녹아내리면서 따뜻한 봄기운이 무르익어 가는 풍경을 연주합니다. '여름' 악장에서는 뜨거운 태양과 폭풍이 몰아치고 번개와 우박이 쏟아지는 계절을 묘사합니다. '가을' 악장에서는 농부들이 풍성한 수확의 기쁨을 나누며 술과 춤 잔치를 벌이는 모습을 노래합니다. 그리고 마지막 '겨울' 악장에서는 차가운 눈 속에 벌벌 떠는 사람의 모습과 휘몰아치는 겨울바람을 표현합니다. 비발디의 〈사계〉는 현악기를 중심으로 구성된 작은 오케스트라로 연주하는 음악이지만, 사계절의 변화를 눈에 보이지 않는 음악으로 멋지게 그려 냈습니다. 이처럼 자연 세계에서 사계절은 각각의 뚜렷한 특징이 있습니다.

인생도 마찬가집니다. 희망을 노래하는 봄이 있는가 하면, 뜨거운 태양과 폭풍 속에 성장하는 여름이 있습니다. 풍부한 열매를 거두는 가을이 있는가 하면, 혹독한 시련의 겨울도 있습니다. 교회에도 사계가 있습니다. 희망의 봄, 열정의 여름, 열매의 가을, 시련의 겨울입니다. 그런데 예수님을 주인으로 고백하는 교회는 겨울이 절대 끝이 아닙니다. 주를 향한 희망을 버리지 않는다면 기필코 봄은 다시 찾아옵니다.

이 책은 교회에 관한 거창한 지론이나 체계적 담론을 다루지 않습니다. 한 평범한 목회자의 교회를 향한 사랑과 열정, 교회 건축과 개척의 과정, 그리고 오랜 시간 인내의 항해를 하고 있는 작은 교회 목사의 목회 여정과 소회(所懷)를 담고 있습니다. 특별히 하나님 나라를 지향하며 살고픈 소망으로, 수시로 마주하는 다양한 어려움들을 버티고 견디며 살아온 생생한 삶의 이야기와 소소하지만 결코 소소하지 않은 진솔한 교회 이야기를 풀어내고 있습니다.

따라서 이 책은 아무도 알아주지 않는 부르심의 자리에서, 주님의 교회를 사랑하며 묵묵히 자신의 몫을 감당하고 있는 목회자들과 성도들에게 공감과 위로를 줄 수 있습니다. 또한 개교회주의를 지양하고 하나님 나라를 향한 우주적 교회 공동체의 이상과 비전을 가진, 한국 교회 목회자들과 신자들에게 주님의 교회에 대한 회상(回想)과 소고(小考)의 계기가 될 것입니다.

1장 "아름다운 교회를 꿈꾸다"에서는 모태에서부터 교회를 출석하여 자연스럽게 신앙생활을 하다가, 하나님의 부르심을 받아 신학공부와 사역 훈련의 과정을 마친 후, 감격스러운 창립과 입당의 순간을 맞이하기까지의 과정을 다루고 있습니다.

2장 "열정으로 교회를 세우다"에서는 성도 한 명 없이 교회 건축을 진행하면서 수많은 난관에 봉착하지만, 뜨거운 열정으로 교회를 세워 가는 사연을 이야기하고 있습니다.

3장 "기쁨으로 열매를 거두다"에서는 교회 건축을 마치고 개척을 시작한 후에 교회가 성장하고 규모를 갖추어 가면서 소중한 열매를 맺는 스토리를 담고 있습니다.

4장 "가슴 아픈 눈물을 흘리다"에서는 목회하면서 겪은 다양한 아픔과 눈물, 이별의 사건들을 소개하고 있습니다.

5장 "사랑하는 교회를 다시 봄"에서는 사랑하는 교회에 대한 고민과 성찰을 통해, 오늘날 교회가 붙들어야 할 성경적 가치들을 다양한 이야기로 풀어내고 있습니다.

현재 조국 땅의 교회들이 봄의 희망을 잃어버리고 시련의 겨울을 지나고 있는 듯합니다. 한국 교회의 사회적 신뢰도는 이미 바닥을 쳤고, 사상 초유의 코로나 팬데믹의 여파는 한국 교회 전체의 생명력을 크게 위축시켰습니다. 교회의 양극화는 갈수록 심화되어 가고, 교회와 교인의 숫자도 지속적인 감소 추세를 보이고 있습니다. 교회 안에 다음 세대가 눈에 띄게 사라지고 있고, 존립이 어려워 문을 닫는 교회도 폭증하고 있습니다. 아무리 기도하고 노력해도 성장하지 않는 교회들도 무수히 많습니다. 교회의 미래가 암담할 수밖에 없습니다.

그러나 교회는 무슨 일이 있어도 희망을 잃지 말아야 합니다. 교회의 머리이신 그리스도께서 희망의 원천이시기 때문입니다. 그리스도의 십자가는 패배와 절망의 상징으로 보이는 듯했지만, 죽음의 권세를 이기시고 부활하신 사건은 신자들에게 참된 희망의 표상이 되었습니다. 그러므로 주님을 따르는 모든 교회는 그리스도를 유일한 희망으로 삼고, 세상에 희망을 선포하는 어둠 속의 등불이 되어야 합니다. 독일의 신학자 위르겐 몰트만은 《희망의 신학》(대한기독교서회, 2017)에서 "그리스도는 우리에게 희망을 주시는 분이시다. 희망의 원천이 그리스도이시다. 그리스도의 교회는 뭇 영혼들에게 희망을 심어 주는 희망의 전달자가 되어야 한다."라고 했습니다.

남다른 기대와 희망을 품고 교회를 건축하고 개척하여 십수 년이 지났습니다. 처음 기대하고 구상했던 빅 픽처(big picture)대로 풍성한 교회 사역의 결과물이 나오지는 않았습니다. 때론 울고 웃고, 때론 한숨과 눈물로, 때론 기쁨과 감사로, 때론 아픔과 후회로, 때론 설렘과 기대로 교회 사역의 길을 지나왔습니다. 다양한 교회의 사계절을 몸소 겪으며 나름 내공도 쌓이고 연약한 마음도 단단해졌습니다. 그러면서 결연한 각오가 생겼습니다. 그것은 나의 환경이 어떠하든지, 설령 내게 있는 모든 것이 사라질지라도 나의 유일한 희망이신 그리스도만큼은 잃어버리지 않겠다는 굳은 결의입니다.

주여 이제 내가 무엇을 바라리요 나의 소망은 주께 있나이다 _시 39:7

프랑스의 세계적인 정복자였던 나폴레옹 보나파르트(Napoleon Bonaparte)도 전투에서 패배할 때가 있었습니다. 언젠가 유럽 연합군과의 전투에서 패배한 나폴레옹은 지쳐 있는 병사들에게 이런 말을 했습니다.

"내 비장의 무기는 아직 손안에 있다. 그것은 희망이다."

나폴레옹은 어떤 패배의 상황에서도 '희망'이라는 히든카드(hidden card)를 손에 쥐고 있었기에, 마침내 천하를 호령하는 정복자가 될 수 있었습니다.

현실 교회의 상황은 낙심과 절망일 수 있습니다. 특별히 작고 연약한 교회는 새로운 돌파구가 보이지 않아 무기력의 늪에 빠질 수 있습니다. 하지만 다시 눈을 들어 교회를 바라보면 교회는 존재의 의미와 가치만으로도 희망일 수밖에 없습니다. 예수 그리스도가 교회의 머리요 주인이시기 때문입니다.

교회와 관련된 책을 쓰는 것은 쉽지 않은 일이었습니다. 하지만 용기를 냈습니다. 아무것도 내세울 것 없는 목회자이지만, 이 작은 자에게도 함께하셔서 주님의 교회를 세워 가게 하신 일들을 교회를 사랑하는 분들과 나누고 싶었습니다.

이 책은 주께서 교회에게 행하신 일들을 매우 사실적으로 썼습니다. 어떤 부분은 공개하기 꺼려지는 부분도 있었지만, 정직과 진실의 글쓰기가 독자들로 하여금 감화력과 영향력을 줄 수 있을 것이라 확신합니다. 대단한 글을 쓸 수는 없지만, 이 책은 나만의 이야기이기 때문에 누구도 흉내 낼 수 없는 특별함이 있습니다. 이 책을 출간하면서 러시아의 세계적인 대문호 도스토옙스키(Dostoevsky)의 말에 큰 힘과 용기를 얻었습니다.

"누구나 하나의 걸작을 쓸 수 있다. 자신의 이야기를 쓰면 되니까."

01

/

아름다운
교회를 꿈꾸다

"아름다운 교회를 꿈꾸다"

나의 사랑 나의 교회

　저는 어린 시절 교회와 동고동락하던 그 숱한 추억들을 지금도 또렷이 기억합니다. 무엇을 준다 해도 바꿀 수 없는 그때의 일들은 제 영혼 깊이 간직된 소중한 보물입니다. 요람에서 무덤까지 제 인생은 교회를 빼놓고는 설명이 불가능합니다. 모태(母胎, 어머니의 태 안)에서부터 교회를 다닌 저에게, 교회는 제 삶의 모체(母體, 아이를 가진 어머니의 몸)입니다. 그래서 그런지 카르타고(Carthago)의 주교 키프리아누스(Thascius Caecilius Cyprianus)는 "교회를 어머니로 모시지 않는 자는 하나님 아버지를 모실 수 없다."라고 말했습니다. 아마 저처럼 한국 교회의 폭발적 성장기와 맞물려 인생의 성장기를 교회와 함께한 분들도 교회를 어머니처럼 느낄 것입니다.

　저희 집안에서 처음으로 교회를 다니며 신앙생활을 하신 분은 지금 천국에 계신 할머니입니다. 우리 가문의 영적 아브라함이신 할머니의 영향으로 온 가족이 예수님을 믿게 되었습니다. 남편을 일찍 여의신 할머니는 홀몸으로 자녀들을 키우기 위해 보따리 장사를 하시며 온갖 고생을 다 하셨습니다. 그러다가 이웃에 살던 어떤 집사님의 전도를 받고 신앙생활을 시작하셨는데, 외로움, 가난, 서러움의 고통을 겪으며 오직 주님만을 붙잡고 신앙생활 하셨던 것입니다. 제가 태어나기 전에 찍은 교회 사진을 여러 번 봤습니다. 어느 사진에나 할머니가 계셨습니다. 할머니는 교회의 초기 시절부터 핵심 멤버로 한결같이 교회를 섬기셨습니다.

제가 태어난 후 유아기를 보낼 때, 암갈색의 강대상이 있었던 예배당 내부의 모습이 생각납니다. 어릴 때 경험했던 엄마 품 같은 교회당의 모습은 지금도 가보고 싶은 그리움의 공간입니다. 조금 더 자라 즐거운 주일학교 시절을 보냈습니다. 스스로 천성은 얌전한 사람이라고 생각하지만, 그때는 교회 안에서 얼마나 개구쟁이였는지 모릅니다. 주일학교 반사 선생님께 까불고 말대답하고, 교회 형, 동생들과 수시로 뛰어다니며 장난쳤습니다. 그 당시 저에게 있어서 교회는 최고의 놀이터였습니다. 놀거리도 별로 없었는데 교회만 가면 뭐가 그리 재밌다고 신나게 떠들고 놀았는지 모르겠습니다. 장난치고 짓궂게 놀면서도 신자의 본분(?)은 어김없이 다 했습니다. 예배도 잘 드리고, 선생님이 성경 요절 암송해 오라 하시면 어김없이 암송해 갔습니다. 주일학교에서 행사를 준비하면 뭐든지 하는 '예스맨'이었습니다.

한번은 주일학교 학생들 전체를 대상으로 성경암송대회가 있었습니다. 제가 국민학교 2학년 때인 걸로 기억하는데, 그때 국민학교 고

학년의 똑똑한 누나, 형들이 제법 많았습니다. 그런데 암송대회 심사 결과 기라성 같은 누나, 형들을 제치고 제가 대상을 받았습니다. 아마 제가 저학년이라 가산점을 더 준 것일 수도 있겠지만, 그래도 1등 했던 그 순간이 얼마나 기뻤는지 모릅니다. 상품으로 당시로서는 최고급인 예수님의 인자한 얼굴과 성경 말씀이 적혀 있는 책받침을 받았습니다. 가문의 영광이었습니다. 그때는 학교에서 공책에다 책받침을 받치고 쓰던 시절이어서, 한 장씩 공책을 넘기고 책받침을 다시 받칠 때마다 뿌듯하고 흐뭇했습니다.

그리고 저는 국민학교 5학년 때부터 성탄 전야에 새벽송을 돌았습니다.

"와~! 교회에 이렇게 즐거운 이벤트가 있었다니…"

신세계를 경험한 순간이었습니다. 교회 성도들 가정을 집집마다 방문해서 성탄 찬양을 부르면, 성도님이 졸린 눈을 비비며 문을 열고 나오시고 서로 "메리 크리스마스!"라고 인사했습니다. 그리고 새벽송을 도는 모든 사람을 집안으로 들여서 따뜻한 차와 맛있는 간식을 잔뜩 먹여 주었습니다. 그리고 돌아갈 때는 성탄절 예배에 오는 주일학교 아이들 주라고 선물 주머니에 간식거리를 한가득 담아 주었습니다. 그때부터 저는 해마다 크리스마스 전날 밤은 무조건 올나이트(all-night)를 했습니다. 1년 내내 새벽송을 손꼽아 기다렸습니다.

그런데 언제부터인가 교회의 새벽송 문화는 자취를 감추었습니다. 개인의 삶이 존중받는 시대에 '민폐'를 끼쳐서는 안 되기 때문입니다. 시대가 많이 변해서 더 이상 아날로그적 감성의 새벽송을 할 수 없는 것이 참 아쉽습니다.

교회에서 보낸 청소년 시절은 뜨거운 성령의 은혜를 체험하며 신앙이 가파르게 성장한 시기였습니다. 특히 고등학생 시절 학생부 회장으로 섬기며 놀라운 은혜와 부흥을 경험했습니다. 누가 시키지도 않았는데 학교 수업을 마치면 교회에 와서 기도하고, 공부도 하고, 교제도 나누었습니다. 학교 친구들에게도 적극적으로 복음을 전하여, 많은 친구들이 예수님을 구주와 주님으로 영접하고 신앙생활을 시작했습니다. 고등학교 3학년이 되어서는 신학 대학교를 지망하는 친구들과 매주 토요일 밤마다 교회 기도실에서 모였습니다. 매주마다 돌아가면서 설교도 하고, 밤을 새우며 기도하다가 잠을 잤습니다. 그리고 다음날 주일 새벽에 일어나 성도들과 함께 새벽 기도를 드렸습니다. 지금 생각해 보면 불가능했을 일인데, 그때는 받은 은혜와 감동을 따라 거침없이 행동했습니다.

신학생으로서 청년기를 보내고 모교회 목사님의 주례로 결혼도 하고, 모교회에서 부교역자로 사역도 했습니다. 모태에서부터 거의 30년을 한 교회의 지체로 몸담았습니다. 그 후로 저는 사랑하는 모교회를 떠나 본격적인 사역의 길로 접어들었습니다. 그리고 새로운 교회를 개척하여 지금까지 교회와 더불어 살고 있습니다. 앞으로도 주님의 부름을 받을 때까지 교회로 살아갈 것입니다.

그런데 나의 사랑이요 기쁨인 주님의 교회에는 항상 은혜롭고 달콤한 추억들만 있는 것이 아닙니다. 오래전 미국 남침례교단 선교회의 지원으로 세워진 저의 모교회는 우여곡절이 많았습니다. 한때는 교회 재산의 사유화로 법적 분쟁이 일어나, 거의 빼앗길 뻔했던 교회 부동산을 어렵게 되찾아 오기도 했습니다. 교회에 분란을 일으키고 나간 사람들, 교회 내 성폭력 사건을 저지르고 도망간 사람들…. 모교회에서 제가 다 알 수 없는 크고 작은 어려움들을 겪어 왔습니다. 그리고 지금은 한 교회의 담임 목회자로 교회를 개척해 십수 년의 시간을 지나오고 있습니다. 그동안 교회 안에 있었던 모든 일들을 일일이 열거할 수는 없지만, 분명한 것은 어떤 교회의 역사든 명암이 있다는 사실입니다.

20세기 최고의 강해 설교자인 마틴 로이드 존스(Martyn Lloyd Jones) 목사는 그의 책 《부흥》(복있는 사람, 2006)에서 "교회의 역사는 오르막길과 내리막길에 있는 역사"라고 했습니다. 과거 한국 교회는 기독교 역사상 유례없는 성장과 부흥을 경험했지만, 지금은 전반적인 침체기를 거듭하고 있습니다. 단순한 숫자와 규모의 감소만이 아니라 영적이고 질적인 쇠퇴를 겪고 있습니다.

2020년 기독교윤리실천운동에서 발표한 〈한국 교회의 사회적 신뢰도 여론조사〉 결과에 따르면, 전반적 신뢰도에서 '매우 신뢰한다',

'약간 신뢰한다'로 응답한 긍정의 반응은 31.8%이고, '별로 신뢰하지 않는다', '전혀 신뢰하지 않는다'로 응답한 부정의 반응은 63.9%로 나왔습니다. 통계가 말해 주듯이 실제적인 한국 교회의 상황은 꽤 심각합니다. 그러므로 한국 교회는 무너진 신뢰를 회복하고, 주님이 기뻐하시는 교회다운 교회로 거듭나야만 합니다.

저는 주님의 교회를 사랑합니다. 하지만 현실 교회의 모습은 큰 고민거리가 아닐 수 없습니다. 미국의 기독교 영성 작가 필립 얀시(Philip Yancey)는 그의 책 《교회, 나의 고민 나의 사랑》(IVP, 2019)에서 교회에 관하여 이런 말을 했습니다.

교회가 사명에 실패하고 중대한 과오를 범하는 것은 바로 교회가 하나님의 영광에 늘 미달일 수밖에 없는 인간들로 구성되어 있기 때문이다. 그것이 하나님이 감행하신 모험이다. 완전한 모습을 기대하며 교회에 들어서는 사람은 그 모험의 본질이나 인간의 본성을 모르는 것이다. 결혼이 끝이 아니라 사랑을 실천하는 씨름의 시작임을 모든 신혼부부가 결국 배우듯이, 교회 또한 시작일 뿐임을 모든 그리스도인이 배워야 한다.

감히 하나님의 영광에 도달하지 못하고, 실패하고 못난 인생들로 이루어진 집합체가 바로 교회입니다. 그런데 성도들은 자기 주제를 모르고 문제 없는 교회를 찾아 나섭니다. 하지만 아무리 눈 씻고 찾아봐도 지구상에 완벽한 교회는 존재하지 않습니다. 우리는 모두 완전을 향해 가는 성화의 길 위에 서 있는 자들입니다. 불완전하지만 두렵고 떨림으로 영화의 구원을 향해 나아가야 합니다. 신달자 시인은 특강을 통해 이런 말을 했습니다.

"사랑해서 결혼하는 것이 아니라 사랑하기 위해 결혼하는 것이다. 결혼은 한철 익어서 따먹는 과일이 아니라 평생 익어 가는 과일이다."

결혼은 완벽한 부부가 만나 이미 완성된 사랑을 하는 것이 아니라, 완벽하지 못한 부부가 하나 되어 사랑의 완성을 향해 나아가는 본격적인 시작점입니다. 교회 역시 마찬가지입니다. 과거에도, 현재에도, 미래에도 가시적인 교회는 현실의 문제와 고민이 끊이지 않는 불완전한 공동체일 수밖에 없습니다. 하지만 그럼에도 불구하고 저는 주님의 몸 된 교회를 영원히 사랑합니다. 오늘의 나를 있게 만든 나의 사랑이여! 나의 교회여! 교회를 사랑하는 분들과 함께 류정숙 시인의 〈교회〉라는 시를 묵상하고 싶습니다.

울타리 없는
양들의 방목장

하늘의 영광과

땅의 평강을 함께하는
양들만이 들어가는
마음의 고향

하늘 소망 하나
걸어 놓고
어둠을 몰아내며
새 삶을 키우는
그곳은 성전
감히 제가 그 길을 가겠습니다

　　교회에서 태어나 자란 저의 성장기는 행복 그 자체였습니다. '이 세상 어디에 교회처럼 아름다운 공동체가 또 있을까?' 하는 생각이 들 정도로, 교회는 제 인생에 꿀이 뚝뚝 떨어지는 기쁨의 터전이었습니다. 그러다가 청소년기에 접어들면서 진로에 대해 고민하기 시작했습니다. '나는 앞으로 어떤 일을 통해 하나님께 영광이 되는 삶을 살 수 있을까?'

　　단 한 번 주어진 선물로서의 인생을 후회 없이 살고 싶어 진지하게 기도하며 주님께 나아갔습니다. 그 당시 우리 교회는 성령의 역사가 뜨겁게 나타나며 부흥했습니다. 많은 이들이 전도되어 복음을 듣고 예수님을 영접했습니다. 예배 중에 귀신이 쫓겨 나가고, 영적인 어둠 속에 살던 사람이 생명의 빛이신 예수님을 만나 새 사람으로 변화되는 일들이 왕성하게 일어났습니다.

무엇보다 학생부와 청년부가 크게 활성화되었습니다. 청년 중에는 목회자나 선교사로 헌신하며 신학교에 입학하는 수십 명의 사람들이 생겨났습니다. 당시 학생부 회장을 맡고 있던 저는 친구들을 전도하는 일에 힘썼고, 그로 인해 많은 결실을 맺었습니다. 잃어버린 영혼에게 복음을 전하는 일, 그들을 주님께로 인도하기 위해 사랑으로 섬기는 일을 정말 기쁘게 했습니다.

그렇게 영혼에 대한 열정으로 신앙생활 하면서 진로 문제를 놓고 꾸준히 기도했습니다. 고3이 되기 전에 어느 정도 진로를 정해야 했기에 저의 기도는 더욱 간절했습니다. 그러다가 고2 겨울 방학이 되었을 때 교회에서 부흥회가 열렸습니다. 모든 성도가 한마음 되어 은혜 주시기를 사모하며 기도했습니다. 저 또한 주의 얼굴을 구하며 기도하며, 무엇보다 장래 일에 대한 기도에 초점을 맞추었습니다.

부흥회는 시간마다 열광의 도가니였고 모두 강력한 성령의 임재를 체험했습니다. 그때 저는 강사님이 전하신 성경 말씀을 통해 하나님이 어떤 길을 원하시는지 확신했습니다. 그리고 기도하는 중에 더욱 선명한 감동을 받았습니다. 그것은 사람들에게 생명의 복음을 증거하고 그리스도께로 인도하는 일에 평생을 드려야겠다는 마음이었습니다. 무엇인지 알 수 없지만 저항할 수 없는 힘에 사로잡혔습니다. 이윽고 형언할 수 없는 평안이 임했고, 곧바로 주님께 기도를 드렸습니다.

주님께서 나의 진실한 이 고백을 듣고 계심을 느낄 수 있었습니다. 그리고 집회를 통해 받은 이 확신과 감동을 함께 기도하던 분들과 나누었습니다. 이 신비로운 경험은 이른바 '소명'이라는 것이었습니다. 30년 이상 '소명'이라는 주제와 씨름한 끝에 《소명》(IVP, 2019)이라는 책을 쓴 오스 기니스(Os Guinness)는 "소명은 궁극적인 존재의 이유"이며, "우리의 가슴 깊숙한 곳에는 우리 자신보다 더 큰 목적을 발견하고 그것을 성취하고 싶은 갈망이 도사리고 있다."라고 했습니다. 그리고 "소명이란 하나님이 우리를 그분께로 부르신 것이기에, 우리의 존재 전체, 우리의 행위 전체, 우리의 소유 전체가 특별한 헌신과 역동성으로 그분의 소환에 응답하여 그분을 섬기는 데 투자되는 진리이다."라고 했습니다.

그렇습니다. 비록 그때의 저는 미성숙한 청소년이었지만, 제 자신보다 더 큰 가치와 목적을 향해 나아가고 싶었습니다. 목마른 사슴 같은 제게 주님이 찾아오신 것입니다. 한 번뿐인 제 인생은 내 것이 아니라 주님의 것이요, 그분의 부르심 앞에 내 존재와 모든 것을 드림이 당연한 이치임을 깨달았습니다.

아! 그런데 어떡합니까? 소명의 체험은 매우 영광스럽고 거룩한 사건이었지만, 부모님께는 차마 그것을 말씀드릴 수 있는 상황이 아니었습니다. 왜냐하면 5남매 중 세 명이 아들인데, 그중에 첫째, 둘째 형이 이미 목회자의 길로 가고 있었기 때문입니다.

할머니의 전도를 받아 교회를 다니시던 부모님은 당시에는 그렇게 독실한 신앙을 갖지 못하셨습니다. 가난하고 힘든 인생을 살아오신 부모님께서는 위로는 할머니를 모시고, 아래로는 다섯 남매를 양육하시느라 그야말로 등골이 휘어지셨습니다. 그래서 어떻게든지 자식들이 빨리 취직해서 자기 밥벌이라도 하기를 원하셨습니다. 그런데, 가장 큰 기대를 걸었던 큰아들은 인서울 대학의 유망한 학과에 들어갔다가 캠퍼스 동아리의 성경 공부 중에 목회자로의 부르심을 체험하고서 부모님의 강력한 반대를 무릅쓰고 신학 대학으로 전학을 했습니다. 둘째 아들 역시 교사의 길을 준비하다가 부름을 받고 신학 대학에 입학했고요.

부모님은 목회자의 길이 가난하고 힘들다고 여겨 자식들만큼은 목회자가 되길 원치 않으셨습니다. 그런데 세 아들 중에 첫째, 둘째가 모두 목회자가 된다고 하여 인간적으로 큰 상처와 상실감을 경험하셨습니다. 이제 아들 중에는 막내인 저만 남았습니다. 세 아들 중 부모님의 인간적인 기대를 충족시킬 수 있는 유일한 아들이 된 것입니다. 그런데 막내아들마저 신학교에 간다고 하면 부모님이 어떤 반응을 보이실지 두려움과 불안이 몰려왔습니다. 자꾸만 인간적인 걱정과 염려에 사로잡혔습니다. 그래서 한편으로는 이런 생각도 해보았습니다.

'꼭 목사가 되어야만 하나님의 뜻을 이루는 건 아니지 않나?'
'다른 일을 하면서도 얼마든지 주의 나라와 영광을 위해 충성할 수 있는 것 아닌가?'
'삼 형제 중에 이미 두 형제가 목회자가 되었는데, 나 하나쯤은 다른 일을 해도 되지 않을까?'

종교개혁자 칼뱅(John Calvin)의 '직업 소명설'은 모든 직업이 하나님의 부름에 의한 거룩한 직업이라 말합니다. 목사나 사제 같은 성직만 거룩한 것이 아니라 일반 직업도 하나님께서 허락하신 거룩한 일이라는 것입니다. 그런 관점에서 보면, 하나님 앞에서는 목회나 일반 직업이나 다 소중한 것입니다. 그러므로 어떤 부름의 자리에 있든지 그 자리에서 충성하면, 그것 자체로 거룩한 일이고 하나님께 영광이 되는 것입니다.

부모님께 저의 소명 사건을 차마 말씀드릴 수 없어서, 이런 식으로 빠져나갈 궁리를 했습니다. 하지만 이런 생각은 인간적인 자기 합리화에 불과했습니다.

'주님! 보낼 만한 자를 보내소서.'

"재춘아! 네가 가야 한다."

'주님! 우리 집 상황 아시지 않습니까? 부모님이 저렇게 상처받지 않 았습니까?'

"재춘아! 걱정하지 마라. 나만 믿고 따라오너라."

하나님의 거룩한 소명 앞에서 겁쟁이같이 주저하며 핑계를 대던 모세와 예레미야처럼, 나 역시 되지도 않는 이유와 근거를 대며 약해 빠진 모습으로 한동안 내면의 방황을 하고 있었습니다. 하지만 주님 은 흔들리는 제 마음을 잡아 주셨습니다. 그래서 결국 이사야처럼 고 백할 수 있었습니다.

내가 여기 있나이다 나를 보내소서 _사 6:8

얼마 지나지 않아 부모님께 용기를 내어 목회자의 길을 가겠노라 고 말씀드렸습니다. 인간적으로는 부모님의 기대를 저버리는 것 같 아 죄송하고 가슴이 아팠습니다. 그래서 자주 울었고 자주 기도했습 니다. 언젠가 자녀들의 이 어려운 결정이 부모님이 진정 원했던 참된 행복의 길이었음을 알게 되는 날이 오게 해달라고….

"주님! 마른 막대기처럼 보잘것없고 쓸모없는 비루한 인생에 불과하지만, 한 토막이라도 하나님 나라에 보탬이 될 수 있다면 제게는 한없는 영광이겠습니다. 부끄럽고 부족하지만 그 한 토막으로 나를 써 주소서! 감히 제가 그 길을 가겠습니다."

그 후로 단 한 번도 목회자로 부르신 것에 대해 흔들린 적이 없었습니다. 백범 김구 선생은 직업과 소명에 대해 이런 말을 했습니다.

"돈에 맞춰 일하면 직업이고 돈을 넘어 일하면 소명이다. 직업으로 일하면 월급으로 받고 소명으로 일하면 선물을 받는다."

주님! 돈 몇 푼 벌려고 직업으로 목회하지 않게 하시고 소명으로 일하게 하옵소서!

다 먹자고 하는 짓인데

부교역자로 사역하면서 청년 부서를 담당했습니다. 청년들을 위해 무언가 거창한 일이나 특별한 교육을 했다기보다는, 자주 만나서 많은 대화를 나누고 수시로 함께 밥을 먹었습니다. 교회에서 주시는 한 달 사례비를 받으면 상당 부분이 청년들과의 식비로 나갔습니다. 그런데 그게 하나도 아깝지 않았습니다. 함께 밥을 먹을 수 있는 청년들이 있음에 그저 기쁘고 감사했습니다. 저희 집은 청년들을 위한 공간으로 항상 열어 두었습니다. 청년들은 눈치도 안 보고 불쑥불쑥 아내에게 전화를 하곤 했습니다.

"사모님! 배고파요. 김치볶음밥 먹고 싶어요."

"사모님! 지금 오징어 사가니까 오징어덮밥 좀 만들어 주세요."

"사모님! 라면 좀 끓여 주세요."

그러면 얼른 오라 해서 함께 밥도 해서 먹고, 라면도 끓여 먹었습니다. 아내가 청년들 요구에 맞는 먹거리를 해주느라 정말 수고가 많았습니다. 그런데 아내도 저도 청년들의 그런 응석이 전혀 싫지 않았습니다. 오히려 밥상을 함께하는 횟수가 늘어날 때마다 청년들과의 교제의 깊이와 친밀함이 더해 갔습니다.

어떤 교회는 청년들을 모아 놓고 오직 기도, 오직 말씀, 오직 전도, 오직 충성, 오직 순종을 강요하기도 합니다. 은혜 받고 열정적인 신앙생활을 하도록 동기 부여하는 것이 무슨 문제이겠습니까? 하지만 외적이고 기계적인 열심만 강조하는 것은 자칫하면 신앙을 편협한 틀 안에 가둬 놓을 수 있습니다.

디다케(교육, 양육, 훈련), 케리그마(선교, 전도), 디아코니아(봉사, 사회적 책임), 레이투르기아(예배), 코이노니아(교제, 친교)는 교회의 5대 사명 또는 교회의 5대 기능이라 할 수 있습니다. 교회는 이 다섯 가지의 조화와 균형을 통해 온전한 교회의 역할을 수행할 수 있습니다. 그런데 오늘날 이 다섯 가지 기능 중에 제대로 작동하지 못하는 것이 '코이노니아'입니다. 극단적인 개인주의가 성행하고 있는 시대에서, 교회가 하나님 나라 백성 공동체임을 잘 드러낼 수 있는 것은 성도들의 활발한 교제입니다. 물론 교회가 '그들만의 리그'라는 사회적 비판을 받아서는 안 되겠습니다마는, 코이노니아는 아무리 개인주의적인 비대면의 시대가 도래해도 반드시 지켜 가야 할 교회의 소중한 가치입니다.

예수님의 모습을 볼까요? 예수님은 최후의 만찬 때 제자들에게 떡을 떼어 주시면서 "받아서 먹으라 이것은 내 몸이니라"(마 26:26)고 말씀하셨습니다. 결국 떡을 떼어 먹는 이 행위는 단지 음식을 먹는 것이 아닌 하나님 나라의 거룩한 의식을 행하는 것임을 알 수 있습니다. 누가복음 24장에도 보면, 부활하신 예수님께서 엠마오로 내려가던 제자들과 동행하시면서 말씀을 가르치시고 기도하신 다음, 음식을 떼어 제자들에게 주셨고 예수님도 함께 잡수셨습니다. 음식을 먹고 "그들의 눈이 밝아져 그인 줄 알아보더니"(눅 24:31)라고 성경은 기록합니다. 이처럼 제자들은 음식을 나눠 먹고 눈이 밝아지며 서로의 마음이 하나 되는 경험을 하게 됩니다.

또, 요한복음 21장에서는 부활하신 주님이 자신을 모른다고 부인했던 베드로를 찾아 디베랴 호수로 가셨는데, 주님은 제자들을 위해 떡과 생선으로 아침 밥상을 차려 주셨습니다. 예수님의 생애에서는 먹는 것이 신앙적이고 공동체적인 중요한 의미를 담고 있음을 알 수 있습니다. 그러므로 우리는 교회 공동체에서 지체들이 함께 음식 먹는 것을 단순히 육신의 필요를 채우기 위한 식사 정도로만 생각하면 안 됩니다. 이것은 하나님 나라를 지향하는 하나님 나라 백성의 거룩한 신앙 행위라고 할 수 있습니다.

'식구(食口)'라는 말이 있습니다. 식구는 '같은 집에서 살며 끼니를 함께 하는 사람'입니다. 교회의 성도들도 함께 밥을 나눠 먹는 식구입니다. 영의 양식도 함께 먹고, 육의 양식도 같이 먹습니다. 하나님 나라의 한 가족이기 때문입니다. 그러므로 어떤 교회, 어떤 부서에서

든 교회의 진정한 코이노니아를 위해서는 더불어 함께 먹기를 힘써야 합니다.

청년들과 그저 함께 먹기를 즐겨했을 뿐인데, 시간이 갈수록 청년부 공동체가 하나 되고 더불어 성장해 감을 느낄 수 있었습니다. 나중에 부교역자 사역을 마치고 교회를 떠났지만, 모두가 서로를 그리워하며 계속해서 교제를 이어 갔습니다.

예전에 신학교를 다닐 때 구약학 강의를 들었습니다. 학계에서 저명한 학자로 알려진 교수님인데, 평소 말과 행동에 남다른 깊이가 있는 분이었습니다. 새 학기 강의 시간표를 짤 때는 전공 필수 과목을 중심으로 다른 과목을 구성해야 했습니다. 그런데 필수 이수 학점과 여러 여건을 고려해 강의 계획을 세우다 보면, 점심 시간이 겹치는 수업이 있었습니다. 그런데 그 교수님의 전공 필수 과목이 점심 시간에 걸쳐 있었고, 그 강의가 끝나면 곧바로 다른 강의를 들으러 이동해야 했습니다. 점심 먹을 시간이 없었던 것입니다. 그런데 교수님은 강의 시간에 출석을 먼저 부르시고는 늘 이렇게 물어보셨습니다.

"아직 점심 못 먹은 학생들 손들어 보세요!"

그러면 늘 많은 학생들이 손을 들었습니다. 그때 교수님이 어김없이 하시는 말이 있었습니다.

"손든 학생들 지금 가서 밥 먹고 오세요! 다 먹자고 하는 짓인데…"

그리고는 밥을 먹고 온 학생들과 강의를 시작하셨습니다. 그 당시 교수님의 그 말씀은 사이다였습니다. 밥을 못 먹은 학생들에게 복음이었고, 작은 위로와 격려였습니다. 출석에 철저하신 어떤 교수님은 학생들이 첫 출석만 대답하고 강의실을 나갈까 봐, 중간중간에 다시 출석을 부르는 경우도 있었습니다. 하지만 구약학 교수님은 강의도 중요하게 여기셨지만, 학생들이 밥도 못 먹으면서까지 강의 듣는 것을 좋아하지 않으셨습니다. 그때는 교수님의 멘트가 상식을 깨는 유머 같았고, 교수님이 참 괴짜 같으시다는 느낌도 들었습니다. 하지만 지금 와서 돌이켜 보니 교수님은 삶과 신앙의 본질을 꿰뚫어 보는 깊은 혜안과 통찰이 있으셨습니다.

영화 〈웰컴 투 동막골〉에 보면 한없이 인자하고 지혜로운 마을의 지도자가 등장합니다. 동막골 사람들을 잘 이끄는 촌장의 리더십을 보고서 인민군 리수화가 촌장을 향해 물어봅니다.

"거 기리니까니 고함 한 번 지르지 않고 부락민들을 휘어잡을 수 있는 그 위대한 영도력의 비결이 뭐요?"

그러자 촌장은 리수화에게 천천히 그리고 얌전하게 대답합니다.

"뭐를 많이 멕여야지 뭐."

그 장면에서 얼마나 배꼽을 잡고 웃었는지 모릅니다. 위대한 영도력의 비결은 마을 주민들을 잘 먹이는 것이라는 대답이 참 재미있습니다. 하지만 이 대사 역시 인생의 본질을 관통하고 있습니다.

너무 잘 먹어서 우스갯소리로 '목회'를 '먹회'라 하고, '목사'를 '먹사'라 하는 사람들이 있습니다. 괜찮습니다. 인간의 삶도 신앙생활도 먹는 것에서 시작하니까요! 음식을 잘 먹어야 건강한 삶을 살 수 있고, 말씀도 잘 먹어야 신앙생활이 건강하고, 그리스도인들도 더불어 잘 먹는 관계가 되어야 마음이 하나 되어 하나님 나라를 지향하는 에너지를 발휘할 수 있는 것입니다. 주일 예배에 모인 성도들을 향해 저도 이렇게 한번 물어볼까요?

"여러분 중에 아침 식사 못 하고 예배 나오신 분들 손 들어 보세요!"
"손든 성도님들 지금 가서 밥 먹고 오세요! 다 먹자고 하는 짓인데…."

그런즉 너희가 먹든지 마시든지 무엇을 하든지 다 하나님의 영광을 위하여 하라 _고전 10:31

개라도 앉혀 놓고

하남시에서 부교역자로 사역할 때의 일입니다. 같은 지방회에서 개척 교회를 섬기던 C 목사님과 함께 일주일에 한 번 노방 전도를 다닌 적이 있었습니다. 우리는 평일 오전에 만나 성경 말씀을 나누고 기도한 뒤 교회 주변 지역을 가가호호 방문하며 전도했습니다. 불특정 다수를 향한 전도 활동은 인간적으로 보면 얼마나 무식하고 미련한 일인지 모릅니다. 전도자를 대하는 이웃의 반응은 싸늘하기만 했습니다.

'아니! 남들 다 일하는 시간에 멀쩡하게 생긴 남자 둘이 정말 한심한 짓을 하고 있구만!'

전도하는 우리를 보고 말하는 사람들의 독백이 제 귀에까지 들려왔습니다. 당연히 전도자는 그런 반응을 예상하고 미리 마음을 다잡고 전도하지만, 냉담한 그들의 반응에 가슴이 시린 것을 느끼게 됩니다. 복음주의를 대표하는 기독교 변증가요 작가인 리 스트로벨(Lee Patrick Strobel) 목사는 그의 책 《친구의 회심》(두란노, 2007)에서 이런 말을 했습니다.

> 전도라는 모험을 하며 살아가는 크리스천은 자신을 성전 짓는 일꾼이라고 생각한다. 하나님 나라를 짓는 큰 비전을 안고 살아가는 것이다. 이런 일들이 다른 사람에게는 별 의미 없게 보이겠지만, 그들은 무엇보다 값지고 의미 있는 일을 하고 있는 것이다.

그렇습니다. 전도는 누군가의 눈에는 의미 없고 한심한 일이지만, 하나님 나라를 짓는 비전을 가진 자에게는 그 어떤 것보다 보배로운 모험입니다. 그런 의미와 가치를 견고히 붙들고 흔들리지 않는 복음 전도자의 길을 가야 하는 것이 그리스도인으로서, 또한 목회자로서의 사명입니다.

개척 교회 목사님과 협력 전도를 하는 것은 무엇보다 원대한 하나님 나라의 비전을 위한 일이지만, 현실적으로는 한 영혼이라도 더 전도해서 개척 교회로 인도하기 위함이었습니다. 그래야 교회도 힘을 얻고 성장해서 또 다른 영혼을 사랑하고 구원하는 공동체로 하나님 나라의 지경을 넓혀 갈 수 있기 때문입니다. 그런데 기대와는 다르게 쉽게 열매가 나타나지는 않았습니다. 그러나 우리는 포기하지 않았습니다. 사람들의 거절을 당하고 당장 눈앞에 열매가 없어도 멈추지 않고 가야 하는 것이 사명자의 길이라 믿었기 때문입니다.

사실 C 목사님은 과거에 큰 수술을 받았기 때문에 몸에 큰 흉터도 있고, 일반인들보다 건강이 좋지 못하십니다. 몇 명 있던 성도마저 다른 지역으로 이사 가는 바람에 가족 외에는 성도가 없는 상태였습니다. 누구보다 여리고 맑은 영혼을 가진 목사님은 어느 날 개척 교회를 목회하는 자신의 괴로운 심경을 피를 토하듯 제게 토로하셨습니다.

"전도사님! 내가 요즘 예배 드리면서 그런 마음이 들더라고요. 성도가 한 명도 없으니까 어떨 때는 개라도 장의자에 앉혀 놓고 예배 드리고 싶은 심정이에요."

그 말을 듣는 순간 뭐라 표현할 수 없는 무거운 마음과 난감함이 동시에 몰려왔습니다. 목사님을 향한 어떤 답변도, 어떤 위로의 말도 떠오르지 않았습니다. 감내하기 힘든 극심한 내면의 고통에 시달리는 목사님의 한숨을 그저 나의 한숨으로 삼을 뿐이었습니다. 이렇듯 성도가 한 명도 없어서 차라리 개라도 앉혀 놓고 예배 드리고 싶은 개척 교회 목회자의 비통의 고백은 한 영혼의 가치와 소중함이 어떤 것인지를 보여 줍니다.

영화 〈쉰들러 리스트〉(Schindler's List)에 보면 주인공 '오스카 쉰들러'가 나옵니다. 그는 제2차 세계 대전 당시 나치 당원이었고, 거물과의 인맥을 바탕으로 돈을 벌어들이는 사업가였습니다. 쉰들러는 원래 장사만 생각하는 냉혹한 기회주의자였지만, 자신이 인수한 공장의 유대인 회계사 스턴과 친분을 맺으면서 유대인 학살에 대한 양심의 소리를 듣게 됩니다. 그는 자기 돈으로 가스실에 끌려갈 유대인들을 구할 결심으로 명단을 만들어 1,100명의 유대인을 구해 냅니다. 전쟁이 끝난 뒤 유대인들은 전범으로 몰린 쉰들러를 염려해 모두의 서명이 든 진정서와 자신들의 금니를 뽑아 만든 반지를 전달하며 그에게 고마움을 표시합니다. 그들이 준 반지에는 "한 생명을 구한 자는 전 세계를 구한 것이다."라는 탈무드의 글귀가 새겨져 있었습니다. 이 반지를 받아 든 쉰들러는 더 많은 유대인을 구하지 못한 것을 아쉬워하며 울음을 터뜨립니다. 그는 감정을 억제하지 못하고 스턴에게 한 명이라도 더 구하지 못한 것을 통탄합니다. 또한 옆에 있는 자신의 자동차를 보며, 자기 옷깃에 있는 금으로 된 나치 핀을 뜯어내며, 이것으로 몇몇이라도 더 살리지 못한 것에 대한 뼈저린 탄식을 합니다.

  C 목사님이 제게 한 비통의 고백과 쉰들러가 스턴에게 한 비탄의 고백이 서로 맞닿아 있다는 생각이 듭니다. 한 영혼이 주님께 돌아오기를 갈급해하며 목놓아 울 수 있는 심장을 가졌다면 그는 주님의 사람입니다. 오늘 우리가 섬기는 예배당 의자에 앉아 있는 존귀한 그 사람을 묵상해 봅시다! 그리고 언젠가 빈 의자에 앉게 될 또 다른 사람을 상상해 봅시다! 그들은 모두 주님이 찾으시는 '한 사람'입니다.

너희 중에 어떤 사람이 양 백 마리가 있는데 그중의 하나를 잃으면 아흔아

홉 마리를 들에 두고 그 잃은 것을 찾아내기까지 찾아다니지 아니하겠느

냐 _눅 15:4

오스왈드 스미스(Oswald J. Smith)는 《구령의 열정》(생명의말씀사, 2013)
에서 영혼 구원의 열정을 잃고 차갑게 식어 가는 교회를 바라보며 이
런 탄식을 했습니다.

물에 빠진 아이를 보면서는 안타까워하면서, 멸망하는 영혼들을 위해
서는 왜 그렇게 하지 못하는가? 이 땅에서 사랑하는 사람의 주검을 싣
고 집을 나서는 관을 보면서 통곡하지 않을 사람이 어디 있겠는가? 그
럴 때 흘리는 눈물은 너무나 당연하고 자연스럽지 아니한가? 그런데
우리 주위의 고귀한 영혼들이 암흑과 절망 속으로 빠져들어가 종국에
는 그들을 영원히 잃게 될 것을 알면서도, 고통을 느끼지 아니하며 눈
물 흘리지 아니하며 애타는 마음을 느끼지 못하고 있지 않은가? 영혼
을 향한 우리의 마음이 얼마나 싸늘하게 식어 있는가?

한 영혼을 향한 절박한 목마름을 주님이 기억하시고, 천하보다 귀
한 사람들을 어서 보내 주시길 간절히 바라며 간구합니다.

어마무시한 경쟁을 뚫다

    신학교 다닐 때부터 개척에 대한 소원을 품었습니다. 그런데 막상 개척할 때가 되니 무엇을 어떻게 해야 할지 막막하기만 했습니다. 물론 주님의 은혜로 개척하는 것이지만 현실적으로는 개척 자금이 얼마라도 있어야 했습니다. 그래서 개척 자금으로 쓸 수 있는 돈이 얼마나 되는지 봤더니, 살고 있던 반지하 전세금과 청약 저축 적립금, 약간의 보험 해약금 정도가 전부였습니다.

    그런데 때마침 세계 최대 규모의 교회인 서울의 Y교회에서 교회 개척자를 모집한다는 공고가 났습니다. 원래 Y교회 출신 부교역자나 소속 교단의 목회자들만 모집하는데, 한시적으로 타 교단 목회자들에게도 기회의 문을 열어 주었습니다. Y교회 교회개척학교는 초교파적으로 많은 목회자들이 입학 시험에 지원해서 경쟁이 치열합니다. 왜냐하면 시험에 합격해서 훈련 과정을 마치면 1억 원의 개척 자금을 지원해 주기 때문입니다. 개척을 준비하는 목회자에게 그 당시 1억 원은 웬만한 곳에서 개척이 가능한 금액이었습니다. 그렇기 때문에 교회 개척에 뜻을 세운 목회자들이 합격할 경우 비교적 순탄하게 교회를 개척할 수 있습니다.

저는 타 교단 목회자였지만 개척학교에 지원할 수 있는 자격 조건이 되었기 때문에, 여러 서류를 구비하여 지원 서류를 제출하였습니다. 그리고 입학 시험을 준비하면서 이렇게 기도했습니다.

> "주님! 교회를 개척하고 싶은 마음이 간절합니다. 지금으로서는 섬기던 교회를 사임하고 다른 목회적 계획이나 대안이 없습니다. 이것이 주님의 뜻이라면 이번 시험에 꼭 합격시켜 주세요."

저의 기도는 단순하고 간절했습니다. 드디어 1차 서류 전형 결과가 발표됐습니다. 두근거리는 마음으로 홈페이지를 열었는데, 합격자 명단에 제 이름이 있었습니다. 너무나 감사했습니다. 하지만 아직 최종 합격의 관문까지는 갈 길이 멀었습니다. 시험은 총 4차까지 진행되는데 2차는 신학 일반과 성경에 관한 필기시험, 3차는 설교, 4차는 목회자 부부 면접이었습니다. 이 모든 시험의 점수를 합산해서 최종 합격자를 결정하는데, 경쟁률이 높아서 합격을 장담하기는 어려웠습니다. 게다가 저는 타 교단 목사였기 때문에, Y교회 출신 부교역자나 Y교회 소속 교단 목회자에 비해 불리한 면이 있었습니다.

하지만 포기하지 않고 주님의 뜻을 구하며 기도했습니다. 시험 관련 책을 사서 열심히 공부도 하고, 설교도 준비했습니다. 일정대로 2

차 필기시험을 보았습니다. 3차 시험은 두 명의 심사 위원 앞에서 직접 설교하는 시험이었습니다. 예배 시간에 하는 설교가 아닌 테스트를 위한 설교라 생각하니 어색하고 긴장이 되었습니다. 하지만 열정적인 설교를 마치며 심사 위원들에게 많은 칭찬을 받았습니다. 이런 식의 선발 방식이 맞는 것인지는 잘 모르겠지만, 오로지 교회 개척이라는 목표 하나로 최선을 다했습니다. 칭찬을 받고 나니 합격 예감이 들었습니다. 아직 4차 시험이 남아 있었지만 그래도 유리한 입장이라는 느낌이 들었습니다.

마지막 4차 시험은 아내와 함께 면접을 보는 것이었습니다. 순서가 되어 면접실 안으로 들어갔습니다. 그곳에는 개척국 담당 교역자와 여러 명의 장로님들이 면접 위원으로 앉아 있었습니다. 모두들 매의 눈으로 우리 부부를 바라보았습니다. 여러 면접 위원 중에 어느 입에서 송곳 질문이 나올지 전혀 예측할 수 없었습니다. 교회 개척에 대한 자세가 어느 정도로 준비되어 있는지, 앞으로 목회적 위기 상황에서 어떻게 대처할지에 대한 질문들을 던졌습니다. 약간 긴장은 되었지만 우리 부부는 당황하지 않고, 개별적 질문에 지혜롭고 차분하게 답변했습니다.

부부 면접을 끝으로 모든 시험을 마치고 나니 마음이 후련했습니다. 이제는 모든 걸 하늘의 뜻에 맡기고 겸허히 결과만을 기다릴 수밖에 없었습니다. 약속한 날, 약속한 시간에 홈페이지에 최종 합격자 명단이 게시되었습니다. 또다시 마음 졸이며 명단에 제 이름이 있는

지를 찾았습니다. 가슴이 쉴 새 없이 두근거렸습니다. 27명을 뽑는 치열한 경쟁에서 최종 명단에 놀랍게도 제 이름 석 자가 들어 있었습니다. 얼마나 기뻤는지 세상을 다 얻은 것 같았습니다. 아무런 대책 없는 저에게 개척의 첫 관문을 통과하게 하신 주님께 감사하며 찬양을 올려 드렸습니다.

> "주님! 부족하고 자격 없는 자에게 힘 있게 개척할 수 있는 기회를 주셔서 감사합니다. 앞으로 교회 개척의 모든 과정도 인도해 주셔서 주님이 기뻐하시는 교회를 세우게 하소서!"
> "그리고 주님! 저는 합격해서 기쁘고 감사하지만, 이번 시험에 지원했다가 합격하지 못한 목회자들에게도 길을 열어 주시고 하나님의 방법대로 인도해 주옵소서!"

감사함과 미안함이 교차했습니다. 시험에 합격한 자라고 해서 더 유능하고 똑똑한 것도 아니고, 불합격한 자라고 해서 더 무능하고 부족한 것도 아니었습니다. 교회를 세우는 일에 하나님이 인도하시는 방법이 다를 뿐, 어떤 모양으로든 주님은 다양한 모습의 우주적인 교회를 이루어 가실 것입니다.

100배의 기적

　대체적으로 목회자들의 경제적 형편은 넉넉하지 않습니다. 웬만큼 큰 규모의 교회가 아니면 목회자 한 사람의 사례비로 한 가족이 생활하기가 어렵습니다. 부교역자의 경제 여건은 더욱 열악합니다. 하남에서 부교역자로 사역하던 시절 한 달 사례비로 100만 원을 받은 적이 있었습니다. 그걸로 한 달 동안 헌금도 드리고, 청년들에게 맛있는 것도 사주고, 4인 가족이 생활해야 했습니다. 그런데 사례비를 받기 얼마 전부터 뜬금없이 마음속에 어떤 음성 같은 것이 들려왔습니다.

　"사랑하는 아들아! 하나님이 너의 전부라고 믿는다면 한 달 사례비를 바쳐라."

　'내가 뭐 잘못 들은 게 아닌가?' 하는 생각도 들었고, 제 머릿속에서 나온 나의 메시지는 아닌지 의심하기도 했습니다. 그런데 시간이

지날수록 이상하게 마음이 뜨거워지면서 이번 달 사례비 전액을 드려야겠다는 생각이 굳어졌습니다. 아내에게 그 얘기를 했더니 흔쾌히 동의해 주었습니다.

드디어 사례비를 받는 주일이 되었습니다. 오전 11시 예배를 마치고 점심을 먹고 난 후, 재정 집사님이 사례비 봉투를 건네주셨습니다. 그 봉투를 받자마자 저는 곧바로 하얀 봉투 위에 "하나님은 나의 전부이십니다."라는 문구를 쓰고 헌금함에 넣었습니다. 만 원짜리 100장이 담긴 봉투가 헌금함에 묵직하게 떨어지는 순간 제 마음에는 이전에 경험하지 못한 깊은 감동과 울림이 왔습니다. 헌금 봉투가 나무 헌금함에 떨어져 부딪치는 소리가 마치 나의 신앙 고백 소리처럼 들려왔습니다.

"하나님은 나의 전부이십니다."

사실 하나님께서 무슨 돈이 필요하시겠습니까? 그리고 100만 원이 저에게는 큰 액수지만 교회 재정에 얼마나 도움이 되겠습니까? 따지고 보면 별거 아닙니다. 하지만 나의 드림은 하나님 그분을 향한 순전한 신앙 고백이었기에 드리면서 뜨거운 눈물이 났고, 뭉클한 감동이 되었습니다. 그리고 제 영혼에 큰 기쁨이 되었습니다.

앤디 스탠리(Andy Stanley)는 《헌금의 기쁨》(사랑플러스, 2005)에서 이런 말을 했습니다.

전 세계적으로 볼 때, 교회는 성경의 명령을 성취하기 위해 기꺼이 헌금하고자 하는 사람들로 가득하다. 그 목적은 하늘에 계신 아버지의 친밀한 재정 파트너로서 살아가는 기쁨을 발견하기 위해서이다. 우리가 그렇게 할 때 헌금은 열정으로 가득 찬 흥미진진한 예배가 된다. 헌금은 '해야 하는 것'이 아닌 '하고 싶은 것'이 되어야 한다.

사례비 전액을 드리는 일을 통해, 헌금은 하나님께 열정적으로 드리고 싶은 흥미진진한 예배요, 기쁨의 신앙 고백임을 몸소 체험할 수 있었습니다. 그렇게 무일푼이 된 한 달 동안, 과연 우리 가족은 어떻게 살았을까요? 하나님의 공급하심으로 한 끼도 굶지 않고, 오히려 이전보다 더욱 평안하고 감사하게 은혜로운 한 달을 보냈습니다.

시간이 흘러 교회 개척에 뜻을 두고 저는 Y교회 교회개척학교 입학 시험에 합격하여 훈련을 받은 후 개척 자금을 지원받았습니다. 지원금액은 1억 원이었습니다. 1억 원의 지원금을 받은 후 섬광처럼 선명한 기억이 떠올랐습니다. 그것은 부교역자 시절 100만 원의 사례비 전액을 드리고 나서 혼자 울고 혼자 감동받았던 바로 그 주일 오후의 순간이었습니다. 제 머릿속에서 계산기가 자동으로 작동했습니다.

100만 원 × 100배 = 100,000,000원

물론 개인의 경험을 일반화시킬 수는 없습니다. 그리고 저는 기복 신앙을 추구하는 사람이 아닙니다. 하지만 나에게 일어난 이 일만큼은 하나님이 내게 주신 100배의 축복이요 선물이라는 확신이 들었습니다.

목회자로서 경제적인 생활의 여유 없이 항상 절약하며 검소하게 살아왔기에, 한 달 사례비 전액을 헌금하겠다는 생각은 단 한 번도 해보지 못했습니다. 하지만 하나님은 뜻밖의 생각을 하게 하셨고, 특별한 감동을 주셔서 전혀 아까워하지 않고 기쁨으로 헌금하게 하셨습니다. 그렇게 순수한 신앙 고백으로 드린 헌금을 하나님은 기뻐 받으셨고, 전혀 생각하지도 못한 방법으로 주님의 교회를 세우는 일에 100배의 기적으로 갚아 주셨습니다.

빌립보서 2장 13절은 "너희 안에서 행하시는 이는 하나님이시니 자기의 기쁘신 뜻을 위하여 너희에게 소원을 두고 행하게 하시나니"라고 말합니다. 하나님이 기뻐하시는 뜻을 이루기 위해 제 마음에 그 뜻을 향한 감동과 소원을 주시고, 그 일을 행하게 하신 하나님께 모든 찬양과 경배를 올려 드립니다.

더러는 좋은 땅에 떨어지매 자라 무성하여 결실하였으니 삼십 배나 육십 배나 백 배가 되었느니라 하시고 _막 4:8

유럽이냐? 한국이냐? 그것이 문제로다!

　Y교회 교회개척학교에서 모든 개척 훈련을 마치고 나서는 좀 더 세밀한 하나님의 인도하심을 구하며 개척지를 찾아다니기 시작했습니다. 대전을 비롯해 천안, 아산, 조치원, 청주 등 다양한 도시의 신개발 지구를 다니며, 그분의 눈길과 마음이 어디에 머무는지를 예민하게 주시하고 있었습니다.

　그러던 어느 날 과거 침신대 교수님이셨던 한 분으로부터 연락이 왔습니다. 유럽의 유력한 한인 교회에서 후임 목사를 청빙하는데, 어떤 분이 저를 적임자로 추천했다는 것입니다. 이제 막 교회 개척 훈련을 마치고 개척에 대한 기대와 열망이 불타오르고 있는데 유럽이라니…. 아닌 밤중에 홍두깨였습니다.

　　'주님! 혹시 이게 하나님의 사인(sign)입니까?'

　마음이 혼란스러웠습니다.

'차라리 개척학교 입학 전에 사인을 주시지, 왜 이 시점에 이런 일이 일어난 겁니까?'

갈피를 잡지 못하고 하나님의 뜻을 구하기 시작했습니다. 그러는 사이 교수님도 서울에서 우리 부부를 만나러 오셨고, 저도 서울에 올라가 교수님을 만났습니다. 청빙하는 교회의 유력한 집사님도 세계를 다니며 무역업을 하시는데, 일부러 한국까지 오셔서 저를 만나고 가셨습니다. 그후 강력한 러브콜(love call)을 받았습니다. 저는 그때 당시 34세의 젊은 목회자였습니다. 교수님은 저 같은 성품과 인격을 지닌 목회자가 그 교회에 꼭 필요하니 아무 걱정 말고 모든 것을 맡기고 가라고 하셨습니다. 한국에서의 교회 개척도 귀한 일이지만, 젊은 나이에 유럽에서 목회해 보는 것도 좋은 경험이 될 것이라며 목양에만 충실하면 된다고 하셨습니다.

유럽에서 오신 집사님도 저를 만나더니 흡족해하셨습니다. 목회자의 처우도, 비자 발급도, 은퇴 연금도 교회에서 다 책임지겠으니 목회만 집중해서 하시면 된다는 것이었습니다. 그리고 다섯 살, 세 살된 어린 자녀가 있다고 하니까, 아이들에게도 너무 좋은 기회라고 하셨습니다. 1년이면 현지 언어를 마스터(master)하고, 성장 과정에서 여러 개 나라의 언어를 습득할 수 있으니까, 자녀들을 위해서도 꼭 오셔야 한다는 것이었습니다.

그 당시 저에게는 구미가 당기고 귀에 솔깃한 제안이었습니다. 어쩌면 그 제안은 제게 유혹 아닌 유혹이었습니다. 어떻게 할지를 고민하면서 교회 개척의 열망에 사로잡혀 있던 제 마음이 갑자기 약해지기 시작했습니다.

'그래 맞아! 대한민국 땅에 교회가 얼마나 많은데, 나까지 굳이 어렵게 교회를 개척할 필요가 있나?'
'개척이 잘 안되는 시대니까 후임 자리 청빙이 오면 한국이든 어디든 무조건 가는 게 상책이지?'

부족한 목회자인데, 어쩌다가 청빙의 칼자루가 제 손에 쥐어졌습니다. 그 교회는 제가 간다고만 하면 대환영의 분위기였습니다. 청빙 수락만 하면 모든 일이 일사천리로 진행될 상황이었습니다. 하지만 그렇다고 그 교회가 기약 없이 저를 기다릴 수만은 없었습니다. 최종 선택을 위해 기도하고 고민할 시간이 제게 주어졌습니다.

여기서 제 마음에 장애가 발생했습니다. 그것은 '결정 장애' 혹은 '선택 장애'입니다. 전문 용어로 '햄릿 증후군(Hamlet Syndrome)'이라고 합니다. 이것은 선택을 해야 하는 상황에서 선택을 미루거나 쉽게 결정하지 못하는 성향을 뜻합니다. "사느냐 죽느냐 그것이 문제로다('To be, or not to be, that is the question')"로 잘 알려진 영국의 극작가 윌리엄 셰익스피어(William Shakespeare)의 희곡 〈햄릿〉(Hamlet)에서 유래했습니다.

교회 개척은 신학생 때부터 꿈꾸며 기도해 오던 이상적인 비전이지만, 현실적으로 꽃길을 기대할 수 있는 방향은 아니었습니다. 갈수록 개척자가 교회를 개척해서 자립하고 성장하는 일은 점점 보기 드문 일이었습니다. 아니 개척해서 문만 닫지 않아도 괜찮은 것이었습니다. 그렇게 개척의 현실이 어렵다 보니 신학교 동기들도 대부분 사역의 방향을 교회 개척이 아닌 부교역자 사역이나 다른 방향으로 잡고 있었습니다. 그렇기 때문에 유럽에서의 청빙 제의는 저를 깊은 내적 갈등으로 몰아넣었습니다.

유럽 한인 교회 후임은 전혀 예상치 못했던 제안이었지만, 그곳에서 안정적인 목회를 하면서 나 자신에게도, 가족에게도 향후 많은 가능성을 열어 줄 수 있는 좋은 선택지라는 생각이 들었습니다. 그런데 이 문제가 현실과 이상의 갈등이었을까요? 아무리 기도해도 좀처럼 제 마음이 한 가지 결론에 이르지 못했습니다. 우리 부부는 하나님께서 확실한 응답을 내려 주시기를 간절히 기도했습니다. 그런데 그렇게 몸부림치다가 어느 시점에, 주님께서 제 마음에 이런 음성을 들려 주셨습니다.

"사랑하는 아들아, 신학교 시절 나에게 뜨겁게 기도했던 그때를 기억하니?"

"신학교 졸업하고 주님의 교회를 개척해서 목회하고 싶다고 기도하지 않았니?"

"그리고 너는 지금 개척학교에서 모든 훈련을 마치고, 내게 기도하면서 개척지를 찾고 있지 않니?"

"그런데 너의 귀를 솔깃하게 하는 제안이 들어왔다고, 어찌 한순간에
그 마음을 포기할 수 있니?"

복잡한 마음이 일순간 교통 정리 되었습니다.

'네! 주님 맞습니다. 오래 전부터 기도하며 꿈꾸던 교회 개척이 눈앞
에 다가왔는데, 제가 잠시 한눈팔았습니다. 죄송합니다. 주님! 원래
계획했던 대로 진행하겠습니다?

모든 고뇌와 갈등이 사라지고 마음이 가벼워졌습니다. 그것은 주
님이 주시는 평안이었습니다. 이윽고 교수님께 전화를 드렸습니다.

"교수님! 죄송하지만 그 교회 못 가겠습니다. 유럽에 가고 싶은 마음
도 있지만, 주님이 원래 하던 대로 하라시는 것 같습니다?"

교수님은 나의 최종 선택을 존중해 주셨습니다. 저 또한 아무런 후
회도 미련도 없었습니다. 인간적인 계산을 떠나 하나님이 원하시고
나도 기뻐할 수 있다면, 바로 그 결정이 하나님의 뜻이라 할 수 있지
않을까 싶었습니다.

감격스러운 창립과 입당의 순간

오랜 고통의 터널을 지나 드디어 감격스러운 창립과 입당 감사 예배를 드리게 되었습니다. 그동안 어떻게 이 외롭고 지난한 과정을 거쳐 여기까지 왔는지 실감나지 않았습니다. 다시 돌아가고 싶진 않지만, 앞으로의 목회 여정에서 다시 경험하기 어려울 엄청난 일들을 겪었습니다. 만약 건축과 개척의 과정이 이렇게 힘겨운 것인지를 미리 알았다면 무식하게 달려들지 않았을 텐데, 세상 물정에 어둡다 보니 용감함과 열정, 포기하지 않는 인내로 버텨 왔습니다.

교회의 첫 시작을 알리는 예배를 준비하면서 여러 가지 사건과 기억들이 주마등처럼 스치고 지나갔습니다. 주님을 예배하는 처소를 짓는다는 기대에 부풀어 기뻐했던 순간이 있었던 반면, 일이 꼬이고 건축이 중단되어 숨을 쉬기 힘들 만큼 괴로운 순간도 있었습니다. 아니 비중으로 따지면 괴로운 순간이 압도적으로 많았습니다.

하나님의 사람 모세는 시편 90편 10절에서 "우리의 연수가 칠십이요 강건하면 팔십이라도 그 연수의 자랑은 수고와 슬픔뿐이요 신속히 가니 우리가 날아가나이다"라고 고백했습니다.

평생의 삶을 돌아봐도 자랑할 것은 수고와 슬픔밖에 없고, 마치 날아가는 것처럼 인생의 속도가 빠르다는 것입니다. 건축을 진행하며 교회 창립을 준비한 지난 2년 이상의 시간을 인생의 축소판이라고 한다면, 저도 모세와 동일한 고백을 할 수밖에 없을 것입니다.

사실 제가 처한 입장을 고려한다면, 건축과 개척을 동시에 준비하는 것은 엄청난 무리수를 둔 모험이었습니다. 목회자가 성도 한 명 없이 교회 건물을 신축해서 창립 예배를 드리는 경우는 보기 드문 일입니다. 그런데 저는 그 보기 드문 일에 앞뒤 가리지 않고 과감하게 도전했습니다. 결국 모든 것이 하나님의 은혜로 가능한 일이었지만, 가시적인 결과물이 나오기까지 주님은 개척자의 수고와 눈물을 사용하신다는 생각이 들었습니다.

예배를 준비하면서 교회 대청소를 했습니다. 깨끗한 신축 건물이지만 교회 첫 출발의 첫 예배를 사모하며 더 깨끗하게 쓸고 닦았습니다. 청소기를 돌리고 깨끗한 천으로 예배당 곳곳을 닦으면서, 내 영혼도 그리스도의 보혈로 깨끗하게 닦아 주시기를 기도했습니다. 아무리 새 건물을 짓고 예배당을 깔끔하게 청소해도 하나님 앞에서 정결한 모습으로 준비되지 않으면 주님이 받으시는 예배가 될 수 없기 때문입니다.

C. S. 루이스는 "상한 계란으로는 아무리 요리를 잘한다고 할지라

도 훌륭한 오믈렛을 만들 수 없다."라고 했습니다. 최고의 요리사는 신선한 재료만을 사용하듯이 하나님은 정결함으로 드리는 예배를 받으시고, 그런 자를 통해 당신의 일을 이루십니다. 여기에 대해 디모데후서 2장 20~21절은 분명한 메시지를 주고 있습니다.

> 큰 집에는 금 그릇과 은 그릇뿐 아니라 나무 그릇과 질그릇도 있어 귀하게 쓰는 것도 있고 천하게 쓰는 것도 있나니 그러므로 누구든지 이런 것에서 자기를 깨끗하게 하면 귀히 쓰는 그릇이 되어 거룩하고 주인의 쓰심에 합당하며 모든 선한 일에 준비함이 되리라 _딤후 2:20-21

그릇의 재료나 종류보다 중요한 것은 깨끗한 그릇이 되는 것입니다. 새롭고 아름다운 건물을 지었다고 자랑하는 교회가 아니라, 주님이 귀하게 쓰시는 깨끗한 그릇이 되는 것이 중요합니다. 담임 목회자인 저부터 새로운 공동체를 이룰 지체들에 이르기까지, 주님이 사용하시는 아름다운 교회 되기를 마음 깊이 소원했습니다.

드디어 감격스러운 첫 예배가 드려졌습니다. 지방회를 비롯하여 개척 자금을 지원해 준 Y교회 관계자들, 함께 교회 개척 훈련을 받은 동기 목회자들, 출신 교회와 사역했던 교회의 성도들, 가족과 친인척 분들이 원근 각처에서 오셔서 함께 예배하며 축복해 주셨습니다. 작은 예배당에 100명이 넘는 분들이 모여 예배드렸습니다. 좌석이 모자라 뒷자리에 서 계시거나 건물 바깥에까지 서 계신 분들도 있었습니다. 비록 잠시 동안이었지만 주님의 교회가 주님의 사람들로 가득 차고 넘치는 풍성함을 체험할 수 있었습니다.

'주님! 오늘 여기에 모인 사람들이 전부 우리 교회 성도였으면 좋겠습니다.'

정말 그럴 수만 있다면 얼마나 좋을까요? 오병이어의 기적을 일으키신 하나님이 마음만 먹으시면 얼마든지 그런 일은 가능할 수 있습니다. 하지만 사람에 대한 양적 부흥을 기대하기보다 하나님을 향한 친밀한 관계를 사모함이 교회가 추구해야 할 본질적 가치임을 잊지 말아야겠습니다. 예배의 마지막에 우리는 모두 일어서서 〈비전〉 찬양곡을 불렀습니다.

우리 보좌 앞에 모였네 함께 주를 찬양하며
하나님의 사랑 그 아들 주셨네 그의 피로 우린 구원받았네
십자가에서 쏟으신 그 사랑 강같이 온 땅에 흘러
각 나라와 족속 백성 방언에서 구원받고 주 경배드리네
구원하심이 보좌에 앉으신 우리 하나님과 어린양께 있도다
구원하심이 보좌에 앉으신 우리 하나님과 어린양께 있도다

감격의 눈물이 주르르 흘러내렸습니다. 이 악하고 약한 죄인을 그

리스도의 피로 구원하셔서 주님의 몸 된 교회를 세우도록 인도하신 하나님의 사랑과 은혜가 너무 크게 느껴졌습니다. 모든 영광을 보좌에 계신 하나님과 어린양께 올려드리는 생명력 넘치는 교회 공동체의 비전을 품었습니다. 그리고 세상 마지막 날에 모든 열방과 족속들이 보좌 앞에서 부르게 될 웅장한 찬양의 하모니를 상상해 보았습니다. 우여곡절 끝에 드리는 창립과 입당 감사 예배의 뜨거운 감격과 비전의 경험을 잊지 않고, 하나님 나라를 지향하는 아름다운 교회로 든든히 세워져 가기를 소원합니다.

02

열정으로
교회를 세우다

"열정으로 교회를 세우다!"

임대가 아닌 건축으로

처음 교회를 개척할 때 대부분의 개척자는 전세, 월세의 형태로 상가를 임대해서 시작합니다. 저도 처음에는 그렇게 할 생각이었습니다. 그런데 사방으로 개척지를 알아보며 다니는 가운데, 땅을 사서 교회를 건축하고 싶은 마음이 생겼습니다. 교회의 본질은 건물이 아니라 사람임을 알면서도 자꾸 그 마음이 사라지지 않았습니다. 이 마음이 하나님께서 주신 거룩한 소원인지, 인간적인 욕심인지 계속해서 고민하며 기도했습니다.

'주님! 인간적인 욕심이라면 빨리 이 마음이 사라지게 하시고, 거룩한 소원이라면 사라지지 않게 하옵소서!'

그런데 시간이 지나도 건축에 대한 생각이 조금도 사라지지 않았습니다. 오히려 긍정의 기대감과 열망이 솟구쳐 올랐습니다. 개척을 진행하는 대부분의 개척학교 동기 목사님들은 신속하게 상가를 얻어 창립 예배를 드렸습니다. 그들에 비하면 시간도 매우 늦어지고 고생할 일이 불 보듯 뻔한데, 그렇다고 제 안에서 일어나는 작은 소망의 불씨를 꺼뜨릴 수는 없었습니다.

지금 생각해 보니, 세상 물정도 모르고 건축에 대해서도 무지한 제가 교회 건축에 뛰어든 것은 간 큰 도전이었습니다. '무식하면 용감하다'라는 말이 딱 저를 두고 하는 말이었습니다. 임대가 아닌 건축으로 방향을 잡은 다음, 끊임없이 이런 생각이 머리를 맴돌았습니다.

'1억 원 한도에서 상가를 얻고 인테리어까지 해야 큰 무리 없이 개척이 가능한데, 준비된 자금 없이 땅을 사서 교회를 건축하는 게 정말 맞나?'

단순 계산을 해봐도 제 상황에서 건축은 절대 불가능한 일이었습니다. 그런데 건축에 대한 소원을 품고 난 후, 희한하게 그 결심은 조금도 변하지 않았습니다. 모세가 호렙산에서 하나님을 만날 때 떨기나무에 붙은 불이 사라지지 않았듯이, 제 마음의 불꽃도 사라지지 않았습니다. 나이도 젊어서 건강과 에너지도 넘치고, 거기에다 개척 훈련을 받고 나니 '개척도 하는데 건축이라고 못할 게 뭐 있나?' 하는 이상한 근자감(근거 없는 자신감)까지 충만했습니다. 부디 빌립보서의 말씀이 나의 건축 여정에 그대로 적용되는 말씀이기를 바랐습니다.

너희 안에서 행하시는 이는 하나님이시니 자기의 기쁘신 뜻을 위하여 너
희에게 소원을 두고 행하게 하시나니 _빌 2:13

상가 임대를 얻어 교회를 시작하는 것은 이미 정형화된 일반 건물
에 교회가 맞춰 들어가는 형태여서 고민할 게 별로 없습니다. 하지만
토지를 구입해서 새롭게 교회 건물을 짓는 것은 차원이 다른 일입니
다. 그것은 새로운 창조적 행위이기 때문에, 먼저 건축의 큰 그림을
잘 그려야 합니다. 그리고 나면 세부적인 계획을 따라 자금력을 바탕
으로 빈틈없이 일이 진행되어야 합니다. 교회 건물은 교회의 본질과
사명을 가시적으로 구현하는 적합한 공간이어야 합니다. 그런데 교
회 건축에 대한 아무런 식견과 경험이 없는 저로서는 막상 교회 건축
을 진행하려니 뭘 어떻게 해야 할지 막막했습니다.

20세기 최고의 영미권 예배학자 중 하나인 제임스 화이트(James F.
White) 박사와 수잔 화이트(Susan J. White) 박사는 《교회건축과 예배 공
간》(새물결플러스, 2014)에서 이렇게 말했습니다.

교회 건물은 그 자체로 목적이 아닙니다. 예수 그리스도 안에서 나타
나신 하나님을 예배하는 바로 그 목적을 이루기 위한 수단입니다. 교
회 건물의 모든 것은 기독교 예배가 드려지는 장소로서 그 기능에 의
해 모양을 갖추는 것입니다.

교회 건물의 역할은 다양합니다. 하지만 무엇보다도 교회 건물은 하나님을 예배하는 장소로서의 목적을 추구해야 합니다. 사실 건축에 있어서 가장 현실적인 고민은 경제적인 부분입니다. 아직 개척도 하지 않아 성도도 한 명 없는 상태에서 어떻게 수시로 자금을 투입하며 일을 진행할 수 있겠습니까? 때를 따라 돕는 은혜가 아니면 불가능합니다. 하지만 부족한 중에도 여호와께서 목자가 되셔서 교회 건축의 여정을 인도하시리라 믿기 때문에, 허락하시는 재정 안에서 최고의 가성비(가격 대비 성경적 기능)를 발휘해 보고 싶었습니다. 웅장하고 화려한 교회당은 아니지만, 예배를 통해 하나님과의 만남이 활발한 아담하고 아름다운 교회당을 짓고 싶었습니다.

교회 건축을 앞둔 막막한 개척자에게 정시춘 박사의 책 《교회 건축의 이해》(발언, 2000)에 기록된 글은 예배당 건축에서 반드시 고려할 사항을 점검하게 해주었습니다.

교회당은 세속 건물들과는 달리, 인간이 보이지 않는 하나님과 예배를 통해 영적 관계를 맺는 장소이기 때문에, 교회 건축은 형태를 통해 기독교의 본질과 그 신자들의 신앙심을 표현하고, 공간을 통해 예배의 종교적 의미와 상징을 나타내어야 하며, 특히 예배실은 그 공간의 분위기가 신자들에게 미치는 심리적 효과를 깊이 고려하여 설계하지 않으면 안 된다.

정시춘 박사는 이어서 한국 교회 건축에 대한 인식의 부족을 지적하고 있습니다.

오늘날 한국 교회 건축의 모습들이 세속의 잡다한 건축보다 별로 나을 것이 없는 이유는 단지 경제적인 데만 있지는 않을 것이다. 이는 건축에 대한 인식이 부족한 탓으로, 필요한 공간의 크기를 충족시키는 '건물'로서의 교회당은 생각하였으나, '건축'으로서의 교회당은 미처 생각하지 못함이며, 또한 교회 건축이 교회의 사역에 미치는 대내외적인 영향을 간과했기 때문이다.

하나님과 성도가 만나는 거룩한 예배 장소로서의 내적인 의미를 외형적인 교회 건물 안에 상징적으로 잘 표현하는 건축이 되기를 소원했습니다. 한 영혼이라도 교회 건축을 통해 주님을 만나고, 그 만남이 뜨거워질 수 있다면 건축의 목표는 달성된 것입니다.

임대에서 건축으로 방향을 전환한 것이 신의 한 수가 되기를 간절히 기도했습니다. 그리고 담대히 교회의 머리 되신 예수님을 의지하며 나아가기로 마음먹었습니다. 건축하고자 하는 이 열망이 하나님의 기쁘신 뜻을 위해 주신 그분의 소원이라면, 틀림없이 하나님께 영광이 될 것입니다. 그리고 반드시 하나님께서 이 일을 이루실 것입니다.

달달 털었고 달달 털렸다

교회를 개척하면서 임대가 아닌 건축으로 방향을 잡았습니다. 개척도 보통 일이 아닌데 세상 물정 모르는 목회자가 건축까지 하려고 했으니 그야말로 미친 짓이었습니다. 물려받은 재산이 있든지 모아놓은 돈이라도 많으면 어렵지 않게 일이 진행되겠지만, 이도 저도 아니면서 용감하기만 했습니다. 한 번도 해보지 않았고 건축에 대해 문외한이기에, 이 일을 마칠 때까지 모든 것을 여기에 올인(all-in)할 수밖에 없었습니다.

'가난한 부교역자 시절을 보낸 내가 영끌(영혼까지 끌어모아)해서 모을 수 있는 액수는 도대체 얼마인가?' 우선 하남에서 살았던 빌라 반지하 전세금을 털었습니다. 이 돈은 결혼할 때 부모님이 신혼방 얻으라고 주신 보증금에, 반지하 빌라 계약 연장을 하면서 겨우 몇백만 원을 보탠 금액입니다. 그래봤자 2천만 원 조금 넘는 정도입니다. 그 다음에는 결혼해서 대전에 살 때부터 매달 2만 원씩 차곡차곡 부어 왔던 청약 저축을 해지했습니다. 부교역자 시절 섬기던 교회에서 들어 줬던 보험도 해지했습니다. 그리고 통장에 있는 돈이란 돈은 다 긁어모았습니다. 전 재산을 다 합해도 얼마 되지 않았습니다. 같은 또래 사회생활 하는 친구들에 비하면 불쌍히 여길 만한 형편입니다.

그 당시 저에게 미래를 위한 대비는 없었습니다. 연금도, 적금도, 현금도 아무것도 내 눈에 들어오지 않았습니다. 그저 지금 내 앞에 놓인 교회 개척과 건축을 이루기 위해 모든 것을 다 바쳐야 했습니다. 돈도, 마음도, 기도도, 몸도, 열정도, 지혜도 다 쏟아부었습니다. 뒷일은 전혀 생각하지 않았습니다.

어느 순간에는 '미취학 어린 두 자녀를 둔 4인 가족의 가장이 가족의 삶에 대해 이렇게 무책임하고 대책이 없어도 되는 것인가?' 하는 생각도 들었습니다. 하지만 저는 어떤 힘에 이끌린 듯이 전후좌우를 돌아보지 않고 오로지 직진만 했습니다.

무일푼의 거지처럼 모든 재산을 탈탈 털어 드리고 오직 주님만 바라보며 의지했습니다. 이제 나에게는 시온의 대로만이 펼쳐지리라 기대했습니다. 모든 것을 바친 나를 위해 주님은 당연히 깜짝 놀랄 만한 드라마를 준비하실 것으로 확신했습니다. 그런데 어찌된 일인지 시간이 가도 드라마 같은 일은 일어나지 않았습니다.

'하나님! 지금이 클라이맥스(climax)입니다. 지금쯤 기가 막히게 역사해 주셔야 하나님의 대본이 멋지게 완성되는 거 아시죠?'

하지만 그런 내 마음을 외면하듯 아무 일도 일어나지 않았습니다. 하나님의 개입? 하나님의 기적? 그런 것은 나와는 상관없는 일처럼 느껴지고, 하나님을 향해 야속한 마음이 들기도 했습니다.

통장에 단돈 만 원이 없어서 알거지처럼 살기도 했고, 공사 대금을 결제하지 못해 가슴을 치며 방치되는 공사 현장을 지켜보기도 했습니다. 나에게도 드디어 16세기 수도사 '십자가의 성 요한'이 말한 "영혼의 어두운 밤(The dark night of the soul)"이 찾아온 것인가? 하는 생각도 들었습니다. 모든 건축의 과정마다 은혜의 손길로 누르고 흔들어 넘치도록 채워 주실 줄 믿었는데, 하나님은 침묵하시고 나만 홀로 발을 동동 구르는 것 같았습니다. 서러움과 야속함이 몰려왔습니다.

머릿속으로는 이 힘겨운 과정을 통해 나를 성장시키시고 하나님의 뜻을 이루실 거라 이해는 됐지만, 하나님의 부재 속에 신음하는 메마른 광야의 현실은 녹록치 않았습니다. 결국 내 영혼은 뼛속까지 탈탈 털린 느낌이었습니다. 그야말로 멘붕(멘탈붕괴, mental collapsing)이 왔습니다.

에리히 프롬(Erich Pinchas Fromm)은 그의 책 《소유냐 존재냐》(까치, 2020)에서 인간이 추구하는 가치들 가운데 2가지를 강조합니다. 그것은 소유 중심의 가치와 존재 중심의 가치입니다. 프롬은 이 책을 통해서 인간은 근본적으로 새로운 무언가를 소유하고자 하는 욕구가 있다고 말합니다. 그러나 그 욕구들을 채우고 소유가 많아지면 행복할 것 같지만, 그런 생각은 착각이라고 주장합니다. 결국 진정한 삶의 행복은 소유의 많아짐에서 느끼는 것이 아닌, 자신을 알아 가고 자신 안에 있는 능력을 발견하며, 타인을 위해 그 능력을 쓰면서 느끼는 존재의 가치에 있다고 말합니다.

성도 한 명 없는 교회 개척자가 건축을 위해 겁도 없이 전 재산을 탈탈 털었습니다. 일반인들의 관점에서 많은 액수는 아니지만, 교회를 세워 가면서 소유보다는 존재에 가치를 두었기 때문에 이 일이 가능했습니다. 보이지 않는 하나님 나라를 꿈꾸며 열망하는 이들이 모여 주님의 교회를 이루고, 잃어버린 영혼들에게 복음을 전해 그리스도의 제자가 풍성해지는 비전을 품었습니다. 이러한 꿈과 비전은 물질의 소유에 목표를 두지 않습니다. 그리스도 안에서 영혼이 구원받고 세워지는 존재 가치에 목표를 둡니다. 지금 당장은 소유의 부족으로 일상이 불편하고 영혼이 탈탈 털리는 듯한 내면의 어려움을 겪을 수 있습니다. 하지만 하나님께서 교회를 통해 이루실 영원한 가치를 생각하며 흔들림 없이 나아갑니다.

마중물 300만 원

　　교회 건축을 위한 모든 구상과 계획을 마치고 업자까지 결정했습니다. 업자와는 구두로 공사 계약에 합의했습니다. 이제 계약금을 걸고 업자와 계약서만 쓰면 되는데, 수중에 300만 원의 계약금이 없었습니다. 1억 원의 개척 자금을 지원받기는 하지만 한꺼번에 나오는 것이 아닙니다. 총 네 번에 걸쳐서 나오는데 땅을 살 때 한 번, 공사 시작 후 한 번, 공사 중간에 한 번, 그리고 준공 검사 후에 한 번 나옵니다.

　　그러니 일단은 자력으로 돈을 마련해서 업자와 계약을 하고 공사를 시작해야 하는 것이었습니다. 억대의 공사를 하면서 300만 원이 없다는 게 말이 되는 얘깁니까? 그런데 정말 없었습니다. 예배당 부지를 사서 등기하기까지 수중에 있던 전 재산을 다 쏟아부었기 때문입니다. 하남에 살던 집 전세금도 빼고, 청약 저축도 해지했습니다. 모든 보험도 다 해약해서 돈이란 돈은 모조리 긁어모아 예배당 부지를 사는 데 올인했습니다.

물론 그동안 크고 작은 어려움도 있었지만 건축의 과정이 비교적 순탄했는데, 겨우 300만 원이 없어서 발이 묶이고 말았습니다. 저는 절박한 심정으로 기도했습니다. 그렇게 기도한 다음, 마음속에 떠오른 어떤 분에게 문자를 보냈습니다.

"300만 원이 없어서 건축 시작을 못하고 있습니다. 함께 기도해 주세요."

그리고 나서 얼마 후에 답 문자가 왔습니다.

"300만 원 송금했으니 어서 건축 시작하고 힘내. 계속 기도할게."

계약금 300만 원을 송금한 분은 청주에서 목회하시는 큰형님이었습니다. 어찌나 눈물 나게 감사하던지요. 목회자가 갑자기 300만 원을 구하기가 쉽지 않았을 텐데, 막냇동생의 문자를 받고 즉각적인 도움을 주셨던 것입니다.

제가 인간적인 방법을 사용한 것 같지만 결코 그렇지 않습니다. 하나님은 기도 중에 큰형님의 얼굴을 떠올리게 하시고, 용감하게 문자를 보내게 하셨습니다. 그리고 마침내 이 일에 준비된 손길을 통해서 필요를 채우셨습니다. 여호와 이레의 하나님을 체험한 은혜의 순간이었습니다.

어린 시절 저희 집 마당에는 펌프가 있었습니다. 이 펌프는 압력 작용으로 관을 통해 물을 퍼올리는 기계를 말합니다. 땅속에 있는 물을 땅 위로 끌어 올리는 역할을 하는 이 펌프는 특히 무더운 여름철에 큰 도움이 됐습니다. 에어컨도 없던 뜨거운 여름철에 우리 집 남자들은 이 펌프를 이용해 수시로 등목을 했습니다.

'등목'은 웃옷을 벗은 다음 팔다리를 뻗고 바닥에 엎드린 상태에서 등에 물을 끼얹어, 몸을 씻고 더위를 식혀 주는 일을 말합니다. 엄마가 바가지에 물을 담아 등에 뿌려 주시면서 등목을 할 때도 있고, 수도꼭지에 호스를 연결해서 하기도 했습니다. 여러 등목의 방식 중에 가장 강력하고 시원한 것이 펌프로 등목하는 것입니다. 그런데 펌프에서 시원한 물이 콸콸 뿜어져 나오려면 반드시 필요한 것이 '마중물'이었습니다. 마중물은 펌프질을 할 때 물을 끌어 올리기 위해 위에서 붓는 물을 말합니다. 마중물이 없으면 절대로 땅속에 있는 물을 끌어 올릴 수 없습니다.

큰형님이 송금한 300만 원은 험난한 건축 여정의 마중물이 되었습니다. 교회 건축의 모든 밑그림이 그려졌으니, 이제 건축의 여정이 순항하리라고 믿었습니다. 하지만 예상을 벗어나 처음부터 고비를 만났습니다. 억대의 건축 공사가 300만 원이라는 장벽에 막혀 있었던 것입니다.

그렇지만 바늘구멍만 한 고치를 뚫고 누에나방이 나오듯이, 새가 알을 깨고 나오듯이 하나님께서는 준비하신 손길을 통해 건축의 본격적인 날갯짓을 하게 하셨습니다. 이 마중물을 통해 하나님이 예비하신 은혜와 생명의 물줄기가 모든 교회 건축의 진행 가운데 콸콸 쏟아져 나오기를 기대합니다.

창세기 22장에 보면 하나님께서 아브라함을 시험하시기 위해 독자 이삭을 바치라는 명령을 하십니다. 100세에 얻은 독자 이삭을 바치기가 쉽지 않았지만, 아브라함은 실제로 이삭을 번제로 드리려 했습니다. 하나님은 그 모습을 보시고 아브라함이 하나님을 경외하는 것으로 인정하셨습니다. 이삭을 번제로 바치지 못하게 하신 하나님은 미리 숫양을 준비하셔서 그것으로 번제를 드리게 하셨습니다. 거기서 나온 말이 "여호와 이레"입니다.

키에르케고르(Søren Aabye Kierkegaard)는 이 내용을 소재로 《공포와 전율》(치우, 2011)이라는 책을 썼습니다. "공포와 전율" 혹은 "두려움과 떨림"은 아브라함이 하나님으로부터 독자 이삭을 번제로 바치라는 명령을 받고 느꼈을 감정을 뜻합니다. 성경에는 아브라함이 이삭을 바치러 갈 때의 내면에 대해 기록하지 않았습니다. 하지만 아브라함은 이삭을 바치기 위해 브엘세바에서 모리아산까지 가는 동안 수없는 내적 불안과 갈등, 그리고 두려움을 경험했을 것입니다.

《공포와 전율》에 보면 "아브라함이 한 일은 윤리적으로 표현한다면 이삭을 죽이려고 한 것이고, 종교적으로 표현한다면 이삭을 바치려고 한 것이다. 그런데 바로 이 모순 속에 사람들이 잠을 이루지 못하게 할 수 있는 불안이 있는 것이다."라고 했습니다. 이 표현대로 아브라함은 사랑하는 아들을 위한 윤리적 실존과 하나님을 위한 종교적 실존 사이에서 불안과 두려움을 느꼈을 것입니다. 하지만 아브라함은 공포와 전율을 느끼면서도 결국에는 믿음으로 순종의 길을 택했습니다. 그리고 마침내 하나님의 예비하심의 은혜를 누립니다.

본격적인 교회 건축의 첫 시점부터 저는 "두려움과 떨림"을 체험했습니다. 하지만 300만 원의 손길을 통해 "여호와 이레"의 하나님을 만났고, 이것은 앞으로 진행될 일에 마중물이 되었습니다. 건축을 진행하다 보면 어느 틈엔가 또 다시 내면 깊은 불안과 두려움의 순간이 올 것입니다. 그러나 여호와 이레의 하나님은 또 다른 마중물을 준비하셔서 고비마다 풍성한 은혜의 생수가 쏟아지게 하실 것입니다.

> 아브라함이 그 땅 이름을 여호와 이레라 하였으므로 오늘날까지 사람들이 이르기를 여호와의 산에서 준비되리라 하더라 _창 22:14

예상치 못한 역경과 배신

지인 목사님을 통해 건축업자를 소개받았습니다. 신학교를 졸업하신 분인데 주중에는 건축 일을 하시고, 주말에는 협동 전도사로 사역하는 분이었습니다. 이분은 제 앞에서 건축에 대한 자기의 포부를 말씀하셨습니다. 자신은 교회 건축에 특별한 사명이 있는데, 최대한 개인의 이익을 남기지 않고 교회 형편에 맞게 가성비 좋은 건물을 지어 주신다고 했습니다. 그러면서 지금까지 자신이 건축한 교회 건물 사진을 앨범으로 보여 주며, 가보고 싶은 곳이 있으면 함께 가보자고도 했습니다. 모든 면에서 믿음직스러웠고 주어진 상황에 맞춰 건축을 잘해 주실 것 같았습니다. 기도하며 좀 더 고민을 해본 후에 그분과의 계약을 어렵지 않게 결정했습니다.

계약서를 쓰고 차근차근 건축을 진행해 나갔습니다. 모든 과정이 순조로웠습니다. 충분한 대화를 통해 건축의 큰 방향에서부터 세밀한 부분까지 협의하고 결정해 나갔습니다.

어느 날인가 건축업자가 밝게 웃으며 제게 말했습니다.

"목사님! 지금까지 여러 교회를 건축해 왔지만, 이렇게 편안한 마음으로 건축해 보기는 처음입니다. 함께 기도하며 완공까지 잘했으면 좋겠습니다."

"네, 전도사님! 저도 처음 해보는 교회 건축인데, 좋은 분을 만나 이렇게 즐거운 마음으로 건축할 수 있어서 감사합니다."

건축업자와 팀을 이루어 일하는 분들도 하나같이 착하고 성실하셨습니다. 무엇보다 이 거룩한 예배 처소를 세우는 일에 기도하는 업자분을 만나 함께할 수 있다는 사실이 감사했습니다. 합력하여 선을 이루시는 신실하신 하나님을 날마다 찬양했고, 예배당 완공의 영광스러운 날을 소망하며 저도 적극적으로 건축 과정에 참여했습니다. 건축 공정이 지체되지 않도록 필요할 때마다 자금 조달에도 최선을 다했습니다. 있는 돈 없는 돈 긁어모으고, 여기저기서 돈도 빌려다 주었습니다. 그러면 업자는 건축 자금을 받아 자재도 구입하고 인부들 인건비도 정산해 주었습니다.

그런데 대부분의 건축업자가 그렇듯이, 건축업자는 공사 현장이 한 군데만 있는 것이 아닙니다. 몇 군데 공사에 건축 계약을 해서 인력을 투입해 순환시키며 일을 진행합니다. 그러다 보면 공사 기간이 조금씩 늘어나게 됩니다. 그 상황을 알기에 건축업자의 입장을 이해하기는 하지만, 약속한 시간보다 너무 많이 늦어질 경우에는 건축주와 건축업자 간에 갈등이 생기곤 합니다. 그래도 내 욕심만 차릴 수 없어서 가능하면 건축업자의 입장을 존중하고자 하는데 늘 그렇게 하기가 쉽지 않았습니다. 공사하기로 한 약속이 자꾸만 지켜지지 않을 때, 얼굴을 붉히며 말로 불편한 감정을 주고받는 일이 점점 늘어났습니다.

"전도사님! 왜 자꾸 약속을 안 지키십니까? 벌써 이게 몇 번째입니까?"
"목사님! 죄송합니다. 오늘은 이런 사정이 있어서 그렇습니다. 내일은 꼭 공사하겠습니다."

이런 일이 몇 번 이상 반복되면 상호 간에 신뢰가 무너집니다. 그래도 다시 참고 믿어 주고, 또 참고 믿어 주고 하면서 제 스스로 인내의 한계를 테스트하기도 했습니다. 이런 과정을 통해 하나님께서 나를 성숙시키시고 새롭게 빚어 가신다는 긍정의 마인드를 유지하려고 노력했습니다.

그러다가 언제부터인가 건축업자가 공사 현장에 오지도 않고, 전화 연락도 되지 않았습니다. 잠수를 타기 시작한 것입니다. 이런 상황이 정말 힘들었습니다. 무슨 일이 있는지 기본적인 소통이 되어야 하는데 불통이 되니, 답답하고 화가 난 마음을 다스리기가 쉽지 않았습니다.

허준의 동의보감에 보면 '통즉불통 불통즉통(通卽不痛 不通卽痛)'이라는 말이 있습니다. '통하면 아프지 않고 통하지 않으면 아프다'라는 뜻입니다. 다시 말하면 사람 몸의 혈관에 막힌 것을 통하게 해주면 아픈 것이 없어지고, 막혀서 통하지 않으면 통증이 생긴다는 것입니다. 사람의 몸도 그렇고 사람과의 관계도 그렇습니다. 그동안 건축업자와 원활한 소통으로 교회 건축이 순풍을 타고 있었는데, 불통이 되니 역풍이 불어왔습니다. 몸도 아프고 마음도 아프기 시작했습니다.

'이러다가 건축이 중단되는 거 아닌가?'
'혹시 건축이 중단되면 뒷수습은 어떻게 하지?'

제 안에 불안과 두려움이 엄습하기 시작했습니다. 도저히 이 상태로 가만히 있을 수는 없었습니다. 그래서 저는 계약서에 적혀 있는 건축업자의 주소지를 확인하고 그의 집을 찾아갔습니다. 그런데 집에 아무도 없었습니다. 업자를 만나기 위해 몇 시간 동안 집 앞을 서성거리며 기다렸지만, 해가 진 뒤에도 사람의 출입 자체가 없었습니다. 허탈한 마음으로 돌아왔습니다. 하지만 어떻게 할 방도가 없었습니다. 속이 체한 것처럼 답답하고 속 쓰림 현상도 자주 나타났습니다.

그렇게 얼마간의 시간이 흘렀을까요? 어느 날 이른 아침, 갑자기 건축업자에게서 전화가 걸려 왔습니다. 전화를 받기까지 그 짧은 찰나에 수없이 많은 생각과 감정이 교차했습니다. 첫 마디를 뭐라고 해야 할지 고민했습니다. 욕이라도 한마디 해주고 싶었지만, 막상 그의 목소리를 들으니 거친 말이 나오지 않았습니다. 그래도 연락해 준 게 고마워서 친절 모드로 전화를 받았습니다. 건축업자의 목소리는 힘이 하나도 없었습니다. 만나서 얘기하자며 지금 저를 만나러 오겠다는 것이었습니다. 무슨 사정이 있었는지 모르지만, 일단 다시 소통할 수 있게 된 것이 기뻤습니다.

오랜 불통의 시간을 지나 드디어 건축업자를 만났습니다. 건축업자의 차에 올라타 대화를 나눴습니다. 심각한 얼굴로 저에게 죄송하다는 말을 먼저 하며 자신의 사정을 얘기했습니다. 사연은 이렇습니다. 다른 공사 현장에서 일을 하다가 큰 사고가 났다는 것입니다. 인부 중에 조선족 동포가 한 명 있는데, 지붕 위에서 작업하다가 미끄러져 추락사했다는 것이었습니다. 건축업자가 영세업자라 인적 사고에 대한 보험도 들어 있지 않아서 자신이 모든 책임을 져야 하는데, 그거 보상해 주느라 여유 자금이 하나도 없어서 우리 교회 공사를 못하고 있다는 것이었습니다. 추락사 하신 분은 우리 교회 공사 현장에도 여러 번 왔었는데, 부음을 들으니 가슴이 아프고 안타까웠습니다.

그래서 저는 건축업자에게 어떻게 하면 좋겠냐고 물었습니다. 그랬더니 나름 고민해 온 이야기를 했습니다. 이분의 말이 '자신의 수중에 돈이 없으니 남은 공사 대금을 결제해 주면 그것으로 교회 공사를 다 마무리하겠다'는 것이었습니다. 사실 건축 공정에 비해 이미 많은 공사 대금이 지불되었기 때문에, 완공이 되지 않은 상태에서 잔금을 모두 결제해 주는 것은 옳지 않았습니다.

건축업자가 직면한 상황은 안타깝지만, 그동안 함께 공사를 해오며 이미 신뢰가 무너진 상태였습니다. 신뢰가 깨진 것도 그렇지만 저도 더이상 자금을 끌어올 수 있는 여력이 없었기에 건축업자에게 어렵다고 했습니다. 그 후로도 업자에게 몇 번의 연락이 왔지만, 저는 그렇게 할 수 없다고 단호히 말했습니다. 그때의 통화를 마지막으로 건축업자는 현장에서 손을 뗐습니다. 그가 처한 고통의 현실은 이해하지만, 교회 건축에 사명이 있다고 말했던 그가 이렇게 무례하고 무책임하게 나오니 견딜 수 없는 화가 치밀어 올랐습니다.

'차라리 교회 건축에 사명이 있다는 말을 하지나 말지…?'

제가 어리석어서 속았다는 생각도 들었습니다. 신학교를 졸업한 신실한 크리스천이요, 사역자요, 교회 건축의 사명자로 자처한 사람이 어찌 이럴 수 있는 도무지 이해되지 않았습니다. 하지만 이제 와서 누구를 탓하고 원망할 수는 없었습니다. 예상치 못한 역경과 배신도 제가 감당해야 할 몫이라면 기꺼이 감당해야 했기 때문입니다. 그렇게 주님과 함께 한 걸음 한 걸음 목표 지점을 향해 가야 했습니다.

시멘트 바닥을 눈물로 적시며

정호승 시인의 〈바닥에 대하여〉라는 시가 있습니다.

바닥까지 가본 사람들은 말한다
결국 바닥은 보이지 않는다고
바닥은 보이지 않지만
그냥 바닥까지 걸어가는 것이라고
바닥까지 걸어가야만
다시 돌아올 수 있다고

바닥을 딛고
굳세게 일어선 사람들도 말한다
더 이상 바닥에 발이 닿지 않는다고
발이 닿지 않아도
그냥 바닥을 딛고 일어서는 것이라고

바닥의 바닥까지 갔다가

돌아온 사람들도 말한다

더 이상 바닥은 없다고

바닥은 없기 때문에 있는 것이라고

보이지 않기 때문에 보이는 것이라고

그냥 딛고 일어서는 것이라고

교회 건축을 진행하는 동안 숱한 어려움들을 겪으면서, 제 마음은 바닥을 치고 있었습니다. 정호승 시인의 표현처럼 '바닥의 바닥까지' 내려갔습니다. 더 이상 밑으로 내려갈 곳이 없었습니다. 건축업자는 무책임하게 도망갔습니다. 건축업자에게 하청받아 일하던 업체들은 저에게 미수금을 달라고 독촉했습니다. 건축을 진행할 돈도 없었습니다. 도움의 손길도 끊어졌습니다. 나름 열심히 일하던 제 손과 발은 꽁꽁 묶여 아무것도 할 수 없었습니다. 제 마음은 어떤 의지도 희망도 없이 어둠 그 자체였습니다. 제가 할 수 있는 일은 없었습니다. 어느 누구에게 연락하고 싶지도 않았습니다. 그저 건축이 중단된 현장을 찾아가 남몰래 울며 기도하다 돌아가기를 반복했습니다.

그러던 어느 날이었습니다. 그날도 여느 때처럼 차가운 시멘트 바닥에 무릎 꿇고 기도했습니다. "하나님…", "하나님…" 답답한 마음을 속 시원히 하나님께 쏟아놓고 싶은데 기도가 막혀 나오지 않았습니다. 그러다가 어느 순간 마음속 깊은 곳에서부터 탄식이 터져 나왔습니다. 잠시 후 탄식이 변하여 통곡이 되었습니다. 가슴속에 맺혀 있던 아픔과 괴로움이 감당할 수 없을 만큼 밖으로 튀어나왔습니다. 곧이어 눈에서 흐르던 눈물이 뺨을 타고 턱밑으로 내려와 시멘트 바닥 위로 떨어졌습니다. "후두둑 후두둑" 메마른 땅에 빗방울이 떨어지듯이, 메마른 시멘트 바닥에 눈물방울이 연속해서 떨어지고 있었습니다.

유대인의 탈무드에 보면 "몸은 비누로 닦고 마음은 눈물로 닦으라"는 말이 있습니다. 기도도 막히고 무거운 쇳덩이 같은 것이 마음을 짓누르고 있었지만 펑펑 터져 나온 눈물은 어느새 제 마음을 정화시키고 있었습니다.

또 다른 탈무드의 내용을 보면 "천국의 문은 기도에 대해서는 닫혀 있더라도 눈물에 대해서는 열려 있다."라고 했습니다. 꼭 저를 두고 하는 말 같았습니다. 언어로 하는 기도는 "하나님…"에서 멈춰 버렸지만, 소리 없이 흐르는 눈물은 영혼의 힐링을 넘어 하나님과 무언의 소통을 하고 있었습니다. 천 마디 만 마디 말로도 표현할 수 없는 괴로움의 심경은 눈물을 통해 천국 문을 두드리고 있었습니다.

독일의 대문호 괴테(Johann Wolfgang von Goethe)는 자신의 소설 《빌헬름 마이스터의 수업시대 2》(민음사, 1999)에서 '눈물 젖은 빵'에 대해 말했습니다.

눈물과 함께 빵을 먹어 본 적이 없는 자, 근심에 싸인 수많은 밤을 잠

자리에서 일어나 앉아 울며 지새 본 적이 없는 자, 천국의 힘을 알지 못하나니….

후에 뭇사람들은 이 부분을 "눈물 젖은 빵을 먹어 보지 않은 사람과는 인생을 논하지 말라"로 해석하여 지금까지 널리 회자되고 있습니다. 어느 인생 치고 눈물 없는 인생이 어디 있겠습니까마는, 적어도 저는 눈물 젖은 빵을 먹어 본 사람임은 분명한 것 같습니다.

맨땅에 헤딩하듯 개척 교회를 시작하면서 공동체의 작은 공간이라도 마련해 보겠다고 모든 것을 여기에 걸었습니다. 얼마 되지 않는 전 재산도 남김없이 쏟아부었습니다. 젊음과 건강도 아낌없이 바치고 있었습니다. 4인 가족을 책임져야 하면서도 통장에 단돈 만 원이 없어 발을 동동 구를 때가 부지기수인, 정말 대책 없는 가장으로 살고 있었습니다.

가난을 당연한 것으로 여기고, 밑바닥까지 추락하는 상황도 두려워하지 않는 무식하고 용감한 목회자. 일반인들의 기준으로 보면, 저는 정말 무책임하고 바보 같은 사람입니다. 그런데 진행하던 건축도 막히고, 주님과의 관계도 막히자 가난하고 밑바닥을 헤매는 제 모습이 너무도 초라하게 느껴졌습니다. 눈물과 탄식만이 내 삶을 지배하고 있었습니다.

하지만 이대로 바닥에 주저앉고 싶지는 않았습니다. 걸음마를 배우는 아이가 제대로 걸으려면, 수천 번 넘어지고 일어서는 과정을 반복해야 합니다. 수많은 넘어짐의 경험이 있어야만 아이가 온전한 걸음을 하듯이, 목회자는 수없는 눈물과 밑바닥의 체험이 있어야만 더 단단하고 온전한 모습으로 사명의 길을 갈 수 있는 것입니다.

시편 56편 8절에서 다윗은 "나의 눈물을 주의 병에 담으소서"라고 기도했습니다. 다윗은 하나님께서 자신의 눈물을 담는 병을 갖고 계시고, 그 눈물을 주의 병에 담으시는 분으로 묘사할 정도로 끊임없이 눈물로 기도하던 사람이었습니다. 시편 6편 6절에서도 "밤마다 눈물로 내 침상을 띄우며 내 요를 적시나이다"라는 고백을 통해 그가 얼마나 눈물과 탄식으로 점철된 인생을 살았는지 짐작할 수 있습니다.

성경의 인물 중에 요셉은 인생의 가장 밑바닥 자리까지 내려갔다가 애굽의 2인자 자리까지 오른 입지전적인 사람입니다. 애굽에 노예로 팔려 간 소년이 애굽의 총리가 된 것은 도저히 있을 수 없는 일이었습니다. 형들에게 왕따를 당해 애굽의 노예로 팔려 가는 비극을 겪었고, 성폭행범으로 억울한 누명을 쓰고 감옥에 갇히기도 했습니다. 누가 봐도 요셉은 가장 불행하고 불쌍한 밑바닥 인생이었습니다. 하지만 하나님은 요셉이 바닥의 바닥까지 떨어져 주저앉게 내버려 두지 않으셨습니다. 밑바닥을 딛고 일어서게 하셨습니다. 요셉 앞에 놓인 걸림돌을 디딤돌이 되게 하셨습니다.

대한민국의 자랑스러운 피겨 여왕 김연아 선수는 《김연아의 7분 드라마》(중앙출판사, 2010)에서 빙판 위에서 수없는 엉덩방아를 찧으며 훈련받던 과정을 이렇게 고백했습니다.

13년 동안 훈련을 하면서 헤아릴 수 없을 만큼 엉덩방아를 찧었고, 얼음판 위에 주저앉아 수도 없이 눈물을 흘렸다. 하지만 그런 고통이 있었기에 지금의 자리까지 한 걸음 한 걸음 올라설 수 있었을 것이다. 앞으로 어떤 어려움을 만날지 모르지만, 분명 그 뒤에는 기쁨의 눈물을 흘리는 순간들이 있을 것이라 생각한다. 이제 나는 또다시 새로운 꿈을 꾼다. '행복한 스케이터 김연아'로 살아가기 위해!

차가운 얼음 바닥에서 쉴 새 없이 엉덩방아를 찧으며 흘렸던, 그 엄청난 양의 눈물이 오늘날 세계적인 여자 피겨의 전설 김연아를 만들어 낸 것입니다. 어린 소녀가 혹독한 훈련을 받으며 주저앉고 싶었던 순간이 얼마나 많았겠습니까? 그러나 그녀는 결코 주저앉지 않고, 차가운 빙판을 딛고 일어서고 또 일어섰습니다.

빛나는 영광의 자리에 오르기까지 끊임없는 눈물과 밑바닥을 경험한 김연아 선수를 통해 소중한 교훈과 용기를 얻습니다. 시멘트 바닥을 슬픔의 눈물로 적시는 순간이 있었지만, 머지않아 시멘트 바닥을 딛고 일어나 기쁨의 눈물을 흘리게 하실 주님을 바라봅니다.

천사를 만나다

　건축을 하려면 먼저 땅을 사야 했습니다. 어떤 기준으로 어디에 얼마만큼의 땅을 사야 할지 큰 고민이 됐습니다. 개척학교에서 1억 원의 지원금을 받지만 나름의 자금 기준을 정해야 했습니다. 간절한 기도와 고민 끝에 예배당 부지는 1억 원 한도 내에서 매입하기로 정했습니다. 교회개척학교의 개척 방침이 타 교단 출신 목회자는 수도권을 제외한 지역에서만 개척이 가능했기에 부지런히 발품을 팔며 개척지를 찾아다녔습니다. 주로 대전, 천안, 아산, 조치원, 청주, 음성, 진천 등등 충청권을 중심으로 다니면서, 특히 대전을 집중적으로 다니며 알아보았습니다. '하나님이 감동하시는 도시와 지역은 도대체 어디일까?'

　앤드류 머레이(Andrew Murray)는 《하나님만 바라라》(생명의말씀사, 2008)에서 이렇게 말하고 있습니다.

　하나님이 당신을 위해 그분의 완전한 뜻을 이루실 것이니, 가만히 기

다리면 하나님이 당신을 위해 완전한 뜻을 이루실 것이고 그분의 최

선이 당신의 몫이 될 것이다.

개척 지역에 대한 하나님의 완전한 뜻을 잠잠히 기다리며, 주님의 최선이 나의 몫이 될 것을 갈망했습니다. 그러면서 제 발은 부지런히 움직였습니다. 그러다가 하나님께서 머물게 하신 곳은 저의 고향 충주였습니다. 예수님은 "선지자가 고향에서는 환영을 받는 자가 없느니라"(눅 4:24)고 하셨기 때문에, 이렇게 하는 것이 맞는가 하는 의문도 가져 봤습니다. 그리고 고향이어서 여러 가지로 인간적인 부담도 있었습니다. 하지만 돌이켜 보니 신학교 시절 장래 목회를 위해 기도할 때, 하나님은 고향에서 교회를 개척할 것에 대한 감동을 자주 주셨습니다.

일반적으로 교회 개척은 대도시, 신도시를 우선하는 경향이 있습니다. 경제적인 부담은 커도 개척 이후 발전 가능성과 성장 가능성이 있기 때문에, 젊은 개척자들이 큰 도시와 신도시를 선호합니다. 저도 처음에는 그런 마음이 있었습니다. 하지만 하나님의 뜻을 구하며 여러 도시와 장소를 다니면서 하나님이 감동하시는 곳에 마음을 정하게 되었습니다.

결국 충주에 교회를 개척하기로 결정하고 구체적인 장소를 물색하기 시작했습니다. 그중에서 택지 개발 지구의 땅을 우선적으로 알아보았습니다. 그리고 하루 종일 부동산 사무실을 다니며 교회를 건

축할 만한 위치와 땅을 정신없이 찾아다녔습니다. 여기저기서 공인 중개사 명함을 수십 장이나 받았고, 그 과정 중에 원하는 위치와 땅의 시세가 감이 잡히기 시작했습니다. 드디어 한 공인 중개사를 통해 1억 원 한도 내에서 택지의 땅을 찾았고, 구두로 계약을 결정했습니다.

그런데 그곳에서 천사를 만났습니다. 계약을 결정한 부동산의 대표님은 여성분이셨는데, 어떤 장로교회의 권사님이셨습니다. 수도권에서 부교역자로 사역하던 젊은 목사가 그 어렵다는 교회 개척을 위해 땅을 산다니까 중개 수수료를 안 받겠다고 하는 것이었습니다. 전혀 예상치 못한 일이라 깜짝 놀랐습니다. 부동산 사무실을 방문하기 전까지 일면식도 없는 분인데, 자신의 수고비를 안 받으시겠다고 하니 감사하기도 하고 미안하기도 했습니다.

저는 그분이 어떻게 교회를 섬기고 신앙생활 하는지 아무것도 아는 바가 없습니다. 그런데 지금 여력도 없는 교회 개척을 앞둔 목회자가 교회 부지를 산다는 말을 듣고, 이 일을 주의 일로 여긴 것입니다. 액수로 하면 몇십만 원 밖에 안 되는 금액이지만, 저는 그 권사님의 손길을 통해 그분의 마음에 보이지 않게 역사하신 하나님을 바라보았습니다.

'이건 하나님이 행하신 일이야.'

모든 계약 절차가 순조롭게 마무리되어 교회 이름으로 토지 등기까지 마치게 되었습니다.

이제 본격적인 건축의 여정에 들어갔습니다. 건축을 하려면 설계도가 있어야 하는데 작은 건물이라도 설계 비용이 6~7백만 원 정도로 만만치 않았습니다. 지인의 소개로 어떤 건축사 사무소를 찾아가 소장님을 만났습니다.

그런데 거기서 두 번째 천사를 만났습니다. 소장님이 천사였습니다. 소장님도 교회의 집사님이셨는데, 겸손하고 신실하신 분이었습니다. 소장님과 설계에 대한 얘기를 나누는데 교회를 개척하면서 예배당을 짓는다고 하니까, 설계비를 안 받고 그냥 해주신다고 하는 것이었습니다. 저는 이번에도 깜짝 놀랐습니다. 소장님 역시 일면식도 없는 분이었는데, 첫 만남에 수백만 원의 설계 비용을 안 받겠다고 하시니 벅찬 가슴을 어찌해야 할지 몰랐습니다.

'이건 또 웬 은혜인가?'

건축을 진행해 보니 모든 절차가 다 돈이었습니다. 돈으로 시작해서 돈으로 끝났습니다. 돈 보따리를 싸 들고 있다가 필요할 때마다 돈을 막 써야 일이 순조롭게 진행됩니다. 그런데 자금 여유가 거의 없는 저에게, 수백만 원의 부담을 덜어 주신 이 일은 눈물겹게 고마운 사건이었습니다.

그런데 하나님이 보내신 천사는 그걸로 끝이 아니었습니다. 건축업자가 공사를 포기하고 잠적했을 때, 이번에도 역시 처음 알게 된 집사님을 통해 전기 공사 마무리할 수 있는 비용을 채워 주셨습니다. 타일 공사를 할 때도, 바닥에 데코 타일을 깔 때도, 욕실에 들어가는 수전이나 세면기, 양변기 등을 설치할 때도 원가보다 저렴하게 작업할 수 있도록, 여러 명의 이름 모를 천사들을 보내 주셨습니다.

준공 검사를 마치기까지 저는 이 모든 건축 과정을 통해서 여호와 이레의 하나님을 선명하게 경험할 수 있었습니다. 하나님은 분명히 살아 계시고 나와 함께하시는 분임을 깨달았습니다. 그리고 교회 건축은 사람이 하는 일이 아니라, 하나님이 하시는 일임을 확신하게 되었습니다. 생각지 못한 순간에 생각지 못한 천사 같은 사람을 통해 주시는 하나님의 서프라이즈(surprise) 선물이 제 가슴을 뛰게 만들었습니다.

우리가 알거니와 하나님을 사랑하는 자 곧 그의 뜻대로 부르심을 입은 자
들에게는 모든 것이 합력하여 선을 이루느니라 _롬 8:28

트럭 밑에 깔리다

처음 계약했던 건축업자가 손을 떼자 교회 공사가 중단되고 말았습니다. 교회 골조와 설비, 외벽 조적 작업, 지붕까지는 공사가 마무리되었습니다. 그런데 그 다음 공사를 이어서 하기가 매우 복잡하고 곤란한 지경이었습니다. 이미 예전 건축업자에게 충분한 공사 대금이 지불되었기 때문에 더는 자금 여력이 없었습니다. 그리고 이렇게 공사가 얽히고설킨 상태에서 또 다른 업자를 모셔 오기도 애매했습니다.

그렇게 난감한 문제를 놓고 고민하며 기도하다가, 하남에서 부교역자로 사역하던 교회의 S 집사님이 떠올랐습니다. 이분은 정통 목수 출신에다 인테리어까지 본업으로 하고 계셨습니다. 게다가 아주 작은 규모의 집도 한 채 지어 본 경험이 있는 실력 있는 분이셨습니다. 모든 면에서 중단된 공사를 마무리할 수 있는 적임자라 생각했습니다. 저는 용기를 내어 그 집사님을 찾아갔습니다. 현재까지 진행된 건축 상황을 말씀드리고, 간곡히 도움을 요청했습니다.

"집사님! 저희 교회 마무리 공사를 집사님이 좀 맡아 주세요. 이 일을 하실 수 있는 적임자는 집사님밖에 없습니다. 인건비는 공사가 끝난 다음에 드리겠습니다."

생업으로 건축 인테리어를 하시는 분에게 다소 무리한 부탁일 수 있지만, 다른 대안이나 선택의 여지가 없었습니다. 제가 본래 다른 사람을 불편하게 하거나 아쉬운 부탁을 하는 사람이 아닌데, 어디서 그런 직진하는 용기가 나왔는지 모르겠습니다. 잠시 후 집사님은 대답하셨습니다.

"목사님! 그렇게 하겠습니다."

쉬운 결정은 아니었지만 감사하게도 집사님은 제 부탁을 들어주셨습니다. 하늘을 날아갈 듯이 기뻤습니다.

그 후로 집사님은 월요일마다 하남에서 충주로 출근하셨습니다. 월요일부터 금요일까지 일하시고, 주말에는 다시 하남으로 올라가서 교회를 섬기셨습니다. 주중에는 찜질방에서 주무시며 일하셨는데 저로 인해 집을 떠나 불편하게 해드린 것 같아 죄송했습니다. 하지만 집사님은 조금도 불편한 내색 없이 묵묵함과 성실함으로 일하셨습니다. 제가 겪는 아픔과 고난에 동참하신다는 마음이 느껴져 순간순간 얼마나 가슴이 뭉클했는지 모릅니다.

저도 열심히 집사님을 도우며 최선을 다해 일했습니다. 일하는 사람의 옆에서 그 일을 거들어 주는 사람을 소위 '시다'라고 하는데, 저는 평생 할 수 있는 막노동의 시다를 그때 몰아서 다 했습니다. 저는 집사님이 퇴근한 후에도 홀로 남아 밤늦게까지 일했고, 집사님이 주말에 하남으로 올라가신 후에도 예배 시간을 제외하고 대부분의 시간을 죽기 살기로 일했습니다. 그래서 목, 허리, 팔, 다리, 무릎 할 것 없이 안 아픈 곳이 없었습니다. 비록 교회의 건물을 짓는 일이었지만, 저는 이 일을 단지 가시적인 건축 공사로만 생각하지 않았습니다. 보이는 이들의 수고와 애씀을 통해, 보이지 않는 주님의 몸 된 교회를 세워 가는 거룩한 여정으로 여겼습니다.

영국의 신학자요 설교자며 18세기 대각성 운동을 주도했던 조지 휫필드(George Whitefield)는 좀 쉬면서 하라는 사람들의 말에 "녹슬어서 없어지느니 차라리 닳아서 없어지는 것이 더 낫다. 나는 닳아서 없어지는 망치이지 녹슨 망치가 되고 싶지 않다."라고 말했습니다.

고된 육체 노동으로 제 몸은 점점 힘들어졌지만, 주님의 교회를 세워 가는 일에 이 몸이 조금이라도 보탬이 될 수 있다는 생각에, 오히려 제 마음은 점점 형언할 수 없는 기쁨과 감동을 경험하기 시작했습니다. 그렇게 집사님과 저는 날마다 몸이 닳아 없어지는 듯한 고된 노동을 이어 갔습니다.

그러던 어느 날이었습니다. 집사님은 금요일 일을 마치고 하남으로 올라가셨습니다. 토요일을 보내고 주일이 되었습니다. 섬기는 교회에서 주일 예배를 드리고, 아내 집사님이 일하시는 정육점으로 내려가시는 중이었습니다. 정육점은 하남의 D시장 안에 위치해 있었습니다. 그런데 교회에서 정육점까지 가는 길은 내리막길이고, 수시로 사람과 차가 다니는 매우 복잡한 길이었습니다. 그런데 집사님이 내리막길을 걸어가다가 갑자기 뒤에서 오던 트럭이 순식간에 집사님을 덮치고 말았습니다. 주변에서 장을 보고 있던 수많은 사람들이 끔찍한 광경을 목격했고 큰 충격에 휩싸였습니다. 모두들 깔려 죽었을 거라 생각했습니다. 순간적으로 많은 사람들이 트럭 주변에 몰려들었고, 트럭에 깔린 집사님을 구하기 위해 힘을 합쳐 간신히 트럭을 들어 올렸습니다. 잠시 후 119 구급차가 와서 집사님을 K병원 응급실로 이송해 갔습니다.

과연 어떻게 되었을까요? 모두들 사망이나 최소한 중상일 거라 예상했는데, 놀라운 기적이 일어났습니다. 담당 의사의 소견에 의하면, 신기하게도 집사님은 트럭 밑에 깔리면서 몸의 중요한 급소는 다 피하고 타박상만 입었으니, 병원에서 당분간 치료받고 쉬다가 퇴원하면 된다는 것이었습니다. 집사님이 트럭 밑에 깔린 것도 놀랄 일이었지만, 트럭 밑에 깔린 분이 모든 급소를 피하고 타박상만 입고 살아났다는 것은 더욱 놀라운 사실이었습니다.

집사님의 사고 소식을 듣고 저도 적잖은 충격을 받았습니다. 왜냐하면 집사님은 건축이 중단된 어려운 교회 상황을 보고, 최선을 다해 자신의 몸과 마음을 드리며 차근차근 공사를 마무리하고 있었기 때문입니다.

'왜 하필 이 중요한 시점에 이런 일이 일어났을까?'

'그렇다면 또 누가 언제 남은 공사를 완성할 수 있을까?'

집사님의 생명을 살려 주신 것은 너무도 감사했지만, 또다시 건축이 중단된 일은 견디기 힘든 고통이었습니다. 며칠 후 저는 서울 K병원에 입원해 계신 집사님의 병문안을 갔습니다. 사고로 큰 충격과 연약함 중에 있던 집사님의 손을 꼭 붙잡았습니다. 그리고 온 마음을 다해 간절히 기도했습니다. 따뜻한 위로의 말도 전했습니다. 집사님은 온통 교회 건축에 대한 걱정뿐이었습니다.

"목사님! 어떻게 하죠? 빨리 공사를 마쳐야 하는데 제가 이렇게 되어서요. 혹시 마무리할 수 있는 다른 분이 계시면 그분께 맡기세요."

저는 뭐라고 대답할 말이 떠오르지 않았습니다. 그리고 잠시 후 입을 열었습니다.

"집사님! 이 일을 맡길 만한 분이 없습니다. 집사님이 얼른 회복하셔서 마무리해 주세요. 기도하겠습니다!"

인간적으로는 너무 죄송했지만 죄송함을 무릅쓰고 간청했습니다. 서울에서 충주로 오는 차 안에서 여러 상념에 잠겼습니다.

'왜 하필 교회 건축의 핵심 키를 잡고 있는 집사님에게 이 엄청난 사건
이 일어난 것일까? 지금까지 버티며 여기까지 왔는데, 또 얼마나 인내
해야 한단 말인가?'

실망, 낙심, 야속함, 무기력함이 한꺼번에 몰려오는 듯했습니다.
하지만 한편으로는 이 범상치 않은 사건을 통해 하나님께서 이루어
가시는 드라마의 실마리가 숨겨져 있을 거라는 기대도 하게 되었습
니다.

'그래. 기다려 보자! 하나님이 하시는 일에는 허투루 되는 게 없으니
까!'

집사님이 트럭 밑에 깔린 사건을 통해서 저는 정신이 번쩍 들었습
니다. 평안하게 건축이 마무리되다가 또다시 고난의 브레이크가 걸
렸습니다. 이 고난을 통해 저의 시선은 다시 하나님께로 향하게 되었
습니다. 지금은 견디기 힘들지만, 하나님은 이 일을 통해 무언가 말
씀하시고자 하는 바가 있는 것 같았습니다. C. S. 루이스는 고난에 관
한 이야기를 하면서 "모든 일이 형통할 때 하나님은 속삭이시지만,
고난 속에 있을 때는 큰 소리로 외치신다."라고 말했습니다. 지금은
다 알 수 없지만 이 고난을 통해 하나님의 선명한 뜻이 내 귀에 확성
기처럼 들려지게 되기를, 저는 온 마음을 다해 기도했습니다.

어느 사장님의 호통

어른이 되어서 누군가에게 한마디 대꾸도 못하고 호되게 혼나 본 적 있습니까? 저는 있습니다. 다른 사람도 아닌 목사로서 일반인에게 중죄인 취급을 받으며 호통 당한 일은, 제 인생의 흑역사 중에서 결코 잊지 못할 중대 사건의 하나로 남을 것입니다. 제가 어쩌다 그렇게 되었냐구요? 자초지종은 이렇습니다.

처음에 건축 계약을 했던 업자가 현장에서 손을 떼는 바람에, 교회 건축이 엉망진창이 되어 버렸습니다. 건축업자에게 하청받아 일하던 분들이 난리가 났습니다. 업자가 일한 만큼 임금을 안 주고 도중하차 했으니, 불만과 원성이 높아져 그들의 감정이 폭발할 지경이었습니다. 그래서 빨리 하청받은 분들에게 잔금을 지불해서 공정을 마무리해야 했습니다.

그리고 반대로 이미 공사를 마친 공정에 대해서는 공사 잔금을 지불해야 했습니다. 그중에 하나가 '하이샤시 창호공사'였습니다. 알루미늄 새시(sash) 가게를 운영하시는 집사님을 통해 브랜드 PVC 창호 가게를 운영하시는 사장님을 소개받아, 먼저 창호 공사를 마치고 나중에 공사비를 드리기로 했습니다. 이것을 '先 공사 後 입금'의 형태라 말할 수 있겠습니다.

이렇게 할 수 있는 것은 같은 지역 사회에서 동종업계 업자들끼리의 신뢰 관계가 바탕이 되기 때문입니다. 알루미늄 새시 가게를 운영하시는 집사님은 목회자인 저를 믿고, 브랜드 PVC 창호 가게를 운영하시는 사장님은 그 집사님을 믿었기 때문에 가능했습니다. 그런데 이 신뢰 관계에 금이 갔습니다. 제가 대금 결제를 못 하고 있었기 때문입니다. 돈이란 돈은 다 긁어모았지만 더는 목돈을 마련할 방법이 없었습니다. 당시 아내가 학원 강사로 일했기 때문에 월급날이 되면 약간씩은 공사비로 쓸 수 있었지만, 지출할 곳이 여러 군데가 되다 보니 창호 대금 결제에 전혀 신경을 쓰지 못했습니다.

어느 날 알루미늄 새시 사장 집사님께 전화가 걸려 왔습니다. 교회가 공사 대금 결제를 아직까지 안 해줘서, 자신을 믿고 납품해 준 브랜드 PVC 창호 가게 사장님이 화가 머리끝까지 났다는 것입니다. 그래서 저와 함께 찾아가서 사장님 얼굴 보며 상황을 말씀드리고, 언제까지 결제하겠다는 약속이라도 하고 오자는 것이었습니다. 마음이 무거웠습니다. 왜냐하면 목회자가 믿지 않는 분의 마음을 상하게 했기 때문이고, 대금 결제일을 아직은 장담할 수 없었기 때문입니다.

드디어 약속 시간을 정해 브랜드 PVC 창호 가게 사장님 사무실을 찾아갔습니다. 마음에 떳떳함이 없으니 불편함과 긴장감이 몰려왔습니다. 사장님께 인사를 드리고 의자에 앉았습니다. 저는 죄송하다는 말부터 꺼냈습니다. 사장님은 그동안 쌓여 왔던 감정을 쏟으며 저에게 돌직구를 날렸습니다. "도대체 이런 무경우가 어디 있습니까?"라는 말로 시작한 사장님의 호통은 한동안 계속되었습니다. 저는 무어라 할 말이 없었습니다. 잠잠히 사장님 얘기를 들으면서 죄송하다는 말만 되풀이할 뿐이었습니다. 시간이 좀 지나자 사장님 감정이 차분해졌습니다. 그러더니 언제까지 잔금을 결제해 줄 것인지를 물었습니다. 정확히 기억은 안 나지만 저는 사장님께 며칠까지 가능할 것 같으니 조금만 더 기다려 달라고 부탁했습니다. 그리고 다른 데 쓸 돈을 겨우 모아서 봉투에 50만 원을 담아 가서, 그 봉투를 사장님께 건넸습니다.

"사장님! 50만 원밖에 안되지만 일단 급한 대로 이거라도 먼저 받으세요. 나머지는 최대한 빨리 결제해 드리겠습니다."

심각했던 사장님 얼굴이 이제 좀 풀리는 듯 보여서 다행이라는 생각이 들었습니다. 사실 저는 대금 결제가 늦어져 이런 난감한 상황에 처하리라고는 전혀 예상하지 못했습니다. 저와 친분이 있는 사장 집사님을 믿었기 때문입니다. 지금은 제가 결제할 수 있는 상황이 아니니 조금 더 느긋하게 기다려 주실 줄 알았습니다. 하지만 돈 문제가 걸린 일은 어쩔 수 없나 봅니다. 창호 대금을 결제한다는 말은 전해 들었지만, 제가 언제 갚을지 정확한 기약은 없으니 당연히 그 사장님 마음이 불안했을 것입니다.

저도 처음에 계약한 건축업자가 공사 약속을 자주 어기는 바람에 여러 번 다퉜던 적이 있습니다. 그만큼 상호 관계나 어떤 일을 진행함에 있어 약속을 지키는 것은 신뢰를 위한 필수 요소입니다. 서로 약속을 잘 지키면 신뢰 관계가 돈독하지만, 약속을 잘 깨면 신뢰 관계에 금이 갑니다.

저명한 개혁주의 신학자 R. C. 스프로울(Robert Charles Sproul)은 《철회할 수 없는 하나님의 은혜, 언약》(생명의말씀사, 2013)에서 하나님의 약속을 신뢰하는 것의 중요성을 강조합니다.

> 주변의 모든 것이 절망적이며 우리 삶이 허망함을 입증하는 듯할 때에도, 우리는 하나님과의 언약 관계 안에 있다. 따라서, 우리는 그의 약속들을 신뢰하며 사는 사람들이다. 우리는 흔히 서로에 대한 약속을 어긴다. 하지만 하나님은 우리를 향한 약속들을 결코 어기지 않으신다.

하나님은 언약에 전적으로 신실하신 분인데 반해, 하나님의 백성인 우리는 자주 그 약속을 어깁니다. 또한 사람들과의 약속도 쉽게 어기는 연약함이 있습니다. 그러나 신자인 우리는 마땅히 하나님과의 약속뿐만 아니라, 사람과의 약속도 소중히 지키는 자가 되어야 합니다. 특히 이번 일을 겪으면서 믿음이 없는 사람들과 약속을 잘 지키는 것이 얼마나 중요한 부분인지를 절감했습니다. 왜냐하면 약속을 어김으로 그들과의 신뢰가 깨어지는 것이 결국은 하나님과 교회, 그리고 기독교 신앙 전반에 걸친 불신으로 이어질 수 있기 때문입니다. 비록 제가 정확한 대금 결제일을 정해 놓고 그 약속을 깨뜨린 것은 아니지만, 결제를 너무 뒤로 미뤄서 상대의 마음에 불안과 분노의 감정이 생기게 하는 것조차 바람직한 모습이 아님을 깨달았습니다.

사장님이 호통치는 소리를 들으면서, 저는 마치 판사 앞에 앉아 있는 피고인 같다는 느낌이 들었습니다. 그리고 인간적으로는 자존심도 상하고 위축된 마음도 들었습니다. 지금까지 살아오면서 타인에게 해를 끼치거나 의도적으로 악한 행위를 하며 살지 않았다고 생각하는데, 낯선 사장님 앞에서 중죄인 취급을 받으니 무척 당황스러웠습니다. 하지만 개척과 교회 건축이라는 지난한 과정을 경험하며, 이것은 불완전한 나를 온전한 모습으로, 모난 나를 둥글둥글한 모습으로, 불순물이 가득한 나를 정금으로 만들어 가시는 하나님의 섭리라는 생각이 들었습니다.

명태가 황태가 되려면 시련의 과정을 거쳐야 합니다. 매서운 겨울철 눈보라와 청정한 봄바람 속에서 명태를 말리면 황태가 됩니다. 명태가 황태 되려면 33번의 손을 거쳐야 한다는 말이 있을 정도로 손이 많이 가는 과정입니다. 겨울밤 영하 10도 밑으로 떨어지는 추위에 명태는 순식간에 얼어붙습니다. 그리고 낮이 되면 따뜻한 햇볕에 녹습니다. 이처럼 명태가 얼었다 녹았다를 3~4개월 반복하면서 속살이 노랗게 변하여 '황태'라고 부릅니다. 이렇게 황태가 되면 단백질 함량이 60%나 되는 건강 식품이 됩니다. 명태보다 두 배, 소고기보다 네 배나 많은 함량입니다. 콜레스테롤은 거의 없고 영양가가 높아 우리 몸 구석구석에서 유익한 작용을 합니다.

교회를 세워 가는 과정에서 저는 한 마리 명태로 살고 있습니다. 얼었다 녹았다 하는 혹독한 시련의 과정을 겪으며, 더 아름다운 빛깔을 내며 더 담백한 맛을 내는 황태 같은 신앙 인격으로 변화되기를 기대합니다. 사장님의 호통은 견디기 힘든 아픔일 수 있지만, 하나님 나라를 위해 더 유용하고 가치 있는 존재로 빚어 가시는 저를 향한 하나님의 빅 픽처(big picture)임이 확실합니다.

"하나님! 감사합니다. 그리고 사장님! 감사합니다."

불효자 맞습니다

교회 개척을 준비하는 동안 하남에 살던 전셋집의 계약이 만료되었습니다. 당분간 집을 새로 얻을 수 없는 상황이라 네 식구가 무작정 부모님 집으로 들어갔습니다. 아니 그냥 쳐들어갔다는 표현이 맞을 것 같습니다. 아무런 수입 없이 미취학 자녀 둘을 데리고 부모님 댁에서 더부살이를 시작한 것입니다. 자녀가 결혼해서 출가하면 당연히 경제적으로도 독립할 뿐만 아니라 부모님에게 도움을 드려야 합니다. 그런데 교회 개척한다고 대책 없이 부모님 집으로 들어왔으니 저는 불효막심한 아들이 된 것이죠.

예전에 KBS 뉴스에서 어미 황새 부부의 자식 사랑에 대해 보도한 적이 있었습니다. 무더운 여름철에 새끼의 건강을 위해 황새 부부는 더위 이기기 작전에 나섰습니다. 수컷 황새는 자신의 커다란 날개를 벌려 햇빛을 가려 주고 새끼를 위해 그늘을 만들어 주었습니다. 그리고 암컷과 수컷이 번갈아 가며 부리로 물을 가져다가 새끼에게 먹여줌으로 갈증을 풀어 주었습니다. 그것뿐만이 아닙니다. 황새 부부는 새끼 황새를 위해 둥지 정리 작업도 열심히 했습니다. 새 짚을 물어와 둥지 안을 깨끗하게 정돈하고, 모든 배설물을 둥지 밖으로 내보내기도 했습니다. 또한 새끼에게 먹이를 줄 때는 다량의 먹이를 가슴속에 품고 와서 목에 힘껏 힘을 주어 연속해서 둥지에 먹이를 토합니다. 그리고 나서 새끼들에게 골고루 먹이를 나눠 줍니다. 부모 황새가 이렇게 하는 것은 새끼들끼리의 먹이 경쟁을 낮추어 자칫 경쟁에서 도태되는 새끼가 나오지 않도록 하기 위한 세밀한 배려와 사랑입니다.

그런데 황새는 '부모의 자식 사랑'만 있지 않습니다. '자녀의 부모 사랑'도 있습니다. 다 자란 새끼 황새들은 자유롭게 창공을 날아갈 수 있지만, 나이 들어 병든 부모 황새를 위해 먹이를 물어다 주고 자신의 날개로 쇠약해진 부모를 정성스럽게 보호한다고 합니다. 그래서 고대 로마인들은 쓰러진 부모 황새 곁에서 한동안 자리를 뜨지 못하는 새끼들을 보고 황새를 '효도 새'로 여겨, 자녀가 나이 든 부모를 의무적으로 보살피도록 하는 법을 만들고 그 법의 이름을 '황새 법'으로 불렀다고 합니다.

이처럼 날짐승 황새도 부모가 자녀를 사랑하고 자녀도 부모에게 효도하는데, 저는 교회 개척한다는 핑계로 내리사랑만 받고 올리효도는 하지 못하고 있었습니다. 아니 효도는 못할망정 오히려 부모님께 걱정을 끼쳐 드리고만 있었으니 이런 불효막심한 아들이 어디 있겠습니까?

우리 네 식구는 부모님 집에서 모든 필요를 무한정 공급받으며 살았습니다. 네 식구가 하루 세 끼 밥 먹고, 매일 숙박하고, 간식도 먹었습니다. 그렇게 꼬박 2년을 살았으니 우리 가족 양육비만 해도 몇천만 원은 족히 들어갔을 것입니다.

부모님 가정도 넉넉한 형편이 아니었습니다. 따로 모아 놓은 재산도 없었습니다. 아버지가 개인택시를 운행하시며 벌어 오시는 수입으로 한 달 한 달 생활하는 평범한 가정이었습니다. 그런데 이제 와 돌이켜 보니, 막내아들 부부와 손주들이 들어와서 한 지붕 아래 사는 것이 좋기도 하셨겠지만, 한편으로는 부모로서 얼마나 안타깝고 마음이 쓰이셨을까 하는 생각이 듭니다.

어느 정도 시간이 흐른 뒤, 도저히 안되겠다 싶어서 저는 교회 개척과 건축 일에 매진하고, 아내는 학원에 취업해 영어 강사로 일하게 되었습니다. 그렇게 해서 받은 월급으로 우리 가족에게 필요한 경비도 쓰고, 부모님 집에 반찬거리도 사 와서 함께 밥을 해 먹기도 했습니다. 창립 예배를 드리기까지 2년 동안 일방적인 부모님의 사랑과 여러 필요를 공급받으면서 눈물겹도록 감사했습니다.

하지만 한편으로는 불편한 부분도 있었습니다. 부모님은 하루 종일 TV를 켜 놓고 생활하시는데, 아직 초등학교를 들어가지 않은 자녀들은 TV에 노출되는 시간이 너무 많았습니다. 부부간의 대화나 네 가족끼리의 오붓한 시간도 잘 가져 보지 못했습니다. 부모님은 연로하신데 우리는 젊어서 세대 간의 정서나 관심사의 차이도 컸습니다.

게다가 건축업자와 수시로 전화 통화하면서 언성을 높이고 불편한 이야기를 주고받는 것도 부모님께서 들으셨고, 돈이 없어서 건축 공사를 중단하는 상황도 아셨습니다. 최대한 표 내지 않으려 했지만, 힘든 일들로 인해 안색이 좋지 않고 한숨 쉬는 모습을 보실 수밖에 없었습니다. 특히 어머니가 늘 가까이 계시면서, 막내 가정이 교회를 세우기 위해 물심양면으로 고생하는 것을 다양한 각도로 많이 보고 느끼셨습니다. 그때는 잘 몰랐지만 당시 부모님이 느끼셨을 마음 고생을 생각하니 죄송하다는 생각밖에 들지 않습니다.

 고등학교 교과서 《생활과 윤리》에 보면, 효의 실천에 관한 내용들이 있습니다. 유교 경전의 효경에서 효의 시작은 '불감훼상'(不敢毁傷, 부모에게 받은 몸을 깨끗하고 온전히 하는 것)이고, 효의 완성은 '입신양명'(立身揚名, 훌륭한 사람이 되어 부모의 이름을 널리 알리는 것)입니다. 그리고 혼정신성(昏定晨省, 자식이 아침저녁으로 부모의 안부를 물어서 살핌), 공대(恭待, 부모에게 좋은 낯빛으로 공손하게 대하는 것), 불욕(不辱, 부모를 욕되게 하지 않는 것), 봉양(奉養, 물질적 효도), 양지(養志, 부모의 뜻을 받들어 그대로 실천하는 것) 등이 있습니다.

 이와 같은 전통적인 효의 기준에 따르면, 저는 개척과 건축을 진행하면서 어느 것 하나 제대로 부모님께 해드린 것이 없는 불효자였습니다. 한없이 죄송하고 부끄러웠습니다. 부모님의 인간적인 기대를 충족시켜 드리지 못하고 효도하지 못했지만, 주께서 범사에 부모님의 필요를 채우시고 복 주시기를 간절히 바랐습니다.

하나님의 반전 드라마

　건축이 중단된 사면초가의 위기에서 하나님의 반전 드라마가 시작되었습니다. S 집사님이 뜻밖의 사고로 수개월 입원해 계시는 동안, 저는 또 다시 중단된 공사 현장에 나와 잠잠히 주님의 도우심을 구하며 기도했습니다. 무언가를 할 수 있는 돈도, 사람도 없었습니다. 그저 입원하신 집사님이 건강하게 회복되어 돌아오기만을 소망하며 간구할 뿐이었습니다.

　그렇게 집사님이 입원하시고 한 달쯤 지났을까요? 하남에서 사역하던 교회의 담임 목사님께서 전화를 주셨습니다. 안부도 물으시고 모든 성도들이 기도하고 있으니 힘내라는 격려의 말씀도 해주셨습니다. 그러면서 집사님의 사고 이후 교회에서 일어난 근황에 대해 설명해 주셨습니다. 목사님을 비롯한 교회의 많은 성도님들이 집사님의 사고를 놓고 기도하는 가운데 동일한 깨달음을 얻으셨다는 것입니다.

　거의 사람이 죽었을 것이라 생각한 엄청난 사고 현장에서, S 집사님이 털끝 하나 다치지 않고 살아남은 것은 충주에 세워지는 교회를 향한 하나님의 엄중한 사인(sign)이라고 생각된다는 것입니다.

> "왜 너희들은 내 교회가 세워지는 과정에서 건축이 중단되는 어려움을 보면서도, 기도만 하고 가만히 있느냐?"
> "S 집사 혼자만 충주에 보내서 고생시키고 너희는 무엇을 하고 있느냐?"

이런 하나님의 음성 같은 것이 성도들의 마음에 동일하게 느껴져서, 교회에서 긴급 회의를 열고 충주에 세워지는 교회의 지원 방안에 대해 의논을 했다는 것입니다. 그래서 담임 목사님이 저에게 전화를 걸어 앞으로 남은 공사비가 얼마나 드는지를 파악한 후, 지원 금액을 결정하기로 결의한 것입니다.

목사님의 이야기를 들으면서 저는 교회 건축을 향한 하나님의 적극적인 개입하심을 느낄 수 있었습니다. 마무리 공사를 신속하게 진행하시던 집사님의 사고는 저에게 직접적인 타격을 주었습니다. 가벼워진 마음이 또다시 무너져 내렸고, 이 또한 내가 감내해야 할 고난의 짐으로 담담히 받아들였습니다. 그런데 하나님은 이 시점에서 강력하게 개입해 들어오셨던 것입니다.

목사님의 전화를 받고 저는 깜짝 놀랐습니다. 건축의 여정이 내 마음대로 되는 것이 없으니 모든 것을 포기하고 그저 주님이 알아서 하시길 바랐습니다. 물론 거듭되는 실망과 아픔의 감정도 있었습니다. 하지만 하나님의 일은 하나님이 역사하셔야 함을 경험적으로 깨닫고 있었기 때문에, 일이 안 풀릴 때는 아등바등하기보다는 잠잠히 마음을 내려놓는 것이 좋음을 깨달았습니다.

목사님은 마무리하는 데 얼마가 필요한지 물으셨습니다. 그동안 건축의 모든 과정을 주도해 온 제 머릿속 계산으로는 2천만 원 정도가 필요했습니다.

'2천만 원이 필요합니다.'

목사님은 마무리 공사비 2천만 원을 교회에서 지원하겠다고 말씀하셨습니다. 목사님의 그 말씀은 그 당시 제게 최고의 복음(?)이었습니다. 그것은 오랜 시간 가슴 졸이며 하루하루 견뎌 온 저에게 화끈하게 한 턱 쏘시는 하나님의 응답이었습니다. 정말 꿈만 같았습니다. 뜻밖의 전화 한 통으로 복잡하게 꼬여 있던 실타래가 한순간에 풀려 버렸습니다.

이 일은 지금의 형세를 순식간에 뒤집어 버리는 하나님의 반전 드라마였습니다. 지금까지 제가 처한 상황은 아기 모세가 들어 있던 갈대 상자나 노아가 타고 있던 방주와 같았습니다. 갈대 상자나 방주는 스스로 움직일 수 있는 동력 장치가 없습니다. 그래서 사람의 의지가 아닌 물의 흐름에 모든 것을 맡길 수밖에 없습니다. 신앙적으로 보면 전적인 하나님의 도우심만 의지해야 하는 것입니다. 그런데 아기 모세를 갈대 상자에 담아 하나님께 맡기며 나일 강가에 두었을 때, 바로 왕의 딸이 상자 속에 담긴 히브리 아기를 보고 불쌍히 여겨 데려다 왕궁에서 키우게 됩니다. 어떻게 히브리 아기를 죽이라고 명령한 바로 왕의 딸이 히브리 아기를 보고 가련히 여겨 왕궁으로 데려다 애굽의 왕자로 키울 수 있습니까? 이것은 하나님의 전적인 주권과 개입을 통해 이루어진 하나님의 반전 드라마라고 설명할 수밖에 없습니다.

S 집사님 사건도 그렇습니다. 교회 건축이 중단된 가장 어려운 시기에, 왜 하필 가장 힘써서 일하고 있던 집사님에게 사고가 난 것입니까? 그리고 트럭에 깔리는 그 위험천만한 상황에서 어떻게 털끝 하나 다치지 않고 이렇게 무사할 수 있을까요? 또한 집사님의 사고는 충주에 세워지는 교회를 향한 하나님의 엄중한 사인(sign)이라는 깨달음을 어떻게 하남 교회의 모든 지체들이 동일하게 느낄 수 있겠습니까? 또한 이 일로 어떻게 하남 교회 성도들이 모든 마무리 공사 비용을 지원하는 결정을 내릴 수 있단 말입니까?

이것은 전혀 예상치 못한 하나님의 개입이며 반전 드라마였습니다. 이 모든 드라마를 계획하시고 진행하시는 하나님의 손길을 보면서 모두들 소름이 돋고 등골이 오싹해지는 경험을 했습니다. 과연 하나님은 살아 계시고 우리 가운데 일하고 계신 분임을 느꼈습니다. 이제 남은 건축의 여정을 하나님께서 어떻게 이끌어 가실지 기대가 됩니다. 한순간에 판을 뒤집은 이 사건은 누구도 예견할 수도 없고, 누구도 할 수 없는 일이었습니다. 오직 전능하신 하나님만 하실 수 있는 일이었습니다. 박영선 목사는 《박영선의 이사야 읽기》(무근검, 2019)에서 이렇게 말합니다.

> 하나님의 일하심은 우리가 아는 방법, 우리가 하는 상상, 우리가 가진 능력보다 크다. 그리고 그 결과는 분명하다. 자기 아들을 아끼지 않고 우리를 위해 다 주셨는데 무엇을 더 아끼시겠느냐.

집사님이 죽음의 그림자를 경험한 일은 놀랄 만한 충격의 사건이지만, 하나님은 강력한 충격의 방법을 통해서라도 우리에게 분명한 메시지를 주기 원하셨습니다. 하나님 아버지께서는 사랑하는 아들을 아낌없이 세상에 보내시고, 예수님은 십자가에서 피 흘리며 아낌없이 자신의 생명을 버림으로 구원의 길을 열어 주셨습니다. 그래서 예수 그리스도를 구주와 주님으로 믿는 자들이 모여 주님의 몸 된 교회를 이루게 된 것입니다. 우리에게 당신의 사랑하는 아들 예수님까지 아낌없이 주신 하나님이신데, 어려움에 처해 있는 교회를 위해 하나님이 못하실 일이 뭐가 있겠습니까?

시편 139편에서 다윗은 "하나님이여 주의 생각이 내게 어찌 그리 보배로우신지요 그 수가 어찌 그리 많은지요 내가 세려고 할지라도 그 수가 모래보다 많도소이다 내가 깰 때에도 여전히 주와 함께 있나이다"(시 139:17~18)라고 하며, 모래알보다 많은 하나님의 보배로운 생각을 찬양했습니다. 인간의 한계를 뛰어넘는 하나님의 생각과 방법은 누구도 측량할 수 없습니다. 인간의 능력과 비교할 수 없는 전능하신 하나님의 능력 역시 누구도 그 크기를 가늠할 수 없습니다. 우울 모드를 기쁨 모드로, 절망 모드를 희망 모드로 전환시키신 하나님의 반전 드라마 속에 제가 있고, 새롭게 세워질 교회가 있다는 사실이 너무도 영광스럽습니다. 드라마가 이 다음엔 어떤 스토리로 이어져 갈지 기대됩니다. 드라마의 결말이 해피엔딩이라면 얼마든지 반전 드라마의 출연자로 고정 출연하고 싶습니다.

'하지만 하나님! 드라마 전환을 너무 세게는 하지 마시고 좀 살살 해 주세요.'

03

기쁨으로
열매를 거두다

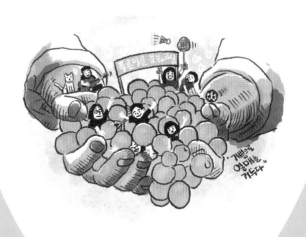

우연한 만남

교회 건축이 거의 마무리되고 창립 예배를 준비하고 있었습니다. 분주한 일정 속에서 금융 업무를 보러 은행으로 들어갔습니다. 그리고 잠시 후 업무를 보고 밖으로 나왔습니다. 그런데 그 순간 긴 머리를 뒤로 묶은 한 남성이 스쳐 지나가는데, 어디서 많이 본 듯한 얼굴이었습니다. 자세히 보니 학창 시절 신학교 입학을 준비하며 함께 기도 모임을 했던 후배였습니다. 우린 너무 반가워 서로 얼굴을 보며 한동안 웃었습니다. 아마 수십 년 만의 해후인 듯합니다. 저보다 키도 크고 근육질의 탄탄한 몸을 갖춘 이 후배는 덧니를 드러내며 웃는 모습이 선하고 천진난만합니다. 서로 바쁜지라 긴 시간 얘기를 나누지는 못했습니다. 서로의 연락처를 주고받은 후 다음에 만나기로 약속하고 헤어졌습니다.

얼마간의 시간이 흐른 뒤 드디어 그 후배를 만났습니다. 그동안 못했던 이야기를 많이 나누었습니다. 후배는 신학교에 입학했다가 이 길이 자신이 가야 할 길이 아님을 깨닫고, 일반 대학에 입학해 졸업한 후 새로운 길로 접어들었습니다. 당시에는 큰 화물차를 가지고 가구 유통업을 하고 있었습니다. 물리적인 힘도 많이 써야 하고, 거래 업체에서 제때 결제를 해주지 않으면 어려움이 많은 직업이었습니다. 쉽지 않은 거친 일이지만 후배는 성실함으로 자기 일에 최선을 다하고 있었습니다. 그동안 결혼도 해서 예쁜 딸을 낳아 잘 키우고 있었습니다. 목회자의 길에 뜻을 품었다가 도중에 방향을 선회했지만, 일반 성도로서 자신의 직업을 가지고 신앙생활 하는 모습이 참 귀하게 느껴졌습니다.

그런데 대화를 나누면서 최근 믿음의 열정이 자꾸 식어 가고, 요즘에는 예배도 잘 드리지 못하고 있다는 이야기를 들었습니다. 그렇게 말하는 데에는 현실 교회에 대한 실망감이 컸습니다. 하지만 저는 후배를 격려해 주었습니다. 어느 교회나 그런 어려움이 없는 곳은 없으니, 주님과의 관계를 우선하며 가족들 모두 하나 되어 예배도 잘 드리고 감사하며 살 것을 당부했습니다. 후배는 겸손히 잘 받아들였습니다.

그리고 나서 또 얼마간의 시간이 흘렀습니다. 창립 예배를 드리고 몇 주가 지난 어느 날, 후배가 주일 예배를 드리러 혼자 온 것입니다. 후배는 그냥 오고 싶어 왔다고 했습니다. 섬기는 교회가 있어서 우리 교회로 오는 것이 부담스럽다고 얘기했더니, 걱정하지 마시라고 자기가 알아서 하겠다고 합니다. 그렇게 한 번 두 번 주일마다 예배 드리러 오더니, 나중에는 가족들까지 다 데리고 왔습니다. 큰 교회는 일꾼이 넘쳐 나지만 작은 교회는 일꾼이 없으니 우리 교회에서 신앙 생활 하며 교회를 섬기고 싶다는 것입니다. 감사했지만 신경이 쓰였습니다. 결국 섬기는 교회 담임 목사님께 정식으로 말씀드리고 우리 교회 멤버가 되었습니다.

개척한 지 몇 달 되지 않아 성도가 거의 없는 상태에서 등록한 후배 가족은 겸손하게 충성을 다했습니다. 무엇보다 전도에 앞장섰습니다. 자신들의 활발한 관계망을 통해 계속해서 사람들을 전도했고, 생각보다 쉽게 전도가 되었습니다. 한 사람씩, 한 가정씩 교인들의 수가 늘어나기 시작했습니다. 우리 가정도 전도하고, 후배 가정도 전도하니 개척한 지 몇 개월 만에 예배 인원이 30명 가까이 되었습니다.

그 후로도 후배 가정은 모든 면에서 본이 되어 주님의 몸 된 교회를 아름답게 섬겼습니다. 결과적으로 이들의 신실한 섬김은 우리 교회가 견고하게 뿌리 내리며 건강하게 성장하는 데 든든한 밑거름이 되었습니다.

수많은 현대 신학자들에게 영향을 준 유대계 종교철학자 마르틴 부버(Martin Buber)는 그의 명저 《나와 너》(Ich und Du, 대한기독교서회, 2020)에서 "온갖 참된 삶은 만남이다."라고 주장했습니다. "사람은 나-너 관계를 맺음으로써 너와 더불어 현실에 참여한다. … 너와 더불어 현실을 나눠 가짐으로 말미암아 현존적 존재가 된다."라고 했고, 특히 모든 만남의 연장선은 "영원자 너(하나님)"에게 향한다고 했습니다. 그리고 "나와 너의 만남은 은총에 의한 것이지 결코 찾음으로써 이뤄지는 게 아니다."라고 말했습니다. 부버는 참다운 삶을 살기 위해서는 '나와 그것(Ich-Es)'의 관계보다 '나와 너(Ich-Du)'의 인격적 관계와 만남의 중요성을 강조하고 있습니다. 그리고 모든 만남에는 은총이 작용한다고 하면서, 사람을 하나님의 부르심을 받은 존재로 보았습니다.

십수 년 만에 후배를 만난 것이 우연인 것 같지만, 사실은 보이지 않는 하나님의 은총이 우리의 만남 가운데 작용한 것입니다. 우리는 순수하고 뜨거운 열정에 사로잡힌 청소년 시절에 함께 하나님 나라의 비전을 품고 기도하며 의미 있는 만남을 시작했습니다. 그랬던 우리였는데 오랜 세월이 흐르면서 하나님께서 이제는 더 아름답고 깊은 만남을 갖게 하셨습니다. 물론 우리 만남에 시간적인 관계의 단절이 있었지만, 주님의 은총으로 말미암아 끊어졌던 만남이 다시 연결되었습니다. 각자의 부르심의 자리에 있다가 '나와 너'의 만남이 연결되었으니 이제 이 만남의 축복과 은총을 통해 주께서 어떤 기적을 일으키실지 설렙니다. 아인슈타인(Albert Einstein)은 만남에 대해 이런 말을 했습니다.

세상을 보는 데는 두 가지 방법이 있다. 모든 만남을 우연으로 보는 것과 모든 만남을 기적으로 보는 것이다.

후배와의 만남은 우연한 것이었지만, 결코 우연이 아닌 기적의 만남이 되었습니다. 개척된 교회가 단단하게 성장하는 데 한 알의 밀알이 되었습니다.

푸른마을 문화교실

　개척 초기에 교회에서 문화교실을 열었습니다. 새로 생긴 우리 교회가 지역 사회를 어떻게 섬기며 어떤 역할을 할지 고민하다가 문화교실로 방향을 잡았습니다. 교회 주변 지역은 아파트, 학교, 학원 중심의 학군 지역입니다. 어린이와 청소년 인구가 많았습니다. 그러다 보니 푸른마을 문화교실은 지역 학부모와 아동, 청소년들에게 환영을 받았습니다. 청소년들의 필요에 맞게 과목을 구성했습니다. 통기타, 클라리넷, 피아노 코드 반주법, 드럼, 초보자를 위한 중국어 회화, 급수 시험 대비 어린이 한자 교실, 그리고 마지막으로 학부모를 위해 'MBTI를 통한 자기 이해' 과목을 개설했습니다.

　요즘에는 지자체와 주민 센터 같은 기관에서 다양한 과목으로 문화 센터를 운영하고 있지만, 그때만 해도 문화 센터 운영이 활발하지 않았습니다. 자녀들의 다양한 소질 계발을 위해 학원에 보내려면 교육비 부담이 적지 않았습니다. 그래서 우리 교회 문화교실은 학부모가 부담 갖지 않고 양질의 특기 적성 교육을 받을 수 있도록, 모든 과

목에 1인당 월 1만 원으로 수강료를 정했습니다. 게다가 맛있는 간식까지 제공했습니다. 교육 시간이 학원처럼 많지는 않았습니다. 토요일과 주일을 이용해 과목당 주 1회 1시간으로 운영했습니다. 하지만 워낙 저렴한 비용으로 양질의 교육을 하니 주민들의 반응이 좋았습니다. 혹시나 저렴한 수강료로 문화교실을 운영해 인근 학원에서 항의가 들어오지 않을까 걱정했지만, 다행히 그런 일은 없었습니다.

개척된 지 얼마 안 된 교회가 문화교실 사역을 감당하기는 쉽지 않았습니다. 인적, 물적 자원의 한계가 있었습니다. 그래서 일단 우리 부부부터 하나씩 과목을 개설하고 준비했습니다. 성도 중에 클라리넷 전공자도 재능 기부로 기꺼이 힘을 보탰고, 한자에 조예가 깊은 대학생 청년은 한자교실을 맡았습니다. 상담학 박사 과정을 공부하는 자매는 자원해서 MBTI 검사와 강의를 담당했습니다. 중국어 회화는 외부에서 원어민 선생님을 초빙했고, 통기타 교실도 기타 학원을 운영하시는 원장님이 지역의 청소년들을 위해 봉사하는 마음으로 섬겨 주시도록 부탁드렸습니다.

문화교실 공간은 토요일 찬양단 모임과 주일 예배 시간을 제외한 때에, 예배당을 비롯해 교육관, 다락방 등 교회 모든 시설을 활용했습니다. 교회 공간이 크지 않다 보니 대부분의 클래스가 시간대를 다르게 하여 예배당에서 진행되었습니다.

처음에는 새로 지은 교회 건물의 본당을 문화 교실 공간으로 쓰는 것에 대해 약간의 망설임이 있었습니다. 한국 교회는 전통적으로 교회당을 거룩하고 신성한 곳으로 여기는 경향이 강합니다. 그래서 '예배당'이라는 말보다 '성전'이라는 명칭을 더 좋아하는 특징이 있습니다. 예배당은 하나님께서 임재하는 거룩한 곳이므로 다른 용도로 사용해서는 안 되고, 오직 기도와 예배 드리는 장소로만 쓰여야 한다는 인식이 만연합니다. 저 또한 그런 분위기에서 자라다 보니 간접적 영향을 받은 측면이 있습니다. 하지만 디트리히 본회퍼(Dietrich Bonhoeffer)는 그의 책 《옥중서신: 저항과 복종》(복있는 사람, 2016)에서 이런 말을 했습니다.

> 교회는 타자를 위해 존재할 때만 교회가 된다. 교회는 인간 공동체 생활의 세속적인 과제에 관여하되, 지배하는 것이 아니라 도움과 유익을 주면서 관여해야 한다. 교회는 모든 직업인에게 그리스도와 함께하는 삶이 무엇이며, '타인을 위해 존재하는 것'이 무엇인지를 말해 주어야 한다.

본회퍼의 말에 전적으로 동의합니다. 사랑하라는 말씀을 가장 큰 계명으로 받은 주님의 교회는 타자를 위해 존재할 때만 교회가 되는 것입니다. 그러려면 예배당 공간도 이웃을 사랑하고 섬기는 장소로 적극 활용하는 것이 마땅합니다. 과거 한국 교회는 고딕 양식의 웅장한 예배당을 짓는 것이 유행이었습니다. 또한 십자가 첨탑을 경쟁적으로 높이 세우기도 했습니다. 하지만 그런 모습은 세상을 섬기는 교회의 이미지가 아닌, 세상을 지배하고 과시하는 이미지를 드러내는 것입니다. 결국 그러한 과시적이고 경쟁적인 교회 건축은 사회와 소통하지 못하는 교회의 폐쇄성을 부각시키고, 교회의 게토(ghetto)화를 촉진시켰다는 생각이 듭니다.

한번은 어린 시절 다니던 교회에서 선거철에 예배당을 주민 투표 공간으로 내어 준 적이 있었습니다. 당시 어린 마음에 '이 신성한 교회당을 투표 장소로 내어 주는 것이 옳은 것인가?' 하는 의문을 가진 적이 있습니다. 하지만 그것은 교회의 사회적 역할을 제대로 이해하지 못한 저의 편협한 생각이었습니다.

문화교실을 운영하면서 우리 교회가 가장 중점을 두었던 사항은 지역 주민들에게 최대한 교회의 문턱을 낮추고, 그들의 가성비와 가심비를 만족시키는 최선의 서비스를 제공하는 것이었습니다. 그리고 교회에 나오라는 말을 하기보다는 주님의 심정으로 말없이 그들을 섬기는 것이었습니다. 우리의 진심이 통했는지 어떤 학부모는 간식을 보내기도 했고, 자녀를 교회에 보내고 싶다며 자발적으로 예배에 나오기도 했습니다. 새로 생긴 교회가 좋은 일을 한다며 동네에 좋은 소문이 나고 긍정적인 반응들이 나타났습니다.

교회 공간을 성과 속으로 구분하는 것은 옳지 않습니다. 교회 공간은 어디까지나 하나님 나라의 맛을 내는 개방성을 지닌 곳이 되어야 합니다. 끊임없이 세상과 소통하고, 마음의 벽을 허물고, 언제든 길이요 진리요 생명이신 예수님께로 나아가게 하는 선교적 역할을 감당하는 장소가 되어야 합니다. 승효상은 《교회 건축의 윤리와 공공성》(대한기독교서회 기독교사상, 2013)에서 타자를 위한 교회의 개방성에 대해 이렇게 말합니다.

누구에게도 평등한 사회 속에서 교회는, 무엇보다도 만민에게 열려 있어야 합니다. 이는, 교회는 2천 년 선교의 역사로 이루어졌기 때문이며, 그 역사적 전통이 이 시대에 끝나지 않도록 끊임없는 소통을 위해 지역과 사회를 향해 열려 있어야 하기 때문입니다. 선택된 자들이어서 우리만 구원받는다는 모습으로 벽을 쌓고 대문을 높여 단절된 형태를 갖는 교회는, 정통적 교회 역사 위에 서 있기 힘들 것입니다. 만유의 주재이시며 무소부재하신 하나님께서 교회에만 계실 리는 없을 것입니다. 하나님이 높은 곳에 계시다거나, 성소라는 곳에 머무신다거나, 제단 위에 계신다거나 하는 추측은 교회 건축을 원시적으로 만드는 일입니다. 더구나 교회가 만민이 기도하는 집이라면, 교회 건축은 근본적으로 신을 감동시키는 건축이 아니라 우리 인간을 감동시키는 건축이 되어야 마땅할 것입니다. 이는 바로 우리를 선하게 하고 우리들을 연대하게 하고 이웃에 열려 있는 건축을 뜻합니다.

그의 견해는 교회의 존재 의미에 대해 핵심을 찌르는 신학적이고 역사적인 주장입니다. 푸른마을 문화교실은 지역 사회에 또 하나의 교회가 존재해야 하는 이유를 발견하게 만든 소중한 사역이었습니다.

처음엔 낯선 사람들이 어색한 모습으로 문화교실의 문을 두드렸지만, 시간이 지나면서 그들은 교회를 내 집처럼 편하게 드나들었습니다. 그리고 말 없는 교회의 섬김에 대해 진심으로 고마워했습니다. 자연스럽게 교회를 향해 열린 마음을 표현했습니다. 어떤 학생은 제 발로 예배에 참석했습니다. 다른 친구도 데리고 왔습니다. 거창하지는 않지만 우리 교회가 할 수 있는 작은 섬김을 주민들에게 베풀었을 때, 그것 이상의 풍성한 열매가 곳곳에서 맺히기 시작했습니다. 저는 우리 교회가 문화교실이든 어떤 형태이든 타자를 위한 열린 교회로 변함없이 존재하기를 소망합니다.

수련회에 임하신 성령님

교회가 탄탄하게 성장하면서 해마다 여름 방학을 이용해 1박 2일로 전교인 수련회를 갔습니다. 충주 근교에 폐교된 학교를 개조해 멋진 펜션으로 꾸민 곳이 있습니다. '수주팔봉 펜션'이라는 곳인데 우리 교회를 위해 최적화된 장소였습니다. 낮에는 수영장에서 침례식도 하고, 밤에는 외부 강사를 초청해 말씀도 듣고, 뜨겁게 찬양하며 기도하는 시간을 가질 수 있습니다.

한번은 제가 수련회 강사가 돼서 중보 기도에 관한 세미나를 열었습니다. 중보 기도는 쉽게 말하면 남을 위해, 이웃을 위해 하는 기도를 말합니다. 물론 하나님과 우리 사이에 유일한 중보자는 예수 그리스도이시기 때문에 중보 기도라는 용어에 관하여 논란이 있습니다. 하지만 복음주의 교회들은 보편적으로 '중보 기도(Intercessory Prayer)'라는 말을 사용합니다.

예수 그리스도만이 유일한 중보자이시지만 그리스도인들은 주님의 작은 동역자이기에, 주님의 도우심을 통해 이웃을 위한 기도의 자리에 참여할 수 있는 것입니다. 그러므로 다른 이들을 위해 기도하는 일은 거룩하고 중요한 주의 사역이라 할 수 있습니다. 만약 교회의 모든 신자들이 자신만을 위해 기도한다면, 그 교회는 건강하고 거룩한 교회라고 할 수 있을까요?

독일의 신학자요 반나치 운동가였던 본회퍼(Bonhoeffer) 목사는 "중보기도란 개인과 공동체가 날마다 스스로를 정화하기 위하여 반드시 해야 하는 목욕과 같은 것이다."라고 했습니다.

우리의 기도는 자신을 위한 기도에 갇히는 경우가 많습니다. 기도할 때 가장 먼저 나를 위해 기도하고, 그러고 나서 다른 것을 위해 기도합니다. 기도의 분량도 자신을 위한 비중이 압도적으로 많습니다. 우리나라의 유명한 기도원에 가면 개인 기도굴이 있는데, 우리는 오래전부터 홀로 부르짖어 기도하는 문화에 익숙합니다. 기도굴에 들어가 문을 걸어 잠근 채 혼자 실컷 기도하고, 혼자 은혜받고, 혼자 자기 만족에 빠지는 경우가 흔합니다. 그런데 그런 기도의 약빨(?)은 오래가지 못합니다. 홀로 기도하는 시간도 필요하지만, 여러 지체들과 합심해서 서로를 위해 기도하는 시간을 자주 가져야 합니다. 그럴 때 기도하는 개인과 공동체가 위로부터 부어 주시는 강력한 능력을 체험하고, 영혼이 정결케 되는 경험을 할 수 있는 것입니다.

수련회에서 성도들에게 중보 기도에 관한 여러 말씀을 전하고 난 후, 함께 기도하는 시간을 가졌습니다. 먼저 자리를 정돈해 세 명씩 짝을 지었습니다. 그리고 돌아가면서 한 명씩 기도해 주는 시간을 가졌습니다. 이것은 모세-아론-훌의 연합 기도를 따라 한 기도였습니다.

출애굽기 17장에 보면 이스라엘과 아멜렉이 르비딤에서 전투하는 장면이 나옵니다. 여호수아는 사람들을 택하여 현장에 직접 나가 싸우고, 모세와 아론과 훌은 산꼭대기에 올라가서 손을 들었습니다. 그런데 신기하게도 모세가 손을 들면 이스라엘이 이기고, 손을 내리면 아말렉이 이기는 것이었습니다. 시간이 지나자 모세의 팔에 힘이 빠졌습니다. 그러자 아론과 훌은 돌을 가져다 놓은 후 그 위에 모세를 앉게 하고, 양쪽에서 각각 모세의 손을 붙들어 올렸습니다. 그러자 해가 지도록 모세의 손이 내려오지 않았고, 그로 인해 이스라엘이 승리할 수 있었습니다.

그와 같은 방식으로 우리는 세 명씩 한 팀을 이루어 기도했습니다. 먼저 가운데 앉은 사람이 기도 제목을 말하면, 양쪽에 있는 성도가 그 내용을 듣고 가운데 앉은 사람의 팔을 각각 붙들고 큰 소리로 기도했습니다. 그 다음에는 왼쪽 사람이 가운데로 오고, 그 다음에는 오른쪽 사람이 가운데로 위치를 이동시키며 기도했습니다. 그렇게 쉼 없이 서로를 위해 기도하는데, 점점 기도의 열기가 뜨거워지는 것을 느꼈습니다. 평소에는 조용히 기도하는 성도들인데 기도하는 목소리가 점점 커지고 여기저기서 눈물 흘리며 기도하는 성도들도 생겨났습니다.

그동안 우리는 자주 만났지만 고단한 삶을 살아 내느라 고군분투하는 서로의 속사정을 잘 알지 못했습니다. 교제는 자주 했지만 다른 지체의 손을 붙들고 소리 높여 울며 기도한 적은 없었습니다. 그런데 이 기도를 통해 서로 간에 마음의 벽이 허물어졌습니다. 진심이 통하고 지체의 아픔을 나의 아픔으로 느꼈습니다.

'지금까지 얼마나 힘들었을까?'
'왜 나는 여태까지 저렇게 무거운 짐을 지고 있는 지체의 사정을 몰랐을까?'

평소 지체를 위해 기도해 주지 못한 잘못을 회개하며 간절하게 기도했습니다. 그리고 사랑하는 지체가 주의 은혜로 삶의 모든 역경을 이겨 낼 수 있는 힘을 얻도록 간구했습니다. 기도하는 우리 공동체에 임한 성령의 강력한 임재는 이스라엘의 광야 시절 구름 기둥과 불 기둥을 연상케 했습니다. 그 순간이 얼마나 기쁨이고 행복이었는지 모릅니다. 우리는 마치 목욕재계라도 한 것처럼 마음이 깨끗이 정화되는 듯한 느낌을 경험했습니다.

키에르케고르(Kierkegaard)는 "기도는 하나님이 아니라 기도하는 사람을 변화시킨다."라고 했습니다. 성도들이 합심하여 기도하니 기도하는 우리에게 성령이 임하시고 놀라운 변화가 일어났습니다. 그리스도인은 기도하면서 자신이 원하는 바를 구하느라 정신이 없습니다. 하나님께 끈질기게 기도해서 하나님 마음을 움직임으로 내가 원하는 소원을 이루고자 합니다. 하나님의 변화를 기대하는 것입니다. 하지만 참된 기도는 하나님이 아닌 나를 변화시키고 공동체를 변화시킵니다.

수련회 중보 기도를 통해 교회 내에 아름다운 변화의 움직임들이 일어났습니다. 성도들은 강력한 성령의 임재를 체험했고, 기도하는 가운데 다른 지체들의 마음을 읽게 되었습니다. 또한 서로를 더 깊이 사랑하며 기도하는 자리로 나아가게 되었습니다. 리처드 포스터(Richard Foster)는 《기도》(두란노, 1995)라는 책에서 중보 기도의 중요성을 이렇게 강조했습니다.

> 만일 우리가 다른 사람들을 사랑한다면, 우리는 우리 힘으로 그들에게 줄 수 있는 것 이상으로 더 많은 것을 주고 싶어 할 것이다. 그래서 우리는 기도하게 된다. 중보 기도야말로 다른 사람들을 사랑하는 방법이기 때문이다.

우리는 다른 지체를 사랑하는 최고의 방법이 중보 기도임을 온몸으로 경험했습니다. 그리고 기도의 무게 중심이 자신에서 다른 이로 옮겨 가게 되었습니다. 계속해서 리처드 포스터는 말합니다.

> 중보 기도는 이기심이 없는 기도이며, 심지어 자신을 내어 주는 기도이다. 하나님 나라의 계속적인 사역 가운데 중보 기도보다 더 중요한

것은 없다.

아우구스티누스(Augustinus)는 "기도란 하나님 앞에서 다른 사람들의 행복을 위하여 중재하는 것이다."라고 했습니다.

수련회 중보 기도는 기도의 지경을 넓히는 계기가 되었습니다. 나를 위해 기도하는 시간보다 다른 성도를 위해 기도하는 시간이 더 늘어나게 되었고, 중보 기도에 쏟는 시간과 열정이 아깝지 않게 되었습니다. 나의 기도로 지체의 삶이 그리스도 안에서 더욱 행복해질 수 있다면, 이 얼마나 아름답고 소중한 일이겠습니까! 중보 기도 할 수 있는 특권을 주신 하나님께 감사할 뿐입니다.

깜짝 선물

개척한 지 5년이 지났을 때 하나님은 우리 가정에 깜짝 선물을 주셨습니다. 제 나이 마흔이 되던 해에 셋째 자녀가 태어난 것입니다. 첫째와는 열 살, 둘째와는 여덟 살 차이가 났습니다. 엄마에게는 딸이 필요하다고 해서 아내는 내심 딸을 기대했습니다만, 바람과는 다르게 아들입니다. 첫째도 아들, 둘째도 아들, 셋째도 아들입니다. 생각해 보세요! 다섯 명의 가족이 있는데 남자만 넷이고 여자가 하나입니다. 이 얼마나 삭막한 성비 구성입니까?

가족들이 나들이를 가면 아들만 셋인 우리를 보고 씨익 웃습니다. 어떤 분은 저를 향해 웃으며 "욕심이 참 많으시다."라고 말씀합니다. 아내를 향해서는 "힘들어서 어떻게 해요?"라며 측은한 표정을 짓기도 합니다. 그러면 저는 속으로 이렇게 대답합니다.

'아들이든 딸이든 하나님이 필요해서 주셨는데 뭘 그렇게 생각하십니까?'

사실 저는 늦둥이 막내가 태어났을 때, 다른 생각은 하지 않았습니다. 어린 새 생명을 주신 것에 그저 감사하고 즐거울 뿐이었습니다. 자녀는 두 명으로 끝이라 생각했는데, 제 인생에 또 다시 갓난아기 자녀를 품에 안으니 감회가 새로웠습니다. 큰아들은 "하나님의 뜻을 이루는 백성"이라는 뜻으로 '지민(志民)'이라 이름 지었고, 둘째 아들은 "주의 뜻 이루기 원합니다."라는 뜻으로 '지원(志願)'이라 이름 지었습니다. 그리고 막내 아들은 "하나님과 뜻을 같이 하는 친구"라는 뜻으로 '지우(志友)'라고 지었습니다. 이름 속에 '하나님의 뜻'이라는 공통분모가 있는 것처럼, 저는 자녀들의 일생이 하나님의 나라와 그 뜻을 이루며 살기를 소망합니다.

갓난아기로 인해 우리 가정에는 웃음꽃이 활짝 피어났습니다. 막내와 터울이 있는 형들은 집 밖을 나갈 때나 들어올 때나 아기를 보고 인사하느라 요란을 떱니다.

"지우야, 형아 학교 간다. 우르르 까꿍~!"
"지우야, 형아 갔다 왔어. 우르르 까꿍~!"

아기가 조금 컸을 때는 형들이 서로 안아 주기 경쟁을 했습니다.

지우의 출생은 가정뿐만 아니라 교회의 분위기도 확 살려 주었습니다. 주일학교 예배에도 지우는 큰 활력소가 되었습니다. 예배에 종종 빠지던 아이도 지우 얼굴 보려고 예배도 잘 빠지지 않고, 예배 후에는 서로 지우를 돌보겠다며 자원했습니다.

한번은 새벽 예배 시간에 참석자들이 한 명씩 돌아가면서 성경 통독을 한 적이 있었습니다. 엄마 품에 있던 지우는 눈을 말똥말똥 뜬 채로 얌전하게 앉아 있다가 성도 한 분이 순서가 되어 성경을 읽으면 그쪽으로 고개를 돌리고, 또 다른 분이 성경을 읽으면 다시 그쪽으로 고개를 돌렸습니다. 성경 말씀을 읽는 곳을 향해 쉴 새 없이 고개를 돌리고 집중하는 모습이 참 신기하고 귀여웠습니다.

말씀이 들리는 곳을 향해 시선을 고정하는 지우의 모습은 하나님 말씀에 대한 그리스도인의 태도를 생각하게 했습니다. 그것은 말씀을 주의해서 잘 듣고 집중하는 자세입니다. 신앙생활은 하나님 말씀을 잘 듣는 것에서 시작하는데 이것이 바로 경청의 자세입니다.

사무엘은 어린 시절에 자신을 부르시는 하나님의 음성을 듣고 "말씀하옵소서 주의 종이 듣겠나이다"(삼상 3:10)라고 반응했습니다. 이처럼 하나님의 말씀을 귀 기울여 듣고 그 말씀 앞에 즉각적으로 반응하는 것은 가장 기본적이면서도 중요한 신앙인의 태도입니다.

또한 말씀에 집중하는 자세가 중요합니다. 하나님의 자녀로 살면서 수많은 말씀을 들어서 알고 있지만, 막상 고난과 위기의 상황이 닥치면, 말씀에 집중하지 못하고 여러 가지 소리를 들으며 혼란에 빠질 때가 많습니다. 그러나 결국 모든 인생의 고통과 혼란을 극복할 수 있는 힘은 하나님 말씀에 집중하는 데서 옵니다. 말씀에 집중하면 다른 중요하지 않은 것들이 걸러지고 포기되어집니다. 어떤 일을 해도 그 분야에 탁월한 전문가가 되려면, 우선순위를 정하고 선택과 집중을 해야 합니다. 너무 여러 가지 일에 관심을 가지면 정작 중요한 것을 놓칠 수 있습니다. 신앙생활도 마찬가지입니다. 하나님 말씀에 대한 집중이 우리를 참된 신앙의 길로 인도합니다. 말씀이 들리는 방향을 따라 시선을 고정하고, 끝까지 말씀을 경청하며 집중하는 지우를 통해 귀중한 깨달음을 얻었습니다.

지우로 인해 달라진 일상의 변화가 또 있습니다. 우리 부부의 삶이 젊어진 것입니다. 어린이집이나 초등학교에서 만나는 학부모들의 나이는 우리보다 5년에서 10년 정도 어렸습니다. 세월을 거슬러 첫째와 둘째 자녀를 키울 때의 시절로 돌아간 느낌이었습니다. 다른 학부모들과 소통하다 보니 복음을 전할 수 있는 관계의 폭도 더 넓어졌음을 깨닫게 되었습니다. 성도 중에는 목사님 부부가 막내를 낳으시더니 더 젊어지신 것 같다는 말을 하는 사람도 있었습니다. 그런 말 한마디 한마디가 힘이 되었습니다.

우리 집은 지우의 출생으로 다자녀 가정이 되었습니다. 사실 요즘 같은 세상에 자녀를 셋 이상 낳아 기르는 것은 현실적으로 부담되는 일입니다. 통계청에 따르면 2021년 대한민국의 합계 출산율(여성 한 명이 일생 동안 출산할 것으로 예상되는 어린이 수)은 0.81명입니다. 2019년 기준 OECD 38개 회원국의 평균 합계 출산율은 1.61명인데, 한국은 유일하게 1명을 밑도는 나라로 꼴찌를 차지했습니다. 출산율이 갈수록 심각하게 떨어지는 이유는, 그만큼 우리나라가 자녀를 낳아서 키우기 어려운 사회라는 반증입니다. 여러 원인이 있겠지만 결혼을 포기하는 젊은이들의 증가, 결혼한 여성의 자녀 양육에 대한 부담, 교육비와 주택비 같은 경제적 부담의 가중 등이 주요 원인입니다. 그리고 자녀를 낳아 기른다 해도, 결국 자녀 세대 역시 부모 세대처럼 시험과 취업이라는 극심한 경쟁 속에서 살아남아야 하기 때문에 차라리 자녀를 낳지 않거나 한 명만 낳는 추세입니다.

이런 냉혹한 현실에서 셋째까지 낳은 우리는 정말 대단한 집안입니다. 현실의 계산기를 두드리면, 절대 셋째를 낳을 수 없는 상황입니다. 하지만 하나님은 우리의 의지와 계산을 뛰어넘어 깜짝 선물을 내려 주셨습니다. 생명을 주신 분이 하나님이시니 막내 또한 하나님이 필요를 따라 공급하시고, 선물로 주신 인생을 능히 살아가게 하실 줄 믿습니다.

옛날 부모님들은 다섯은 기본이요, 더 옛날에는 산아 제한을 하지 않고 주시는 대로 자녀를 낳으셨습니다. 얼마나 큰 믿음인지 모릅니다. 그런데 요즘 우리는 먹고 살기 힘들다는 이유로 생육하고 번성하라 하신 하나님의 명령을 무시하고, 너무 자기중심적인 생각에 사로잡혀 자녀를 잘 낳지 않고 있습니다. OECD 평균 합계 출산율에 절반 밖에 안되는 우리나라의 인구 상황이 매우 심각합니다. 이대로 가다가는 언젠가 지구상에서 대한민국 사람들이 소멸할지도 모르겠습니다. 삶이 비록 힘들어도 최소한 국가의 미래를 생각하고, 하나님 나라를 지향하는 그리스도인이라면, 생명의 근원이신 하나님이 선물로 내려 주시는 자녀의 축복을 인위적으로 막지는 말아야겠습니다.

> 보라 자식들은 여호와의 기업이요 태의 열매는 그의 상급이로다 젊은 자의 자식은 장사의 수중의 화살 같으니 이것이 그의 화살통에 가득한 자는 복되도다 그들이 성문에서 그들의 원수와 담판할 때에 수치를 당하지 아니하리로다 _시 127:3~5

진리의 힘

　제가 졸업한 한국침례신학대학교의 교육 이념은 "진리(眞理), 중생(重生), 자유(自由)"입니다. 진리의 말씀, 혹은 진리이신 예수님을 믿으면 영적으로 새롭게 다시 태어나고 참된 자유를 누린다는 것입니다. 성경의 핵심을 관통하는 침신대의 세 가지 교육 이념은 영원히 변하지 않는 진리입니다. 목회자로 부름을 받고 입학한 신학교에서 배움의 과정은 무엇보다 성경의 진리를 더 깊고 넓게 알아 가는 기쁨의 시간이었습니다.

　그렇게 진리의 즐거움을 만끽하는 중에 어느덧 신학교 3학년이 되었습니다. 1학기를 마치고 여름 방학이 되어 집에서 지냈습니다. 그런데 어느 날 대문 밖에서 누군가 초인종을 눌렀습니다. 인터폰을 받고 보니 귀에 익숙한 멘트가 들려 왔습니다. '여호와의 증인'이었습니다. 평소 같으면 몇 마디 듣다가 그냥 가시라고 했을 텐데, 그날은 그쪽 전도자 분과 성경에 대해 진지한 대화를 나누고 싶었습니다. 문을 열어 주고 집 안으로 들어오게 했습니다. 중년의 여성분이었는데 앉자마자 본인이 준비한 카테고리화된 전도 메시지를 정신없이 늘어놓았습니다. 제가 신학생이란 사실은 모른 채 그분은 열정적으로 전했고, 저는 일단 그분의 말을 들어 보기로 했습니다. 쉴 새 없이 열변을 토하고 있었는데, 어느 순간 제 귀에 거슬리는 소리가 들렸습니다. 아시다시피 여호와의 증인은 기독교의 핵심 교리 중 하나인 삼위일체를 부인하는데, 그 지점에서 제가 말을 끊었습니다.

"잠시만요. 성경에 삼위일체라는 단어는 없지만, 성경 전체가 삼위일체 하나님을 인정하고 있습니다."

그리고는 제 방 서재에서 두꺼운 책 한 권을 꺼내 왔습니다. 1학기 때 배운 전공 필수 과목인 조직신학 책이었습니다. 저는 목차를 보고 순식간에 '삼위일체론' 부분을 찾아냈습니다. 수업 시간에 밑줄 치고 깨알 같이 메모한 내용이 가득했습니다. 그리고 그분에게 삼위일체가 성경이 말씀하는 정확무오한 핵심 진리임을 히브리 원어를 곁들여 설명했습니다. 성경 원어를 들이대며 논리정연하게 말하자, 이분의 얼굴이 당황한 듯이 갑자기 빨개지며 더 이상 말을 잇지 못했습니다. 자기가 달달 외워서 준비했던 멘트가 이제 소용없어졌습니다. 그제서야 제가 신학생이란 사실을 알아차린 듯합니다. 그분은 손수건을 꺼내 이마에 흐르는 땀을 닦기 시작했습니다. 그러더니 제 앞에서 솔직한 고백을 했습니다.

"제가 그 부분은 더 공부해서 다음엔 다른 선생님과 함께 오겠습니다."

그리고는 도망치듯 대문 밖을 나섰습니다. 신학생에게 크게 한 방 먹은 그분의 뒷모습을 보면서 저는 쾌재를 불렀습니다. 사람을 민망하게 만들어서가 아니라 그저 성경의 진리를 말한 것뿐인데, 그 진리가 거짓을 전하는 자의 입을 순식간에 막아 버렸기 때문입니다. 진리의 힘을 경험한 순간이었습니다. 그 후로 그분은 다시 저를 찾아오지 않았습니다.

저는 교회를 개척하고 나서 무엇보다 말씀을 전하고 교육하는 일에 열심을 냈습니다. 그렇게 한 것은 하나님의 진리를 교묘히 왜곡하는 악한 영들과 이단 사상에 맞서 싸우며, 성도들을 진리의 말씀으로 무장하여 강력한 그리스도의 군사로 키우고 싶었기 때문입니다. 지금도 그렇지만 교회 개척 초기에는 신천지가 왕성하게 포교 활동을 하여 많은 기독교 신자들을 포섭했기 때문에, 교회들이 많은 어려움을 당했습니다. 그래서 저는 주일 오전 예배를 제외하고 오후 예배와 수요 예배 시간에는 일일이 교안을 만들어 모든 성도들이 펜으로 적으면서 말씀의 진리를 배우게 했습니다. 그리고 시중에서 좋다고 하는 성경 교재를 채택해서, 그것으로 끊임없이 교육 훈련을 시켰습니다. 자칫 잘못하면 성경의 지식만 추구하는 머리 큰 신자를 만들 수 있기에, 지식이 목적이 아닌 진리의 힘을 키우는 데 초점을 맞추었습

진리의 힘 149

니다. 감사하게도 성도들은 저의 취지를 잘 이해하고 배움에 열심을 냈습니다. 기초적인 복음의 내용부터 다소 어렵게 느낄 수 있는 조직 신학에 대한 부분까지 과감하게 다루었습니다. 결국 이 모든 성경 프로그램은 성경의 진리를 지향하고 있었기에 저는 성경의 원어든, 신학 전문 용어든 가리지 않고 가르치기를 힘썼습니다.

그러던 어느 날이었습니다. 주일에 성도들과 교제하는 중에 교회 집사님 가운데 두 분이 각각 신천지로 의심되는 사람과 여러 번 접촉하고 있었다는 사실을 알게 되었습니다. 너무 친절하고 자상하게 대해 줘서 설마 했지만, 아무래도 수상하다는 느낌을 떨쳐 버릴 수 없었던 것입니다. 그들은 교회 집사님 각각의 성향과 취미 등을 집요하게 파악하여 거기에 맞게 맞춤형 전도 전략을 펼쳤습니다. 우연을 가장한 신기한 만남을 갖도록 계획적인 상황을 설정하여 집사님들을 깜짝 놀라게도 했습니다. 거기까지는 그래도 괜찮았습니다. 결정적으로 그들의 정체가 드러난 순간이 있었습니다. 집사님들은 예수 그리스도를 유일한 구원자요 참 하나님으로 믿고 있는데, 그들은 예수님은 신이 아니며 하나님이 말씀으로 낳아 아들과 같이 된 사람이라고 말한 것입니다. 그리스도론뿐만 아니라 구원론이나 교회론, 성경 해석에 있어서도 여러 가지 문제점이 노출되었습니다.

결국 집사님들은 합리적 의심을 하게 되었습니다. 저와 성경공부 시간에 손으로 직접 쓰며 배웠던 말씀의 내용들을 생각해 냈습니다. 성경을 찾아 가며 밑줄도 치고, 빈칸도 채우고, 성경 원어도 배우며 적었던 말씀들을 떠올렸습니다. 그러다가 평소 배웠던 말씀의 내용과 다름을 깨닫고, 그것이 진리에 반하는 가르침임을 분별해 냈습니다. 각각 다른 방식으로 다른 사람이 접근해 왔음에도 불구하고, 집사님들은 각자 가르침 받은 진리의 말씀을 따라 미혹케 하는 영의 유혹을 뿌리칠 수 있었던 것입니다. 그들의 승리의 고백을 듣고 얼마나 기쁘고 감사했는지 모릅니다. 요한복음 8장 32절 말씀이 생각났습니다.

진리를 알지니 진리가 너희를 자유롭게 하리라 _요 8:32

진리를 믿고 그 확신 속에 거하는 자만이 참된 영혼의 자유를 누리게 됩니다. 요한복음 14장 6절 말씀도 떠오릅니다.

예수께서 이르시되 내가 곧 길이요 진리요 생명이니 나로 말미암지 않고는 아버지께로 올 자가 없느니라 _요 14:6

예수님만이 우리가 영원히 믿고 따라야 할 불변의 진리이십니다. 그러므로 진리이신 예수님을 믿고 확신 속에 거하면, 모든 악에서 해방되어 하나님 뜻대로 살 수 있는 진정한 자유를 만끽하게 됩니다. 진리는 그 어떤 악한 것도 무너뜨릴 수 있는 강력한 힘을 지니고 있습니다. 인도의 사상가요 노벨문학상 수상자인 타고르(Rabindranath

Tagore)는 비록 기독교 신자는 아니었지만, 진리의 힘에 대해 이런 말을 남겼습니다.

> 진리는 램프(lamp)와 같은 것이다. 진리는 그것이 아무리 작더라도 커다란 공포에서 우리를 건져낼 수 있다. 그것은 부정의 측면으로는 극복될 수 없다. 진리는 적극적이다. 그것은 영혼의 증언이다. 만일 진리가 조금이라도 일어나기만 하면 그것은 부정의 핵심을 공격하면서 이를 완전히 압도해 버린다.

예수님과 그분의 말씀을 믿고 따르는 자는 진리에 속한 자입니다. 진리에 속한 자는 거짓된 세력을 몰아내고 어둠을 밝히는 능력을 갖고 있습니다. 하지만 오늘날 한국 교회 안에 많은 신자들이 진리의 능력을 상실하고 이단의 문 앞을 기웃거리고 있습니다. 제가 아는 어떤 분들도 수십 년째 신앙생활 하고 있는 착하고 좋은 분들이지만, 지금도 안 그런 척하며 수시로 이단 교회를 드나들고 있습니다. 도대체 무엇이 그들의 마음을 흔들고 있습니까? 그렇게 오랜 세월 말씀을 듣고 가르침을 받아도, 복음의 진리에 대한 견고한 확신이 없는 이유는 무엇입니까?

교활한 이단을 쫓아내기에 급급한 한국 교회가 아니라, 신자 한 사람 한 사람이 진리이신 예수님을 제대로 믿고, 말씀 앞에 온전한 자세로 서야 할 것입니다. 진리를 아는 것은 단지 성경에 대한 지식이 많아지는 것이 아닙니다. 우리는 이미 넘쳐 나는 지식을 갖고 있습니다. 중요한 것은 진리 안에 거함으로 진리의 삶을 현재적으로 살아내는 일입니다. 아무리 작은 촛불도 어두운 방을 환하게 비추는 능력을 가지고 있듯이, 모든 성도가 진리로 무장한 작은 촛불이 될 때 한국 교회는 악하고 거짓된 이단 사상을 완전히 압도할 수 있는 하늘의 능력을 가진 공동체가 될 것입니다. 한국 교회여! 이단 대처법에 골몰하지 말고 진리의 힘을 기르는 데 집중합시다!

선한 인플루언서

　목회를 하다 보면 자녀들이 교회의 좋은 통로 역할을 할 때가 있습니다. 어른들의 손길이 미치기 어려운 또래 친구들에게 전도하면, 그 친구들이 교회에 나와 예배를 드리고 신앙생활을 시작합니다. 그리고 교회의 든든한 멤버로 함께 자라 갑니다.

　첫째 지민이와 둘째 지원이는 나이 차이가 두 살입니다. 어릴 때부터 함께 자라서 때론 친구 같기도 합니다. 그런데 둘은 성격과 기질이 많이 다릅니다. 지민이는 조용하고 차분하며 자기 일에 성실한 학생인 반면에, 지원이는 외향적이고 활발해서 항상 친구들을 몰고 다닙니다.

　초등학교 저학년 시절 지인의 적극적인 권유로 아이들을 시골 초등학교로 보낸 적이 있습니다. 도심을 떠나 자연에서 마음껏 뛰어놀며 즐거운 추억을 만들어 주고 싶었기 때문에 고민 끝에 결정했습니다. 전교생이 백 명도 되지 않는 시골 학교는 그야말로 가족 공동체였습니다. 쉬는 시간만 되면 운동장에서 마음껏 축구도 하고, 교실 주변에서 곤충, 벌레, 개구리, 뱀도 자주 관찰하며 지냈습니다. 학교 운동회나 행사를 하면 학부모들이 자기 일처럼 참여하여 마을 잔치 같은 분위기를 만들었습니다. 그런데 정작 학교 주변에 사는 아이들은 그리 많지 않았고, 대부분의 아이들이 시내에서 셔틀버스를 타고 등하교를 했습니다. 그러다 보니 주말에는 시내에 사는 친구들끼리 자주 연락하고 만났습니다.

지민이와 지원이는 작은 시골 학교에서 반장도 하고 여러모로 리더 역할을 했습니다. 덕분에 아이들이 잘 따르고 손쉽게 전도가 되어 시내에 사는 대부분의 또래 친구들이 우리 교회를 다녔습니다. 당시 어린이 교회 학교 예배가 주일 오전 9시여서, 믿지 않는 가정에서 자녀를 그렇게 일찍 교회로 보내는 게 쉽지 않았습니다. 하지만 지민이 지원이와의 끈끈한 관계성으로 아이들은 별다른 결석 없이 예배도 잘 드렸고 어린이 교회 학교가 크게 성장했습니다.

초등학교 고학년 때는 시내로 다시 전학을 왔습니다. 그리고 중학생이 되었습니다. 중학생이 되니 더 많은 친구들을 사귀고 활동 반경도 더 넓어졌습니다. 지민이는 당시 피아니스트가 꿈이어서 여러 콩쿠르(concours)에서 수상도 하고, 학교 축제나 행사 때마다 피아노 독주를 많이 했습니다. 축구도 잘해서 여러 친구들과 활발히 교제했고, 학교 성적도 항상 전교권에 들었습니다. 한번은 학교 시험 후 채점을 했더니, 열 과목 1,000점 만점에 991점이 나와 전교 1등을 하기도 했습니다. 그러다 보니 친구들 사이에 '엄친아'라는 별명이 붙기도 했습니다. 그렇게 학교 생활에서 여러 면으로 인정도 받고 친구들의 인기도 누리다 보니 전도가 쉬웠습니다.

지원이의 중학교 생활 또한 엄청난 영향력을 발휘한 시간이었습니다. 정이 많고, 사람들의 마음을 잘 헤아리고, 자기 몸을 아끼지 않는 섬김으로 상대의 필요를 잘 채워 주었습니다. 관계 지향성이 매우 강하고, 사람들을 이끌어 가는 리더십이 탁월했습니다. 악기 연주나 동영상 편집 같은 다양한 분야에도 재주가 많아서 학교 안에서 관련된 일을 도맡아 했습니다. 결국 지원이는 전교 부회장을 거쳐 전교 회장이 되었고, 선생님과 학생들 간에 가교 역할뿐 아니라 학생들 간에 갈등 중재 역할도 잘했습니다. 학교 수업을 마치고 돌아올 때면 항상 여러 명의 친구들에게 둘러싸여 있었습니다.

이처럼 두 아들의 선한 영향력으로 청소년부가 크게 활성화되었습니다. 예수님을 전혀 모르는 친구들이 교회를 다니고 함께 예배를 드렸습니다. 두 아들은 주님을 알지 못하는 수많은 친구들을 전도한 전도자요, 주님의 교회가 활력을 얻을 수 있도록 기여한 공로자입니다. 철없고 어리게만 생각했던 자녀들이 어느새 폭풍 성장하여, 자기 삶의 자리에서 그리스도인으로서 선한 영향력을 발휘하고 있으니 감사할 뿐입니다.

요즘 유튜브나 인스타그램 같은 SNS에서 많은 구독자나 팔로워를 가진 사용자를 '인플루언서(influencer)'라고 합니다. 이 말은 영향을 미친다는 뜻인 'influence'에다 사람을 뜻하는 접미사 'er'을 붙인 것으로서 '영향력을 행사하는 사람'이라는 뜻입니다.

이 땅의 모든 교회와 그리스도인들은 하나님 나라의 복음과 가치를 온몸으로 전하는 '인플루언서'가 되어야 합니다. 아니 인플루언서 앞에 하나를 더 붙이고 싶습니다. 우리는 '선한 인플루언서'로 살아야 합니다. 거기에 대해 마태복음 5장 16절은 분명하게 말씀합니다.

이같이 너희 빛이 사람 앞에 비치게 하여 그들로 너희 착한 행실을 보고 하늘에 계신 너희 아버지께 영광을 돌리게 하라 _마 5:16

세상 사람들은 그리스도인들이 전하는 복음의 내용에 별 관심을 두지 않습니다. 이미 핵심 내용은 대강 알고 있습니다. 그들은 그리스도인들이 어떻게 사는지를 보고 복음에 대해 마음을 열지 닫을지를 결정합니다. 그러므로 신자의 복음 전함은 단지 언어 전달 행위로 그쳐서는 안 됩니다. 그리스도인으로서 선한 영향력이 자신의 선한 행위와 삶으로 뿜어져 나올 때, 비로소 그리스도인의 입술에서 선포되는 복음의 말씀이 능력으로 나타나는 것입니다. 따라서 교회 안에서만 선포되는 주의 말씀과 선한 영향력은 교회 울타리를 넘어 신자들이 살고 있는 모든 삶의 자리, 즉 세상 한복판으로 계속해서 뻗어가야 합니다.

이윤석은 《4차 산업혁명과 그리스도인의 삶》(CLC, 2018)에서 아브라함 카이퍼의 글을 인용해 이런 말을 했습니다.

네덜란드의 개혁주의 신학자이자 정치가였던 아브라함 카이퍼에 의하면 이 세계는 다 하나님의 것이다. 그뿐만 아니라 그리스도의 것이며 그리스도를 믿는 우리 크리스천들의 것이다. 중요한 것은 그 모든 영역을 회복함에 있어 하나님은 우리 인간을 도구로 사용하신다는 것이다. 그런데 교회들이 교회 내부 사역에만 관심을 둘 경우, 세상에서는 선한 영향력을 행사하지 못하는 경우가 생긴다. 그뿐만 아니라 교회 내부 사역에만 관심을 계속 두다 보면 어느 순간 개교회 중심이 되는 것을 목격한다.

모든 세계가 다 하나님의 것인데 하나님의 자녀인 우리의 활동 무대는 너무 좁았습니다. 교회 내부에서 드리는 예배, 교회 내부에서 선포되는 말씀, 교회 내부에서 배우는 성경공부, 교회 내부에서 섬기는 봉사, 교회 내부 사람끼리만 친해지는 교제 등에만 집중했습니다. 그래야만 교회의 사명을 잘 감당하는 것으로 알았습니다.

선한 영향력은 우리끼리만 주고받는 짝짜꿍이 아닙니다. 세상 곳곳의 영역에서 살고 있는 신자 개개인의 삶의 자리에서, 주님을 모르는 이웃들에게 하나님 나라의 선한 인플루언서로서 사는 것을 말합니다. 한국의 근대사를 보면 기독교의 선한 영향력은 매우 탁월했습니다. 언더우드(Underwood)나 아펜젤러(Appenzeller)를 비롯한 수많은 해외 선교사들이 당시 한국 사회의 열악한 교육과 의료 발전, 그리고 민족 계몽 운동 등을 통해 한국 사회와 문화 발전에 역사적인 공헌을 했습니다. 그런데 지금 한국 교회는 사회로부터 상당 부분 신뢰를 잃고 선한 영향력을 발휘하지 못하고 있습니다. 우리 모두의 잘못입니다. 하지만 이제부터는 한국 기독교 전체를 싸잡아 비판하기보다는, 예수 믿는 나부터, 우리 가족부터, 그리고 우리 교회부터 삶의 자리에서 선한 영향력을 발휘하며 사는 일에 초점을 맞춰야겠습니다. 왜냐하면 교회는 세상을 향한 축복의 통로로, 하나님 나라의 선한 인플루언서로 살아야 할 사명이 있으니까요!

복음 shoot! 말씀 cock!

스포츠 경기의 원리는 우리의 신앙 원리와 통하는 측면이 종종 있습니다. 특히 장거리 레이스를 펼치는 마라톤 선수는 인내의 달인이 되어야 하는데, 히브리서 12장 1절 뒷부분 "인내로써 우리 앞에 당한 경주를 하며"에서 그리스도인의 믿음 생활 중 인내에 관한 권면을 하고 있듯이, 아무리 좋은 신체 조건을 갖추고 있어도 인내의 내공이 없으면 훌륭한 마라토너가 될 수 없습니다.

신앙생활도 그렇습니다. 결국 끝까지 신앙의 경주를 포기하지 않고 인내한 신자가 천국에 입성하는 것입니다. 디모데후서 2장 5절에서는 "경기하는 자가 법대로 경기하지 아니하면 승리자의 관을 얻지 못할 것이며"라고 했습니다. 아무리 운동 능력이 뛰어난 선수라도 경기 규칙대로 경기하지 않으면, 심판에게 경고도 받고 심할 경우 퇴장당할 수도 있습니다. 그리스도인도 마찬가지입니다. 성경 말씀이 주는 교훈대로 신앙의 경주를 하지 않으면 승리의 면류관을 받지 못할 수도 있습니다.

부교역자 시절 청년들과 축구 경기를 자주 했습니다. 3 대 3, 혹은 5 대 5로 미니 게임을 하기도 하고, 주일 오후에는 다른 교회 팀과 교회 대항 축구를 하기도 했습니다. 얼마나 재미있고 즐거웠는지 지금도 그 시절이 그리울 때가 있습니다. 비가 오면 비를 맞으며, 눈이 오면 눈을 맞으며, 부상을 당하면 아픔을 참으며 경기했습니다. 남들이 보면 지나치다 싶을 정도로 축구를 정말 좋아했고 열정적으로 했습니다.

　　한번은 서울교대 근처에 있는 어떤 고등학교 운동장에서 우리 교회팀과 다른 교회팀이 축구 시합을 했습니다. 두 팀의 실력이 막상막하였습니다. 서로 팽팽한 경기력을 선보였습니다. 한 골을 넣으면 잠시 후 한 골이 먹히고, 또 한 골을 넣으면 또 한 골이 먹히고 하는 양상으로 전개되었습니다. 그 당시 저는 30대 초반의 나이에 주 3~4일 이상 청년들과 축구로 몸이 단련되어 있었기 때문에, 지치지 않는 체력과 최상의 컨디션을 유지하고 있었습니다. 양팀 모두 골을 넣기 위해 정신없이 동분서주하고 있었습니다. 서로 공을 빼앗기 위해 치열한 경합을 벌이는데, 어느 순간 제 앞에 공이 굴러오더니 여유 있게 '슛(shoot)'할 수 있는 상황이 되었습니다. 하지만 골대와는 거리가 좀 있어서 상대편 골문 앞에 있는 우리 공격수에게 패스해 주려고 '롱볼'을 찼습니다. 아 그런데 이게 웬일입니까? 제가 찬 공이 하늘 높이 포물선을 그리며 올라갔다가 골키퍼가 예측하지 못한 방향으로 떨어지더니, 순식간에 골대 안으로 빨려 들어가는 것이었습니다. 우리 팀원들의 입에서 우렁찬 함성이 터져 나왔습니다. "골~~인!!" 청년들이 마구 달려와서 하이파이브도 하고 등도 두들겨 주었습니다. 짜릿한 환희를 경험했습니다.

그런데 골인의 기쁨도 잠시, 얼마 후 상대 팀에서 추격 골을 넣었습니다. 한순간도 마음을 놓을 수 없었습니다. 우리 팀은 다시 마음을 다잡고 총력전을 펼쳤습니다. 종료 시간이 점점 다가왔습니다.

마침, 우리가 골을 넣을 수 있는 코너킥 찬스가 왔습니다. 우리 선수가 코너킥을 올렸고, 저도 골을 넣어보려고 공이 떨어질 지점을 예측해 달려갔습니다. 그런데 신기하게 공이 제 머리 앞에 정확히 날아왔습니다. 마치 자석이 쇠붙이를 끌어당기듯이, 제 머리가 날아오는 공을 끌어당기는 것 같았습니다. 순간적으로 골을 넣을 것 같은 느낌이 왔습니다. "지금이야!" 하는 생각이 뇌리를 스치면서 공에다 제 머리를 갖다 댔는데, (사실은 공이 제 얼굴에 맞았습니다.) 그대로 골망을 갈랐습니다. 우리 팀에서 또 엄청난 함성이 들려 왔습니다.

"골~~인!!"

"와~! 전도사님 멋쟁이!"

남자 청년들은 엄지를 치켜 세웠고, 경기장 밖에서 응원하던 여자 청년들은 "전도사님 너무 멋있어요!" 하며 감탄사를 연발했습니다. 끝까지 결과를 알 수 없었던 경기는 끝내 5 대 4의 스코어로 우리 팀의 승리로 끝났습니다. 심장이 쫄깃했던 경기였지만 해피 엔딩으로 끝날 수 있어서 정말 기분이 좋았습니다. 저는 그날 경기의 MOM(Man of the match)으로 선정되었습니다.

사실 저는 운동 신경이 그리 탁월하지는 않습니다. 그냥 평범한 편인데 축구가 좋아서 최선을 다하다 보니까 두 골이나 넣어 팀 승리에 기여할 수 있었습니다. 발로 한 골, 머리로 한 골(엄밀히 말하면 얼굴로 한 골) 넣었는데, '슛'을 쏘고 '골인'이 되었을 때의 그 짜릿한 희열감은 말로 설명이 불가능합니다.

바울은 빌립보서 3장 14절에서 "푯대를 향하여 그리스도 예수 안에서 하나님이 위에서 부르신 부름의 상을 위하여 달려가노라"고 했습니다. 하나님의 부르심을 따라 모든 사명을 감당하고 신앙생활의 최종 목표 지점에 도달했을 때를 상상해 보십시오! 그때의 감격과 기쁨은 축구에서 공을 차서 골인이 되었을 때와는 완전히 차원이 다른 경이로움 그 자체일 것입니다.

마지막 목표 지점에 이를 때까지 우리는 계속해서 신앙의 슛을 쏴야 합니다. 믿음의 슛, 소망의 슛, 사랑의 슛, 그리고 무엇보다 복음의 슛을 쏴야 합니다. 복음의 강슛을 계속 쏘면 마귀는 무서워 도망가고 구원받는 영혼은 더욱 늘어날 것입니다. 우리 교회를 포함해 이 땅의 모든 교회들이 계속해서 강슛을 날리는 생명 공동체가 되었으면 합니다.

교회를 개척한 후 지방회 목사님의 권유로 배드민턴에 입문하게 되었습니다. 건강도 관리하고 다양한 지역 주민들과 소통하며 그들의 일상으로 다가가기 위한 결정이었습니다. 시의 지원을 받아 시민 체육교실에서 운영하는 레슨 과정에 들어갔습니다. 동네 배드민턴과는 완전히 차원이 달랐습니다. 운동 장비를 갖춰야 하고 라켓 잡는 법도 익혀야 합니다. 다양한 종류의 스텝을 구사하는 풋 워크도 원활하게 할 수 있도록 연습해야 하고, 기본적인 기술도 익혀야 합니다. 하이클리어, 드롭, 스매시, 커트, 드라이브, 푸시, 헤어핀 같은 생소한 용어의 기술들을 습득하지 않으면 배드민턴 실력이 늘 수 없습니다. 운동을 배워 가면서 모든 면으로 복잡하고 어려움이 많았지만, 코치에게 성실하게 레슨받으며 차츰차츰 실력을 키워 갔습니다. 동호회원들과 어느 정도 게임을 할 만한 수준이 되자 운동의 즐거움을 느낄 수 있었습니다. 그런데 여러 가지 배드민턴의 기술 중에 제일 멋있고 시원한 기술은 역시 '스매시(smash)'였습니다. 스매시는 머리 위로 높게 날아오는 셔틀콕(shuttlecock)을 네트 너머에 강하게 예각으로 떨어지도록 꺾어 내리치는 기술로, 배드민턴의 가장 주된 공격 방법입니다. 손목의 스냅을 사용해야 하며 스피드가 있어야 하는데, 선수들의 스매시 속도는 시속 300km를 훨씬 넘습니다.

언젠가 배드민턴 국가 대표 이용대 선수가 JTBC 예능 프로그램 〈뭉쳐야 찬다〉에 출연해서 셔틀콕으로 수박 쪼개기에 도전한 적이 있습니다. 셔틀콕 최고 시속이 400km나 되는 이용대 선수는 셔틀콕을 정확하게 수박 한가운데 화살처럼 박히게 만들어 출연진들을 놀라게 했습니다.

　저는 피나는 연습과 훈련으로 어느 정도의 배드민턴 실력을 갖추어 갔습니다. 그러다가 스매시 공격이 잘되어 게임 도중 스매시로 득점하는 순간이 많아졌습니다. "빡" 소리가 나며 셔틀콕이 순식간에 바닥으로 떨어져 득점할 때의 기분은 마치 무더위 갈증 속에 얼음 사이다를 마시는 청량감 같았습니다. 스매시 공격이 성공하려면 상대 선수들이 예측하지 못한 빈 곳으로 라켓을 강력하게 휘둘러 셔틀콕을 때려야 합니다. 상대의 허점을 노리는 것입니다. 아니면 상대 선수의 몸쪽으로 강력하게 셔틀콕을 날려야 합니다. 정면 승부 혹은 정공법이라고 할 수 있겠죠!

　베드로전서 5장 8~9절에 보면 "근신하라 깨어라 너희 대적 마귀가 우는 사자같이 두루 다니며 삼킬 자를 찾나니 너희는 믿음을 굳건하게 하여 그를 대적하라"고 했습니다. 에베소서 6장 11절에서는 "마귀의 간계를 능히 대적하기 위하여 하나님의 전신 갑주를 입으라"고 했습니다. 우리의 대적 마귀는 사나운 맹수처럼 신자의 영혼을 삼키려고 호시탐탐 노립니다. 그러니 그리스도인은 늘 깨어 있어 믿음을 굳건히 하고, 하나님의 전신갑주를 입어 마귀를 대적해야 합니다.

　복음의 숫(shoot)을 날려 영혼을 구원하고, 말씀의 콕(cock)을 때려 마귀를 대적하는 승리의 신앙생활이 모든 교회와 성도들에게 이루어지기를 바랍니다.

침신대 지원 전도단

　모교인 한국침례신학대학교에서는 해마다 전국에 있는 침례교단 소속 미자립 교회를 대상으로 소중한 전도 미션을 수행합니다. 이름 하여 '개척 교회 지원 전도단'입니다. 개척한 지 몇 년 되지 않았을 때, 저는 학교 측에 개척 교회 지원 전도단 신청 접수를 했습니다. 전국에 있는 여러 침례교회들이 신청했는데 감사하게도 지원에 선정되었습니다. 짧은 기간이지만 일꾼이 별로 없는 개척 교회에 젊은 신학생들의 전도 지원 사역은 큰 힘이 됩니다. 전도를 통해 복음의 능력으로 교회 주변 지역을 장악하고 있는 어둠의 권세를 결박시키고, 잃어버린 영혼을 주님께로 인도해 영적인 자유를 주고, 하나님의 나라를 이 땅 위에 왕성하게 확장시키는 밑거름이 됩니다. 무엇보다 소중한 전도의 효과는 전도자 자신이 주님을 깊이 경험하고 복음의 능력을 몸소 체험하는 것입니다. 또한 교회가 영혼 구원의 열정으로 뜨거워진다는 것입니다.

　우리 교회는 지원 전도 사역을 위해 몇 달 전부터 성도들에게 알리고 기도하기 시작했습니다. 이번 전도 미션은 어린이 전도에 초점을 맞췄습니다. 교회에서 불과 30m 거리에 초등학교가 있고, 주변 주택과 아파트 단지에 많은 어린이들이 살고 있었기 때문입니다.

드디어 20대 초반의 젊은 신학생 다섯 명이 2박 3일의 여정으로 우리 교회를 방문했습니다. 금요일부터 주일까지 2박 3일의 여정으로 교회에서 숙식하며 전도 일정에 돌입했습니다. 우리는 먼저 기도하며 전도 사역의 일정을 짰습니다. 교회 주변 지역의 어린이 전도에 초점을 맞추되, 대상을 가리지 않고 주변 상가와 관계 중심 전도도 병행하기로 했습니다.

금번 미션을 위해 오랜 시간 신학교에서 기도하며 전도로 훈련된 신학생들의 눈빛이 예사롭지 않았습니다. 얼마나 든든하고 힘이 되었는지 모릅니다. 전도팀들은 기도 후 주변 지역을 돌며 정탐을 했습니다. 언제, 어디서, 어떤 방법으로 전도할지 세밀한 플랜을 짰습니다. 토요일 오후 시간에 어린이 초청 전도 집회를 계획하고, 아이들에게 줄 전도지와 풍선 아트 재료를 준비했습니다. 그리고는 기독교 백화점에서 빌려 온 동물 인형 옷을 입고 담대하게 밖으로 나갔습니다. 청년들의 전도 발걸음은 거침이 없었습니다. 두려움과 망설임도 없었습니다. 불도저처럼 '닥전(닥치고 전도)'이었습니다. '저렇게 해서 전도가 되겠나?' 싶었는데, 신기한 일이 벌어졌습니다. 전도팀이 가는 곳마다 아이들이 구름 떼처럼 몰려왔습니다. 동물 인형 옷을 입고 톡톡 튀는 말과 행동을 하는 대학생 오빠, 누나들의 인기는 하늘을 찌를 듯했습니다.

토요일 어린이 초청 전도 집회 시간이 되었습니다. 초청된 아이들이 예배당 안으로 들어오는데, 인원수를 세어 보니 30명쯤 되었습니다. 대부분 교회를 다니지 않고 우리 교회에 처음 방문한 아이들이었습니다. 신학생들은 아이들의 눈높이에 맞춰 레크레이션도 하고, 찬양도 부르고, 복음도 전했습니다. 순진무구한 어린이들의 마음 밭에 복음의 씨앗이 뿌려졌고, 아이들은 거부감 없이 예수님을 나의 구주와 주님으로 영접했습니다. 어린이들의 소박한 천국 축제가 벌어진 것입니다.

마가복음 10장에 보면, 사람들이 예수님의 만져 주심을 바라고 어린이들을 예수님께 데리고 왔을 때, 제자들이 꾸짖는 장면이 나옵니다. 그 모습을 보신 예수님은 노하시며 제자들에게 이렇게 말씀하셨습니다.

예수께서 보시고 노하시어 이르시되 어린 아이들이 내게 오는 것을 용납
하고 금하지 말라 하나님의 나라가 이런 자의 것이니라 _막 10:14

유대인 사회에는 존경하는 사람이 있으면 어린이를 데리고 가서 축복을 받는 풍습이 있었습니다. 그래서 평소에는 어린 자녀들을 회당으로 데리고 가서, 랍비에게 축복을 받는 일이 일상화되어 있었습니다. 당시에 예수님이 곳곳에서 존경을 받으시니까, 부모들이 자기의 자녀를 데리고 그 앞에 축복을 받기 위해 갔던 것입니다. "어린아이들이 오는 것을 용납하고 금하지 말라"고 하신 예수님 말씀을 통해, 주님의 교회는 무엇보다 어린이를 주님께로 인도하는 연결 고리가 되어야 함을 깨닫게 됩니다.

주일 아침 주일학교 예배 시간이 되었습니다. 토요일 초청 집회에 왔던 30여 명의 아이들 중에 과연 몇 명이 예배에 왔을까요? 8명의 어린이들이 확실한 믿음의 결단을 하고 왔습니다. 초대된 모든 아이들이 오면 좋겠지만, 그래도 전날 왔던 아이들 중 4분의 1이상이 예수님을 믿기로 결심하고 교회에 등록했으니, 이 얼마나 감격스럽고 감사한 일입니까. 한 영혼이 천하보다 귀한데, 8명이나 되는 하나님나라의 보물들이 왔으니 이 기쁨을 무엇으로 표현할 수 있을까요?

교회 성도들과 다섯 명의 전도 단원들은 눈물겨운 감사를 고백하며 주일 예배를 드렸습니다. 신학생들은 특별 찬양을 드리고, 2박 3일의 전도 여정에 대한 간증을 했습니다. 하나님께서 어린 영혼들을 부르시고 구원의 열매를 맺게 하신 과정들을 이야기하며, 그분의 행하심을 찬양했습니다.

지원단 중 한 형제는 토요일 밤 교회 사택에서 잠을 자면서, 매우 선명한 꿈을 꾸었다는 얘기를 했습니다. 꿈속에서 우리 교회 성도님들이 예배 드리는 광경을 보았다는 것입니다. 그것은 예배당 모든 의자가 성도들로 꽉 채워진 우리 교회의 예배 실황이었습니다. 형제는 꿈 얘기를 하면서 '하나님께서 이 교회에 큰 부흥을 주실 것이다.' 하는 감동을 받았다고 했습니다. 그런 꿈 이야기를 듣는 것만으로도 마음이 설렜습니다.

강준민 목사는 자신의 칼럼에서 "꿈은 하나님의 축복의 재료요, 하나님이 누군가를 축복하려고 할 때 먼저 그에게 꿈을 주신다."라고 했습니다. "꿈의 언어는 상상의 언어요, 꿈을 표현한다는 것은 장차 이루어질 것을 상상의 언어로 표현하는 것"이라고도 했습니다. 이어서 그는 이렇게 말합니다.

하나님이 주시는 꿈은 야망과 다릅니다. 하나님이 주시는 꿈은 이기적이 아니라 이타적입니다. 하나님이 주시는 꿈은 교회를 세우는 꿈입니다. 영혼을 구원하는 꿈입니다. 하나님 나라를 확장하는 꿈입니다.

"꿈꾸는 자" 요셉처럼 형제의 꿈이 하나님의 축복의 재료가 되어, 우리 교회에 현실로 이루어지는 즐거운 상상을 해봅니다. 그리고 교회를 세우고, 영혼을 구원하며, 하나님 나라를 확장하는 이 꿈이 개인의 이기심이나 야망을 충족하는 수단이 되지 않기를 소망합니다.

오스트리아 출신의 미국 영화 감독 빌리 와일더(Billy Wilder)는 "아침에 당신을 벌떡 깨울 수 있는 꿈을 가져야 한다."라고 했습니다. 젊은 신학생 지원 전도단의 사역과 그 열매는 주님의 교회가 날마다 영혼 구원을 향한 꿈의 열망으로 깨어 있어야 함을 일깨워 주었습니다.

군 복무 시절 저는 포병 부대에서 근무했습니다. 포병 부대의 임무는 전쟁이 발발했을 때 보병 부대를 후방에서 화포로 화력을 지원하는 것입니다. 아무리 강력한 특수 부대원들이 적들과 전쟁을 해도, 후방에서 포병 부대가 화력 지원을 해주지 않으면 승리를 장담할 수 없습니다. 그런 면에서 복음의 열정이 넘치는 신학생들의 지원 전도 사역은 우리 교회가 영적 전장에서 악한 영들과 싸우며 담대하게 복음 전할 수 있는 든든한 힘을 실어 주었습니다.

말씀을 사랑하는 자녀들로

자녀를 어릴 때부터 하나님의 말씀으로 양육하는 것은 크리스천 부모의 가장 중요한 사명 중 하나입니다. 왜냐하면 자녀는 부모의 소유가 아니라 하나님의 기업이기 때문입니다. 교회 역시 이 점을 간과하지 않고 다음 세대들로 하여금 하나님을 경외하고, 말씀을 사랑하며 순종하는 신앙인으로 키워 가야 합니다.

시편 127편 3절은 "자식은 여호와의 주신 기업이요 태의 열매는 그의 상급이로다"라고 말합니다. 여기서 '기업'은 '상속 재산'이라는 뜻이고, '상급'은 '상으로 준 존재'라는 뜻입니다. 그러므로 부모는 하나님으로부터 온 상속 재산인 자녀를 자신의 소유물로 생각해서 자기 마음대로 다루어서는 안 됩니다. 상속 재산의 진짜 주인은 하나님이요, 부모는 그 상속 재산을 잠시 맡아 관리하는 청지기에 불과합니다. 따라서 하나님께서 맡기신 보배로운 자녀를 주님의 뜻대로 잘 관리하고 양육하면, 그것에 대한 상급이 부모 된 자에게 주어지는 것입니다.

오늘날 많은 부모들이 자신의 이기적인 욕망을 자녀 안에 투영하여 잘못 키우는 사례들이 빈번합니다. 심지어 크리스천 가정 안에서도 전혀 성경적이지 않은 가치관으로 자녀에 대한 청지기적 사명을 온전히 수행하지 못하는 경우가 허다합니다.

장로회신학대학교 박상진 교수는 '기독교적 자녀 교육'에 관한 칼럼에서, 오늘날 크리스천 부모가 성경을 기준 삼기보다는 '다른 사람들이 어떻게 자녀를 교육하는지'에 종속되어 있다고 했습니다. 또한 "한국 교육은 '옆집 아줌마'가 지배한다는 말이 있다."라고 하며, 세속적인 자녀 교육을 여과 없이 따라가는 크리스천 부모의 비신앙적 가치관을 꼬집었습니다. '실체 없는 옆집 아줌마'를 핑계 삼아 세속화된 교육 방식을 정당화하는 어리석음의 발로가 아닐 수 없습니다.

마사 피스, 스튜어트 스콧의 책 《아이야 높고도 거룩한 길을 걸어라》(디모데, 2014)에 보면, "크리스천 부모가 해야 할 가장 중요한 일은 단연 복음의 진리를 자녀에게 가르치는 것이요, 진리를 받아들이고 하나님 경외하는 법을 가르쳐야 한다."라고 했습니다. 이처럼 부모는 어릴 때부터 자녀들에게 성경 말씀을 가르치고 하나님 경외하는 법을 훈련시켜야 합니다. 어린 시절의 훈련은 자녀의 일생에 지대한 영향을 줍니다. 그렇다면 어느 시점까지 자녀에게 확실한 신앙관을 심어 주는 것이 좋을까요?

정답을 딱 잘라서 말할 수는 없지만, 요한 웨슬리(John Wesley)와 그의 어머니 수산나(Susanna Wesley)의 일화가 좋은 사례가 될 수 있습니다. 수산나는 자녀를 19명이나 낳았습니다. 그런데 그중에 9명은 생후 2년이 되지 않아서 세상을 떠나고, 평생 10명의 자녀를 양육했습니다. 9명의 자녀가 세상을 떠난 일은 큰 슬픔이었지만, 나머지 10명의 자녀들을 한결같이 훌륭한 하나님의 사람으로 키운 것은 화제가 되었습니다. 어느 날 어떤 사람이 와서 수산나에게 "당신의 자녀 교육의 비밀은 무엇입니까?"라고 물었습니다. 그러자 수산나는 이렇게 대답했습니다.

> "나는 우리 아이들이 그들의 머리가 크기 전에, 좀 더 정확히는 다섯 살이 넘기 전에 그들의 의지를 꺾어 하나님의 말씀 앞에 순종하는 법을 가르쳤습니다."

수산나는 자녀들이 다섯 살이 넘기 전에 하나님을 경외하고 말씀 앞에 순종하는 자들로 키워 낸 강인한 믿음의 어머니였습니다. 이처럼 자녀들을 말씀을 사랑하는 믿음의 자녀들로 잘 양육하기 위해서는 가정에서는 부모의 역할이, 교회에서는 교사의 역할이 필수 불가결합니다. 그래서 저는 자녀가 어릴 때부터 말씀을 사랑하고 순종하도록 하기 위해, 기독교백화점에서 말씀 달력을 사서 매일같이 말씀을 반복해서 읽고 마음에 새기도록 했습니다. 일정 분량의 성경도 읽게 하고, 큐티 교재를 구입해서 묵상, 기도, 실천까지 병행하도록 했습니다. 그리고 틈틈이 성경 이야기를 들려주기도 했습니다. 주일학교 아이들에게도 말씀 달력을 선물하여 가정에서도 매일 말씀을 읽고 마음에 새기도록 했습니다.

한번은 주일 학교 아이들을 말씀 앞에 세우는 훈련을 위해, 1주일 동안 "부모-자녀가 함께하는 잠언 읽기 특별 새벽 예배"를 드렸습니다. 직장 생활을 하는 부모와 초등학생 자녀가 졸린 눈을 비비며 새벽 시간에 예배당으로 나왔습니다. 그 모습을 보는 것만으로도 사랑스럽고 힘이 났습니다. 그들 속에 있는 주를 향한 사랑과 말씀에 대한 사모함이 고스란히 느껴졌기 때문입니다. 잠언 말씀을 부모와 자녀가 함께 또박또박 읽어 내려가는 소리를 들으며, 말씀이 살아 숨쉬는 것을 느낄 수 있었습니다. 말씀 읽는 목소리에는 어떻게든 자녀가 주 안에서 지혜롭고 아름다운 믿음의 사람으로 성장하기를 바라는 부모의 애절함이 묻어났습니다. 그리고 스펀지가 순식간에 물을 빨아들이듯 가감 없이 말씀을 받아들이는 자녀의 순수함이 묻어났습니다.

몇몇 성도들이 말씀을 사모하여 1주일 동안 신약 성경 통독을 진행했습니다. 새벽 예배 시간과 수요일, 금요일, 주일 오후 시간을 활용해 함께 말씀을 통독했습니다. 오늘날 선포되는 설교에는 다양한 해석학적 견해와 예화들, 그리고 설교자의 자기 주장이 얼마나 가득 넘쳐 나는지 모릅니다. 물론 그 모든 것들은 말씀의 본질을 드러내는 데 필요 적절한 도구로 활용되어야 합니다. 하지만 말씀을 드러내는 도구가 오히려 말씀보다 더 부각되는 사례들이 있습니다. 그런 면에서 성경 통독은 하나님 말씀을 말씀 그대로 읽고, 그분의 세미한 음성에 귀기울이는 유익이 있습니다. 신앙의 연조가 짧고 믿음이 약한 지체들이 대부분이었지만, 어린아이처럼 순수함과 사모하는 마음으로 말씀 앞에 서는 모습이 아름다웠습니다.

성도들의 아름다운 그 모습을 보며 자녀들의 미래를 기대할 수 있었습니다. 유대인들의 자녀 교육 방법에는 2가지 교육 시스템이 있는데, 가정에서의 율법 교육이고 회당에서의 랍비 교육입니다. 한 살부터 다섯 살까지는 가정에서 어머니가 전담해서 율법 교육을 시키고, 여섯 살부터는 랍비 교육이 시작됩니다. 따라서 유대 어린이들은 아홉 살이 되면 모든 율법책을 암송하게 됩니다. 전 세계 인구의 0.2%밖에 안 되는 유대인이 역대 노벨상 수상자의 30% 이상을 차지하는 데에는 그만한 이유가 있습니다. 전문가들은 대한민국 같은 높은 수준의 교육열을 비롯해, 쉐마 교육이나 하브루타 교육 방법을 그 비결로 꼽습니다. 그런데 그러한 교육 방법의 핵심에는 궁극적으로 하나님의 말씀이 있습니다. 자녀들로 하여금 하나님을 사랑하고 말씀을 사랑하는 주의 백성으로 양육할 수만 있다면, 거기에 교회의 미래가 있고 하나님 나라의 미래가 있는 것입니다.

모든 성경은 하나님의 감동으로 된 것으로 교훈과 책망과 바르게 함과 의로 교육하기에 유익하니 이는 하나님의 사람으로 온전하게 하며 모든 선한 일을 행할 능력을 갖추게 하려 함이라 _딤후 3:16~17

교회 선교 이야기

　모든 교회에는 선교적 사명이 있습니다. 예수님께서 이 땅에서의 모든 사명을 마치시고 하늘로 올라가시기 전에 하신 지상 대명령(The Great Commission)은 주님이 재림하실 때까지 힘써 순종해야 할 교회의 사명입니다.

> 그러므로 너희는 가서 모든 민족을 제자로 삼아 아버지와 아들과 성령의 이름으로 세례(침례)를 베풀고 내가 너희에게 분부한 모든 것을 가르쳐 지키게 하라 볼지어다 내가 세상 끝날까지 너희와 항상 함께 있으리라 하시니라 _마 28:19~20

　이 말씀에서 "가서", "모든 족속으로 제자를 삼아", "세례(침례)를 주고", "가르쳐 지키게 하라"를 한마디로 말하면 '선교'라고 할 수 있습니다. 국내에서 이 일을 행하면 '국내 선교'라 하고, 해외에서 이 일을 행하면 '해외 선교'라고 합니다. 그런데 주님의 교회는 이 두 가지 일을 동시에 감당해야 할 선교적 사명이 있습니다. 이 사명이 얼마나 중요한지 스위스의 신학자 에밀 브루너(Emil Brunner)는 "불은 타므로 존재하는 것처럼, 교회는 선교함으로 존재한다."라고 했습니다. 그렇습니다, 교회의 주요한 존재 이유 중 하나는 예수님의 지상 대명령을 수행하는 선교적 사명에 있습니다.

결혼 후 신학 대학원에 재학할 때, 신학생들 30여 명이 팀을 이루어 중국으로 단기선교 비전트립을 다녀온 적이 있습니다. 우리나라와 역사적으로나 지리적으로 가까운 동북 3성 지역(헤이룽장성, 지린성, 랴오닝성)을 중심으로, 현지 교회를 탐방하며 함께 예배를 드렸습니다. 선교지를 가면서 팀원들이 가장 중요한 미션으로 삼은 것은 한족 교회에 중국어 성경을 전달하는 것이었습니다. 당시 성경 반입은 공식적으로 금지되어 있었습니다. 만약 발각이라도 되면 곧바로 추방당할 수 있었습니다. 따라서 중국을 방문하는 외국인들을 대상으로 한 공안들의 검열은 철저했습니다. 그래서 우리는 개인 짐 속에다 성경을 여러 권씩 은밀히 감춰서 검열대를 통과하고자 했습니다.

인천항에서 배를 타고 단둥항에 내려 개인 짐을 검열대 위에 놓고 통과하려는데, 갑자기 공안들이 우리 일행을 멈춰 세웠습니다. 그러더니 여행 가방을 전부 열어 보라고 했습니다. 가방을 열자 공안들은 가방 속까지 샅샅이 뒤졌습니다. 그러다가 어떤 형제의 가방에서 붉은색 중국어 성경이 발각되었습니다. 그걸 보더니 공안들은 심각한 표정으로 우리를 협박했습니다. 빨리 성경책을 다 꺼내 놓으라고 하며, 만일 자기 짐 안에 성경책이 단 한 권이라도 남아 있으면 가만두지 않겠다는 것이었습니다.

순진한 우리 일행은 하는 수 없이 성경책을 모두 꺼냈습니다. 수백 권의 중국어 성경이 쏟아져 나왔습니다. 이렇게 심각한 상황이 됐으니 중국 땅도 못 밟아 보고 다시 한국으로 돌아갈 수도 있겠다는 생각이 들었습니다. 그렇게 걱정과 두려움 속에 대기하고 있는데, 중년의 한 여성분이 우리 일행 쪽으로 오더니 공안들과 무슨 얘기를 나누었습니다. 그분은 동북 3성 지역의 한족 교회에서 사역하는 유력한 여성 목회자였는데, 우리 선교팀을 마중 나온 것입니다.

결국 그분의 도움으로 우리는 아무 제재도 받지 않고 무사히 단둥항을 빠져나올 수 있었습니다. 모두 안도의 한숨을 쉬었습니다. 선교 여행 첫 출발부터 험난한 여정이 예고되는 듯했습니다. 나중에 숙소에 도착해서 여장을 풀고 보니 꺼내 놓지 않은 성경책 몇 권이 발견되었습니다. 원래는 수백 권의 중국어 성경을 한족 교회에 증정하기로 했는데 전부 압수당하는 와중에, 그래도 몇 권의 성경이라도 증정할 수 있어서 그나마 다행이었습니다.

우리는 일정대로 한족 교회, 조선족 교회 등지를 방문하며 찬양도 인도하고, 비전트립을 이끌고 계신 목사님께서 그들에게 말씀도 전했습니다. 중국에서는 외국인이 집회를 인도하거나 설교하는 것이 금지되었지만, 우리는 공안 당국으로부터 발각될 위험을 무릅쓰고 담대하게 진행했습니다.

중국에서는 '장백산'이라고 불리는 백두산 정상에 올라가서는 우리 민족의 통일과 복음화를 위해 합심 기도를 드렸습니다. 그리고 북한과 중국의 접경 지역에 가서는 북한의 헐벗은 산과 초라한 집들을 보았습니다. 약간 먼 거리지만 북한군 병사들과 북한 주민들의 모습도 보았습니다. 분단의 가슴 아픈 현실을 눈으로 확인하며 애통하는 마음을 품을 수 있었고, 그 후로 대한민국의 평화적 통일과 북한 선교를 위해 더욱 간절한 자세로 기도할 수 있게 되었습니다.

전도사 시절에는 교회 청소년들과 몇몇 집사님들을 인솔해서 다시 중국으로 비전트립을 갔습니다. 친구 J 선교사님의 인도로 교단 최초의 순교지도 방문하고, 중국과 북한을 사이를 두고 흐르는 두만강에서 뗏목 배를 타고 북한 지역 강변으로 잠시 가서, 북한 땅의 돌을 가져오기도 했습니다. 뗏목 배를 타고 북한 쪽으로 가는데 초소를 지키는 한 북한군 병사가 우리 일행을 바라봤습니다. 그 병사는 10대 후반의 앳된 모습이었는데, 우리를 보더니 몸짓으로 담배를 달라는 신호를 보내기도 했습니다.

접경 지역에서 차를 타고 가다가 북한 아이들이 강에서 물놀이 하는 광경도 보았습니다. 수영복이나 옷을 잘 입지 않고, 벌거벗은 몸으로 물놀이를 하는 아이들이 대부분이었습니다. 저는 그 아이들에게 과자라도 선물해 주고 싶었습니다. 그래서 우리가 간식으로 가져온 초코파이와 음료수를 상자에 담아, 있는 힘껏 아이들 쪽으로 상자를 던졌습니다.

우리가 있는 중국 땅에서 아이들이 물놀이 하는 북한과는 불과 2~30m 정도밖에 떨어져 있지 않았습니다. 저는 큰 소리로 "얘들아~ 이거 받아!" 하고 소리를 질렀는데, 아이들이 그 소리를 알아들었습니다. 그리고 잠시 후, 우리가 탄 차가 어느 정도 지나갔을 때, 그제서야 과자 상자를 가지러 가는 모습이 보였습니다. 육체적인 굶주림과 영적인 가난에 빠져 있는 북한 동포들을 보면서, 하나님께서 특별한 긍휼과 자비를 부어 주시기를 기도했습니다.

부교역자 시절 사스(SARS) 바이러스가 한창 유행일 때는, 대만에 있는 신학교에서 현지 신학생들을 대상으로 신약개론 강의를 했습니다. 대만은 곳곳에 우상이 넘치는 나라였습니다. 특별히 도심 한복판에 각종 신당들이 많습니다. 그런데 Y 선교사님과 차를 타고 도심을 통과하며 신당을 볼 때마다, 선교사님은 어김없이 손을 들고 신당이 무너지게 해달라고 기도했습니다. 그 모습을 보며 저도 같이 기도했습니다. 우상이 가득하며 언제나 중국의 침략 위협이 도사리는 대만 땅에서, 예수 그리스도의 심장으로 생명의 복음을 전하기 위해, 복음 앞에 헌신한 신학생들의 모습이 참 아름다웠습니다.

지구촌 곳곳마다 역사의 주인이신 하나님의 부름을 받아 선교적 사명을 감당하는 하나님의 사람들이 있습니다. 제가 체험한 선교지는 빙산의 일각에 불과하지만, 중요한 것은 그리스도의 지상 명령을 끝까지 수행하기 위해, 교회는 언제나 선교를 향한 불꽃이 타올라야 한다는 것입니다.

교회의 선교적 사명과 현장성을 놓치지 않기 위해, 저는 개척 초기부터 설교를 통해 선교의 비전을 제시했습니다. 그리고 지인 선교사님들이 한국에 오실 때는, 교회로 초청해서 말씀과 선교지의 간증을 자주 듣고 기도하는 시간을 가졌습니다. 몇몇 선교사님께는 저희 교회에서 조금씩 선교비로 후원하기도 했습니다. 더 좋은 선교의 방향은 성도들이 직접 선교지를 방문해 복음도 전하고 선교 사역에 동참하는 것입니다.

오늘날 한국 교회는 심각한 영적 침체를 겪고 있고, 선교적 사명에 대한 열망 또한 과거에 비해 약화된 듯합니다. 그러나 교회는 결코 선교의 사명을 포기하지 말아야 하고, 영원한 하나님 나라의 가치를 견고히 붙들어야 합니다.

1950년대 활동했던 미국인 선교사 중에 짐 엘리엇(Jim Elliot)이라는 사람이 있었습니다. 그는 에콰도르 선교사로 부름받았고, 인디언 사역을 하면서 미전도 종족인 아우카 부족에게 들어갈 계획을 세웠습니다. 1956년 짐 엘리엇을 비롯한 5명의 젊은이들이 간단한 짐만을 챙긴 채, 경비행기를 타고 아우카족에게 복음을 전하기 위해서 해변에 내렸습니다. 그런데 해변에 내린 지 닷새가 지나도 아무 소식이 없자, 선교 본부에서는 혹시나 하는 생각에 비행기를 보냈습니다. 그런데 참으로 안타깝게도 해변에서 5명의 청년들이 무참하게 살해되어 있었습니다.

충격적인 이 사건을 두고 한 가지 이상한 점을 발견할 수 있었는데, 그들의 주머니에는 권총이 들어 있었다는 것입니다. 그들은 얼마든지 권총으로 자신의 신변을 보호할 수 있었음에도 불구하고, 총을 뽑지 않고 그대로 죽었던 것입니다.

짐 엘리엇이 죽고 난 후, 그가 다녔던 시카고 휘튼대학교에서 기숙사 시절부터 적었던 글과 일기들이 공개되었습니다. 엘리엇의 아내가 그것들을 모아서 출간했는데, 그 속에는 깜짝 놀랄 만한 글들이 적혀 있었습니다. 그 글을 쓸 당시 엘리엇은 대학교 2학년이었고, 나이는 19살이었습니다. 그가 순교할 당시 나이가 29세였는데, 순교하기 10년 전에 쓴 글의 일부 내용은 이렇습니다.

하나님, 제가 감히 하나님께 기도합니다. 이 부족한 나의 나무토막 같은 인생에 주여! 불을 붙여 주소서. 제가 주를 위해 탈 수 있도록, 나의 삶을 주께서 소멸시켜 주십시오. 이 몸은 주의 것입니다. 나는 오래 사는 것을 원치 않습니다. 완전하고 풍성한 삶을 원합니다. 바로 주님과 같이….

그의 일기장 한쪽 구석에는 이런 글도 적어 놓았습니다.

He is no fool who gives what he cannot keep to gain that which he cannot lose.
영원한 것을 얻기 위하여 영원하지 않은 것을 버리는 사람은 결코 바보가 아니다.

그런데 짐 엘리엇의 이야기는 여기서 끝나지 않습니다. 짐 엘리엇과 동료들이 살해당한 지 수십 년이 지난 후, 그들이 죽은 마을에서 수백 개의 교회가 생겨납니다. 그리고 엘리엇이 죽고 나서 태어난 아들이 그 마을 교회의 목사가 됩니다.

양화진 외국인 선교사 묘원에 가면 루비 켄드릭(Kendrik, Ruby Rachel) 선교사 묘비가 있습니다. 1905년 캔자스 여자 성경 학교를 졸업한 후 선교사를 자원하고, 이후 2년간의 준비 끝에 1907년 9월, 텍사스 엡윗 청년회의 후원을 받아 미국 남감리교 선교사로 조선 땅을 밟게 됩니다. 그때부터 켄드릭 선교사는 송도(개성)에서 교사로 헌신했습니다. 아침 기도회를 인도하고 영어를 가르쳤으며 아픈 아이들을 정성껏 간호했습니다. 그녀는 젊고 사랑스럽고 아름다웠습니다. 그녀의 헌신을 통해 많은 한국인들이 사랑을 받았습니다. 하지만 그녀는 1908년 6월 과로로 인해 한국에 온 지 9개월 만에 하늘의 부름을 받게 됩니다. 그녀의 비석에는 다음과 같은 비문이 적혀 있습니다.

If I had a thousand lives to give, Korea should them all.
만일 내게 천 개의 생명이 주어진다면, 그 모든 생명을 조선을 위해 바치리라.

이 비문은 그녀가 텍사스 엡윗 청년회에 보낸 편지 속 글인데, 이 편지를 읽은 많은 청년들이 조선 선교사로 자원하게 되었습니다. 1년도 안 된 짧은 생애를 선교사로 헌신했지만, 켄드릭에게는 누구보다 조선을 향한 뜨거운 사랑의 마음이 있었습니다.

교회의 선교는 단순한 의무적 사명감이나 이벤트로 하는 것이 아닙니다. 영원한 것을 얻기 위해 영원하지 않은 것을 버릴 수 있어야 하며, 생명을 바칠 각오로 해야 합니다. 주님 다시 오실 때까지 이 엄숙하고 준엄한 선교 명령 앞에, 한국 교회는 쉬지 않고 타오르는 불꽃이 되어야 할 것입니다.

알잘딱깔센

    요즘 MZ 세대에서 신조어가 봇물처럼 쏟아져 나오고 있습니다. 보통 줄임말의 형태로 신조어가 생겨나는데, 너무 많이 생겨서 따로 공부하지 않으면 그 의미를 다 알 수 없습니다. 최근 신조어 중에 '알잘딱깔센'이라는 말이 있습니다. 이 말은 트위치 게임 스트리머인 '우왁굳(woowakgood)'이 만들어 낸 줄임말입니다. 자신의 팬들과 소통하던 중에 이 말이 자연스럽게 나오게 되었습니다. '알잘딱깔센'은 외계어 같지만 한국말입니다. '알아서 잘 딱 깔끔하고 센스 있게'라는 뜻입니다. '우왁굳'과 팬덤 사이에서만 사용되던 용어가 커뮤니티를 통해 퍼져 나가면서 '우왁굳'을 모르는 자들까지도 이 신조어를 사용하게 되었습니다.

    어느 날 이 특이한 신조어를 접하고 나서, 저는 교회에 대해 생각했습니다. 하나님 나라를 위해 부름받은 그리스도인들이 자신이 몸담고 있는 교회에서 '알잘딱깔센'의 좋은 일꾼이 된다면 얼마나 좋을까요?

세상도, 교회도 점점 개인화되는 시대의 흐름 속에서, 교회 공동체를 위해 자신의 시간과 수고를 들여 '알잘딱깔센' 할 수 있는 신자들을 찾아보기 어려운 시대가 되어 가고 있습니다.

고린도전서 4장 1~5절에는 '그리스도의 일꾼'에 관한 내용이 나옵니다. 하나님 나라와 주님의 교회를 위해 '알잘딱깔센' 할 수 있는 좋은 일꾼이 되려면 몇 가지 자세가 있어야 합니다.

먼저, 낮아짐의 자세가 있어야 합니다. '일꾼'이라는 말의 헬라어는 '휘페레타스'입니다. 이 말은 바울이 살던 당시 노예 중에서도 가장 비천한 계급인 '배 밑에서 노 젓는 노예'를 가리킬 때 사용하는 단어입니다. 영화 〈벤허〉를 보면, 주인공 '쥬다 벤허'는 배 밑에서 북소리에 맞춰 노를 젓는 노예 생활을 합니다. 그 노예의 발은 쇠사슬에 묶여 있어 마음대로 도망가지도 못합니다. 그래서 배가 파선되거나 침몰하면 그 자리에서 죽을 수밖에 없습니다. 그러니까 배 밑 노예의 삶은 그저 주인이 시키는 대로 하는 자일 뿐입니다. 따라서 '알잘딱깔센' 할 수 있는 그리스도의 좋은 일꾼은 가장 낮은 자리에서 주인의 명령대로 순종하는 종입니다. 그런데 오늘날 교회들마다 좋은 일꾼들이 점점 사라지고 있습니다. 신앙은 있지만 주중에는 먹고 살기 바쁘고, 주말에는 가족들과 시간 보내기 위해 예배도 간신히 드릴까 말까 하는 신자들이 늘어나는 추세입니다. 기본적인 예배 생활도 잘 안되는데, 어찌 그것 이상으로 교회를 세우는 일에 낮아짐과 섬김의 모습을 기대할 수 있겠습니까? 남들이 다 꺼려하는 교회 화장실 청소를 하면서도 진심으로 기뻐할 수 있을 정도가 되어야, 낮아짐의 태도가 분명한 좋은 일꾼이라 할 수 있을 것입니다.

둘째, 충성의 자세가 있어야 합니다. '충성'은 헬라어로 '피스토스'인데 '믿음'이라는 단어와 같은 뜻입니다. 그러니까 주님의 일꾼으로 충성하는 것은 믿을 만하고 성실하게 주의 일을 한다는 뜻입니다. 작은 일에 충성하고, 보이지 않는 데서 충성하고, 최선을 다해 충성하는 것이죠. 신학교 1학년 때 대전에 있는 D교회에서 유년부 교사를 한 적이 있습니다. 수천 명이 모이는 대형 교회에서 전체 교사 모임을 하는데, 머리가 희끗희끗한 할머니, 할아버지들이 상당수 섞여 있었습니다. 그래서 속으로 '저분들은 여기 왜 오셨지?' 하고 의아했는데 알고 보니, 전부 어린이들을 가르치는 현직 교회 학교 교사들이었습니다. 그분들은 청년 때부터 그때까지 수십 년간 충성스럽게 어린 영혼들을 섬겨 오셨습니다. 어린이들을 가르치는 것에 젊은 나이와 젊은 감각을 지닌 선생님이 필요한 것 같지만, 주님의 교회에는 나이에 상관없이 한결같이 충성하는 교사들이 필요합니다.

셋째, 나를 심판하실 주님을 의식하는 자세를 가져야 합니다. 고린도전서를 기록한 바울은 주의 일을 하면서 여러 자세를 가졌는데, 특별히 사람보다는 주님을 더 의식하는 자세로 주의 일을 감당했습니다. 남이 내리는 판단이나 내가 내리는 판단보다 더 정확하고 중요한 것은 주님의 판단입니다. 그러므로 자신을 심판하실 주님 앞에서 어떻게 하는 것이 옳은지를 고민하고 기도하면서 좋은 일꾼이 되기를 힘써야 합니다. 요즘 교회들마다 성가대 모집이 잘 안된다고 합니다. 찬양단은 서로 하려고 줄을 서는데, 성가대 봉사는 하라고 하라고 해도 선뜻 나서지 않는다는 것입니다. 이유인즉 찬양단은 많은 사람들에게 주목받고 다양한 장르의 찬양을 하니 재미있는데, 성가대는 주목받지도 못하고 활동이 경직되어 있어 재미없다는 것입니다. 물론 사람이기에 그럴 수도 있지만, 성가대든 찬양단이든 과연 그것이 누구를 의식하는 봉사가 되어야 하는지를 고민하지 않으면 안 됩니다. 그것은 일반 노래나 공연이 아니라 하나님께 올려드리는 영혼의 찬양이 되어야 합니다. 사람에 대한 의식이 아닌, 나의 모든 것을 보고 계시는 하나님 앞에서의 찬양과 봉사가 되어야 합니다.

넷째, 하나님의 칭찬을 기대하는 자세를 가져야 합니다. 심리학 이론 중에 "피그말리온 효과(Pygmalion effect)"라는 게 있습니다. 이것은 사람이 긍정적인 기대를 받게 되면 그 기대에 부응하기 위한 노력에 의해 긍정적인 결과가 초래되는 현상을 말합니다. 쉽게 말하면 사람이 칭찬받을 것에 대한 기대를 갖고 어떤 일을 하면, 그 기대감 때문에 실제로 칭찬받을 만한 일의 결과가 나타난다는 것입니다. 그러므로 좋은 일꾼이 되려면 책망하시는 주님보다는 칭찬하실 주님을 기대하며 주의 일을 감당하는 것이 좋습니다. 자녀는 부모의 칭찬을 듣고 자랄 때, 무한한 가능성을 지닌 꿈나무로 자라게 됩니다. 학생은 선생님의 칭찬을 듣고 자랄 때, 미래의 희망을 품고 자라게 됩니다. 그런데 우리의 창조주 하나님이 우리를 칭찬해 주실 것이라는 기대를 가진다면, 신자들의 사역 속에 얼마나 풍성한 열매가 맺히겠습니까?

사람이 귀한 시대입니다. 교회의 좋은 일꾼이 자꾸만 사라지는 시대입니다. 교회에서 시키거나 부탁하지 않아도, 주님께 받은 은혜가 너무 감사해서 자발적으로 '알아서 잘 딱 깔끔하고 센스있게' 자신을 기꺼이 드릴 수 있는 좋은 일꾼 어디 없습니까? 특히 작은 교회마다 더더욱 '알잘딱깔센'의 좋은 일꾼들로 넘쳐 났으면 합니다.

04

/

가슴 아픈
눈물을 흘리다

다락방 추락 사건

교회를 개척하고 사람들이 제법 모이기 시작했습니다. 젊은 부부가 등록하면서 자녀들도 함께 나오다 보니 주일학교 역시 활성화됐습니다.

와글와글, 왁자지껄

주일 오전 예배와 오후 예배까지 마쳤지만, 성도들은 집에 갈 줄 모르고 즐겁게 교제했습니다. 차를 타고 나가 인근 공원에서 공놀이도 하고 배드민턴도 치면서 산책하는 날이 있는가 하면, 교회 건물 안에서 어른들과 아이들이 각자 흩어져 시간을 보내기도 했습니다.

그러던 어느 주일 오후였습니다. 2층 사택에서 장년 성도들과 대화를 나누고 있는데, 갑자기 문밖에서 "쿵!" 하는 소리가 나더니 아이의 비명 소리가 들려왔습니다. 곧이어 통곡하는 소리가 났는데 "사람 살려!", "나 죽네!" 하는 소리가 제법 크게 들려왔습니다. 귀에 익숙한 소리였습니다. 모두들 놀라 쏜살같이 뛰어나갔더니 비명 소리의 주인공은 다름 아닌, 둘째 아들 지원이였습니다.

'아니 이런! 이게 무슨 일인가?'

무너지는 가슴으로 아내가 가장 먼저 지원이에게 다가갔습니다. 지원이는 자기 손으로 머리를 붙잡고 "나 죽어!"를 연발하며 동네가 떠나갈 듯 통곡을 멈추지 않았습니다. 아내가 머리를 붙잡고 있는 둘째의 손을 거두며 살펴보았더니, 두피가 찢어졌고 그 속에서 피가 흐르고 있었습니다. 아이도 놀랐고 우리 모두 놀랐습니다. 혹시 뇌출혈이라도 생긴 것이 아닌가 싶어 건국대병원 응급실로 황급히 이동했습니다. 신속하게 사진을 찍었는데, 다행히 뇌 속에 이상은 없었습니다. "휴…" 모두들 한숨을 돌렸습니다. 이윽고 봉합 수술을 하려는데 지원이의 마음은 좀처럼 진정되지 않았습니다. 아내가 안아서 달랬지만 응급실이 떠나갈 듯이 고래고래 소리를 지르며 울었습니다. 부분 마취를 했지만 지원이 마음이 진정되지 않았기 때문에, 수술용 바늘로 봉합 수술을 할 때 혹여 발버둥이라도 치면 문제가 생길 수 있는 상황이었습니다.

집도의는 저에게 수술하는 동안 지원이가 움직이지 못하도록 꽉 안고 있어 달라고 부탁했습니다. 그래서 제가 먼저 의자에 앉고 지원이를 제 무릎에 앉혔습니다. 아니나 다를까 지원이는 발버둥 치면서 또다시 소리 지르며 울음을 터뜨렸습니다. 감당하기 어려웠지만 저는 지원이를 강한 힘으로 붙잡고, 아내는 옆에서 어르고 달래면서 수술이 끝날 때까지 진정시키려는 노력을 계속했습니다. 그러는 사이 제 몸은 식은땀으로 뒤범벅이 되었습니다.

감사하게도 수술이 무사히 마치게 되어 집으로 돌아왔습니다. 지원이로 인해 몇 시간 동안 넋이 나가 있었습니다. 걱정해 준 성도들이 모두 돌아가고 우리 가족만 남았습니다.

'도대체 오늘 무슨 일이 일어난 거지?'

사건의 전말은 이렇습니다. 우리 교회에는 2층 계단실 위에 다락방이 있습니다. 다락방에 올라가려면 다락방 계단을 올라가 뚜껑을 열고 방으로 들어가야 합니다. 그리고 나서 뚜껑을 닫아야 하는데, 뚜껑을 닫지 않은 상태에서 아이들끼리 술래잡기 놀이를 한 것이었습니다. 지원이가 술래가 되어 눈을 감고 숨은 아이를 찾는데, 공교롭게도 다락방 뚜껑을 열어 놓은 곳으로 걸어가다가 발을 헛디디는 바람에 밑으로 추락한 것입니다. 생각만 해도 끔찍한 사건입니다. 그런데 추락할 때 다리가 먼저 떨어지지 않고, 머리가 먼저 추락해 바닥으로 처박힌 것입니다. 다시 말하면 몸이 거꾸로 처박힌 것이지요. 지금도 그 생각하면 아찔하고 온몸에 소름이 돋습니다. 이런 상황이라면 최소한 목뼈가 부러지거나 아니면 생명을 잃을 수도 있었습니다. 그런데 다른 데는 전혀 이상이 없었고 두피만 찢어져 출혈이 있어 간단한 봉합 수술로 끝난 것입니다. 구사일생의 은혜라고 표현할 만한, 정말 감사한 일임에 틀림 없었습니다. 하지만 한편으로는 이상한 마음이 들기도 했습니다.

'주님! 여러 명의 교회 아이들 중에 왜 하필 우리 지원이가 이런 아찔한 일을 당한 겁니까?'
'주님! 좀 섭섭합니다.'

주님은 아무 잘못 없으신데 괜스레 서운한 마음이 들었습니다. 아니, 살짝 억울한 마음도 생겼습니다. 그러면서 아브라함이 이삭을 바친 사건이 떠올랐습니다. 하나님의 약속을 따라 100세에 주신 금쪽같은 독자 이삭을 제물로 바치라는 말씀은 도무지 이해할 수 없는 명령이었습니다. 하지만 아브라함은 순종했고, 마침내 모리아산에서 칼을 잡고 이삭을 죽이려 했습니다. 그때 다급하게 하늘로부터 음성이 들려왔습니다.

"그 아이에게 네 손을 대지 말라."

그 행동으로 아브라함의 하나님을 경외하는 믿음이 참된 것임을 인정받았습니다. 만약 하나님이 아브라함을 말리지 않으셨으면 이삭은 그대로 죽었을 것입니다. 하지만 하나님은 명령을 철회하시고 이삭을 살려 주셨습니다. 성경에 나오지는 않지만 아브라함은 틀림없이 안도의 한숨을 쉬었을 것이고, 하나님을 향해 인생 최고의 감사를 고백했을 것입니다. 갑자기 그 이야기가 생각나면서 불편한 마음이 사라졌습니다. 그리고 이 사건에 대한 해석이 달라졌습니다.

'거꾸로 추락하고도 죽지 않고 가볍게 다치기만 했으니 얼마나 다행이고 감사한 일인가!'
'여러 교회 아이들 중 내 자녀가 다쳤으니 그나마 다행이지, 다른 아이가 다쳤으면 목사로서 얼마나 난감하고 곤란했겠는가!'

《감사, 감사의 습관이 기적을 만든다》(모아북스, 2015)에 보면, 미국의 여류 작가 델마 톰슨(Thelma Thompson)의 실화가 나옵니다. 델마 톰슨이 군인인 남편을 따라 새로운 부임지로 갔는데, 그곳은 사막이었습니다. 낮에는 뜨거운 햇빛과 모래바람이 불고, 밤에는 사방이 적막하고 무서운 환경이었습니다. 그녀는 자신의 어려운 환경에 대한 심경을 담아 아버지에게 편지를 썼고, 아버지는 딸에게 답장을 보냈습니다. 답장의 내용은 다음과 같습니다.

두 명의 죄수가 감옥에 갇히게 되었다. 그러나 그 두 사람이 감옥의 창살 틈으로 바라본 것은 전혀 다른 것이었지. 한 사람은 감옥 밖의 진흙

탕을 바라보았지만, 다른 한 사람은 창틈으로 비추는 밤하늘의 별빛을 바라보았단다.

아버지의 편지를 받은 델마 톰슨은 자신의 관점을 바꾸었고, 그로 인해 적막한 사막은 아름다운 사막으로 바뀌었습니다. 그리고 자신이 사막에서 본 것들을 기록하여 《빛나는 성벽》이라는 소설을 썼습니다.

둘째 아들의 다락방 추락 사건은 제법 충격이 되는 아찔한 일이었지만, 새로운 관점으로 보았을 때는 하나님께 감사할 수 있는 경험이 되었습니다.

맨발로 도망 온 자매

어느 주일 밤이었습니다. 어린 두 아들은 자고 있었는데, 누군가 갑자기 사택 초인종을 눌렀습니다. 이 밤에 누굴까 싶어 인터폰 수화기를 들었더니, 교회 자매가 다급한 목소리로 문을 좀 열어 달라고 하는 것이었습니다. 우리 부부는 깜짝 놀라 2층 사택에서 신속히 내려가 문을 열어 주었습니다.

자매는 개척 초기에 전도되어 나오던 두 아들의 엄마였습니다. 표정을 보니 얼굴은 하얗게 질려 있었고, 신발도 안 신고 맨발로 뛰어온 상황이었습니다. 도대체 무슨 영문인가 싶어 소파에 앉아 자초지종을 들었습니다. 자매는 안절부절못하고 떨리는 음성으로 말했습니다. 지금 남편이 술을 먹고 들어와 자기 앞에서 술병을 던지고 때리려 하는데, 너무 무서워서 급하게 도망 나왔다는 것입니다. 아파트 거실에 깨진 술병 조각이 널려 있고, 어린 두 아들은 방 안에서 자고 있는데, 혹시라도 남편이 아이들에게 해코지라도 하면 어쩌나 너무 두렵다는 것이었습니다.

알고 보니 이 자매는 평소 남편에게 심각한 언어폭력과 신체 폭력을 당하고 있었고, 그로 인해 공황 장애와 트라우마를 겪고 있었습니다. 어찌할까 고민하다가 자매의 남동생에게 전화를 걸어 아이들을 살펴달라고 부탁했는데, 다행히 아이들은 모두 무사했습니다.

불안과 두려움에 사로잡힌 자매는 그날 밤 집에 들어가지 못하고 저희 집에서 하룻밤을 묵었습니다. 그리고 다음 날 아침 아내가 자매에게 양말과 신발을 신겨 주어 무사히 집으로 돌아가게 해주었습니다. 지금 집에 들어가도 괜찮겠냐고 물었더니 자매는 이렇게 말했습니다.

"목사님! 남편이 술에 취해서 문제지 술이 깨면 괜찮아요. 감사합니다."

돌아가는 자매의 뒷모습을 보니 짠한 마음이 들었습니다. 그동안 남모르게 가정 폭력에 시달리며 정신적인 고통을 겪었을 자매를 생각하니 몹시도 마음이 아팠습니다. 간절한 기도가 저절로 나왔습니다.

'주님! 상처 입은 가련한 자매의 마음을 어루만지시고 치유해 주옵소서!'
'예수 믿지 않는 남편을 불쌍히 여기시고, 어서 주님을 만나 회개하고 아내를 아끼고 사랑하는 남편 되게 하옵소서!'

'목회자인 저 또한 상처 입은 치유자로서 상처 입은 자매의 마음을 잘 보듬게 하옵소서!'

헨리 나우웬(Henri J. M. Nouwen)은 《상처 입은 치유자》(두란노, 2001)에서 이 시대의 사역자를 "상처 입은 치유자"로 재정의하면서 고통을 통해 얻은 상처가 다른 사람을 치유하는 원천임을 역설했습니다. 그리고 "사역자에게 있어 환대란, 자신이 어디에 서야 하고 누구를 도와야 하는지를 아는 것입니다."라고 했습니다.

세상에 누구라도 상처 없는 인생은 없습니다. 태어날 때부터 한바탕 큰 울음을 터뜨린 인간은 생을 마칠 때까지 끊임없이 서로가 상처를 주고받으며 살다가 무덤으로 가는 것입니다. 그런데 상처와 아픔 없는 사람이 누군가를 치유하는 것이 아니라, 상처를 입어 보고 아파해 본 사람이 다른 이의 상처에 더 깊은 공감과 위로가 될 수 있습니다.

남보다 제법 이른 나이에 결혼해서 남모를 깊은 상처와 아픔을 경험하고 있는 자매가 안쓰럽게 느껴졌습니다. 예수님도 세상에 계시면서 가난하고 소외된 자들의 친구가 되셨는데, 저도 그런 주님의 모습을 본받고 싶습니다. 성도가 당하는 고통과 눈물 자체를 다 해결해 주진 못하지만, 연약한 성도의 상처의 자리, 아픔의 자리에 서서 그저 함께 아파하고 목놓아 울 수 있는 그런 목회자가 되기를 소망합니다. 문득 정호승 시인의 시 〈내가 사랑하는 사람〉이라는 시가 생각납니다.

나는 그늘이 없는 사람을 사랑하지 않는다

나는 그늘을 사랑하지 않는 사람을 사랑하지 않는다

나는 한 그루 나무의 그늘이 된 사람을 사랑한다

햇빛도 그늘이 있어야 맑고 눈부시다

나무 그늘에 앉아

나뭇잎 사이로 반짝이는 햇살을 바라보면

세상은 그 얼마나 아름다운가

나는 눈물이 없는 사람을 사랑하지 않는다

나는 눈물을 사랑하지 않는 사람을 사랑하지 않는다

나는 한 방울 눈물이 된 사람을 사랑한다

기쁨도 눈물이 없으면 기쁨이 아니다

사랑도 눈물 없는 사랑이 어디 있는가

나무 그늘에 앉아

다른 사람의 눈물을 닦아 주는 사람의 모습은

그 얼마나 고요한 아름다움인가

그늘 없는 인생, 눈물 없는 인생이 어디 있겠습니까? 연약한 지체를 보며 그들을 나무라거나 판단하지 말고 말없이 눈물 닦아 주는 예수님 닮은 목자이고 싶습니다. 그 모습 그대로를 가치 있는 아름다움으로 여기고 사랑할 수 있기를 소원해 봅니다.

즐거워하는 자들과 함께 즐거워하고 우는 자들과 함께 울라 _롬 12:15

성도들이 모두 돌아가고 난 주일 오후에 사택 초인종 소리가 요란하게 났습니다.

아내가 상냥한 목소리로 수화기에 대고 말했습니다. 그런데 무슨 말을 들었는지 곧바로 아내의 표정에 근심 빛이 서렸습니다. 모르는 남성의 목소리인데 다짜고짜 "이 교회 목사님 있으면 좀 내려와 보시오."라는 말을 했다는 것입니다. 당황스럽고 살짝 걱정이 되기도 했지만, 아내와 함께 밑으로 내려가서 문을 열었습니다.

저는 누구시고 어떻게 오셨는지를 정중하게 물었습니다. 그러자 제 말이 떨어지기가 무섭게 이 남성은 매우 공격적인 태도로 대답했습니다. 자신의 두 딸이 이 교회를 다니는 것으로 안다면서, 자기는 두 딸의 아빠라는 것이었습니다. 그런데 그렇게 말하는 두 딸 아빠의 얼굴은 화난 표정이었고, 목소리 톤은 매우 격앙되어 있었습니다. 마치 싸우자고 일부러 시비를 거는 것 같았습니다. 초면에 예의 없이 공격적인 태도로 나오는 모습에 몹시 당혹스러웠습니다. 하지만 저는 강하게 마음을 추스르고 목회자로서 정중하게 예의를 갖추어 인사했습니다.

"네~ ○○이의 아버님이시군요! 반갑습니다. 하실 말씀이 있으신 것 같은데, 일단 들어가서 얘기 나누시죠!"

두 딸의 아빠는 제 말을 듣지도 않고 안하무인이었습니다. 들어갈 필요도 없다 하며 자기 하고 싶은 말만 하는데, 교회 앞에서 동네가 떠나갈 듯이 큰 소리로 자신의 불만을 얘기하는 것이었습니다. 그의 불만은, 자신의 두 딸이 이 교회를 다닌 지 여러 달 되었다고 들었는데, 아빠인 자기에게 허락도 안 받고 교회를 다니게 했다는 것이었습니다.

순간 말문이 막혔습니다. 그동안 이 아이들은 침신대 학생들이 우리 교회로 지원 전도를 왔을 때 전도되어 그때부터 교회를 잘 다니고 있었습니다. 아이들은 심성도 착하고 교회 학교 예배도 빠짐없이 잘 드리면서 즐겁게 신앙생활 하고 있었습니다. 토요일에도 교회에 놀러 오고, 주일에도 장년부 예배가 끝난 후 점심도 먹고 늦게까지 놀다 가기도 했습니다. 다른 친구도 전도해서 교회 학교 모임을 활성화시키고 있었습니다. 아이들도 교회를 좋아했고, 교회도 아이들을 위해 사랑과 돌봄의 역할을 했습니다.

그리고 평소 교회 학교 예배가 끝나면 교회에서 간식과 선물도 자주 챙겨 주었고, 교회의 절기나 행사가 있을 때는, 가족의 전도를 위해 일부러 아이들 편에 주보와 함께 떡과 선물 등을 풍성히 보내기도 했습니다. 그랬으니 저희는 당연히 부모의 허락을 받고서 교회를 다니는 줄 알고 있었던 것입니다. 그리고 아이들도 아빠에게 교회 다니는 것을 말씀드린 것으로 알고 있었습니다. 그런데 두 딸의 아빠는 요즘같이 무서운 세상에 어떻게 자기 허락도 안 받고 두 딸을 교회에 다니게 했냐며, 목회자 부부인 우리를 향해 연속해서 호통을 쳤습니다. 그게 아니라고 우리가 무언가 말을 하려고 하면 막무가내로 말을 자르고 계속해서 우리를 혼내고 자기 얘기만 했습니다.

그러던 어느 순간 제 속에서 화가 치밀어 올랐습니다. 내가 목사만 아니면, 그리고 여기가 교회 앞이 아니면 멱살이라도 잡고 싸우고 싶은 격한 감정이 들었습니다.

'우리가 뭘 그렇게 잘못했다고…'
'아이들이 교회 와서 도대체 무슨 손해를 봤다고…'
'엄마 없이 사는 아이들 생각해서 조금이라도 더 돌보고 하나라도 더

챙겨 주려 한 건데, 이 무슨 배은망덕한 횡포냐고…?'

머릿속으로 이런 분노의 말풍선들이 생겨나면서, 목사고 뭐고 그냥 한판 붙고 싶은 마음이 들었습니다. 그러나 저는 끝까지 분노의 감정을 억누르며 참았습니다. 예수님 때문에 참았습니다. 여기가 교회여서 참았습니다. 그리고 목사라서 참았습니다.

'예수님이라면 이런 상황에서 싸우지 않으셨을 거야.'
'참 교회의 모습은 이게 아니지.'
'이유야 어떻든 목사가 아이들 아빠와 싸웠다는 소릴 들으면 아이들 영혼이 실족할 수 있을 거야.'

사실 두 아이의 가정은 부모가 이혼한 '역기능 가정'이었습니다. 아빠는 아침 일찍 일을 나가 밤에 들어오기 때문에 딸들을 잘 돌볼 수 없었습니다. 아이들이 사춘기에 접어드는 예민한 시기에 엄마의 빈자리는 두 딸에게 너무 컸습니다. 그 빈자리를 교회가 조금이나마 메꾸어 주었고 아이들도 교회 다니면서 만족하고 있었습니다. 그런데 한순간에 이 가련하고 무지한(?) 아빠가 교회와의 연을 강제로 끊게 만든 것입니다.

게다가 두 아이가 전도해서 나온 다른 아이마저 교회의 출입을 끊고 말았습니다. 너무도 가슴이 아프고 낙심이 되었습니다. 최소한 아빠가 반대만 안 한다면, 영혼이 맑고 순수한 이 아이들을 사랑과 복음으로 잘 자라도록 교회가 역할을 할 수 있을 텐데, 그러지 못하게 되었으니 몹시 안타까웠습니다.

성난 아빠 때문에 사랑스러운 아이들과 강제로 생이별 당한 우리 부부는 괴로워하며 마음속으로 깊은 탄식을 했습니다. 그리고 무언의 기도를 드렸습니다. 천하보다 귀한 이 어린 영혼들을 주님의 따스한 품 안에 품어 주시고, 주님의 섭리와 인도를 따라 반드시 생명의 길로 인도해 주시기를 간구했습니다.

우리가 선을 행하되 낙심하지 말지니 포기하지 아니하면 때가 이르매 거두리라 _갈 6:9

공동체를 위협하는 독

말은 사람의 영혼을 살릴 수도 있고 죽일 수도 있습니다. 살리는 말을 '생명의 언어'라고 한다면 죽이는 말은 '죽음의 언어'라고 할 수 있습니다. 교회 공동체 안에도 말은 강력한 파워를 갖고 있습니다. 신자가 교회 안에서 어떤 말을 어떻게 하느냐에 따라 그 말은 공동체를 살리는 영양제가 될 수도 있고, 공동체를 죽이는 독약이 될 수도 있습니다.

어느 교회든 마찬가지겠지만, 저희 교회도 성도들이 조금씩 모이면서 핵심적인 역할을 하는 분들이 교회에서 영향력을 가지게 되었습니다. 남들보다 앞서서 교회를 섬기며 긍정적인 믿음의 에너지를 발산했습니다. 그로 인해 교회가 든든해졌고 공동체 안에 선순환이 일어났습니다. 그런데 교회가 활성화되면서 지체들이 자주 모이고 풍성한 교제를 나누다 보니 말도 많아졌습니다. 긍정적인 말은 문제가 되지 않지만, 부정적이고 비판적인 말이 문제였습니다.

어느 날 핵심 멤버 몇 명이 한 성도의 가정에 모여 교제했습니다.

그런데 거기서 좋지 않은 말들이 오갔다고 합니다. 교회나 목회자를 향한 불만, 불평, 원망 같은 것이 대화의 주제가 되었습니다. 저는 그 자리에 없어서 몰랐지만, 어떤 청년을 통해 그 소식을 전해 듣게 되었습니다. 이 청년은 예수님을 향한 믿음이 확실하지 않고 관계 전도를 통해 우리 교회를 다니고 있었습니다. 선하고 성실한 인격의 바탕을 지녔기에, 예수님을 믿고 주님의 제자가 되면 참 좋겠다는 생각을 했습니다. 그런데 이 청년은 우연히 소수의 성도들이 부정적인 대화를 나누는 것을 듣고 큰 충격을 받았습니다.

'아니! 예수님을 믿는 사람들이 어떻게 같은 교회 지체를 비판할 수 있단 말인가!'

교회를 다닌 지 얼마 안 되는 이 청년의 입장에서는 도저히 이해할 수 없는 일이었습니다. 그 청년과 같은 또래의 다른 청년도 동일한 생각이었습니다.

'누군가에게 어떤 약점이나 허물이 있어도, 예수님을 믿는 사람들이라면 오히려 그것을 덮어 주어야 하는 거 아닌가? 저건 아니다.'

두 청년은 이와 똑같은 입장이었기 때문에, 앞서서 열심히 신앙생활 하는 몇몇 성도의 언어 행태에 크게 실망하고 말았습니다. 한 영혼이 천하보다 귀하므로 그리스도인들은 자신의 잘못된 행실로 말미암아 연약한 영혼들을 실족케 하지 말아야 합니다. 그런데 일어나서는 안 되는 일이 발생한 것입니다.

이스라엘 백성들이 광야 생활을 할 때의 상황이 떠오릅니다. 하나님의 특별한 은혜로 애굽을 탈출해 나왔지만, 백성들은 조금이라도 힘들면 하나님을 향해 원망과 불평을 늘어놓았습니다. 받은 은혜는 온데간데없었습니다. 결국 믿음 없는 부정의 말과 행동이 하나님의 역사를 가로막고, 귀중한 은혜의 경험을 유명무실하게 만들어 버렸습니다. 눈에 안 보이는 작은 혀의 말 한마디가 별것 아닌 것 같지만, 오늘날에도 얼마나 많은 교회들이 이것으로 인해 부정적인 영향을 받는지 모릅니다. 탈무드에 보면 이런 말이 있습니다.

물고기는 언제나 입으로 낚인다. 인간도 역시 입으로 걸린다.

잘못 내뱉은 죽음의 언어가 결국 자신을 올무에 빠뜨린다는 것입니다. 베를린 시청에는 이런 문구가 있습니다.

말은 한 사람의 입에서 나오지만, 천 사람의 귀로 들어간다.

말 한마디의 파급 효과가 얼마나 큰 것인지를 교훈하고 있습니다. 부정적인 말은 긍정적인 말에 비해 파급력이 적게는 5배에서 많게는

17배나 강하다고 합니다. 그리고 긍정적인 사건보다 부정적인 사건의 전파 속도가 17배나 빠르다고 합니다. 그러므로 교회 공동체는 항상 부정적인 말의 확산을 경계하며, 역으로 긍정적인 믿음의 언어를 강력하게 파급시키는 일에 노력을 기울여야 합니다.

워싱턴대학교 심리학 명예 교수인 존 가트만(John M. Gottman) 박사는 부부 치료 전문가입니다. 그는 부부간의 대화를 관찰한 결과, 대화에서 부정적인 내용이 자주 등장할수록 이혼할 확률도 비례해서 높아진다는 것을 발견했습니다. 따라서 부부간의 관계가 만족스럽게 유지되려면, 부정적인 대화보다 긍정적인 대화가 5배는 많아야 된다고 했습니다.

오늘날 얼마나 많은 주님의 교회들이 누군가 내뱉은 부정적인 죽음의 언어로 인해 몸살을 앓고 있습니까? 말 한마디가 원인이 되어 교회가 쪼개지고, 갈라지고, 분열되고 있습니다. 심각할 경우에는 공동체가 와해되는 경우도 있습니다.

이번 일을 겪으면서 정말 마음이 많이 아팠습니다. 먼저는 제 자신의 부족함을 돌아보았습니다. 그리고 믿음의 사람들은 위로부터 주시는 은혜로 교회에 생기를 불어넣는 역할을 해야 함에도 불구하고, 악하고 부정적인 말로 주님의 교회에 독을 뿜어내고 있다는 사실을 생각할 때 너무도 안타까웠습니다.

이기주 작가의 《언어의 온도》(말글터, 2016)에 보면, "말과 글은 머리에만 남겨지는 게 아닙니다. 가슴에도 새겨집니다. 마음 깊숙이 꽂힌 언어는 지지 않는 꽃입니다. 우린 그 꽃을 바라보며 위안을 얻기도 합니다."라고 했습니다. 언어가 가슴에 새겨진다는 것입니다. 그리고 어떤 경우는 지지 않는 꽃처럼 마음 깊숙이 꽂히기도 한다는 것입니다. '가슴에 대못을 박는다'라는 말은 매우 부정적인 의미로 쓰입니다. 하지만 마음 깊숙이 꽂힌, 지지 않는 꽃 같은 언어는 우리에게 위안을 주니 얼마나 밝고 긍정적입니까?

예수 그리스도의 사랑으로 한 형제요 자매 된 그리스도인들이 왜 교회 안에서 서로의 영혼을 죽이는 말을 자주 뿜어내는지 모르겠습니다. 남을 죽인 말이 결국 나를 죽이는 부메랑이 되어 돌아온다는 사실을 명심해야 하겠습니다. 이기주 작가는 또 자신의 책에서 이러한 핵심적인 말을 합니다.

> 언어에는 나름의 온도가 있습니다. 따뜻함과 차가움의 정도가 저마다 다릅니다. 온기 있는 언어는 슬픔을 감싸 안아 줍니다. 세상살이에 지칠 때 어떤 이는 친구와 이야기를 주고받으며 고민을 털어 내고, 어떤 이는 책을 읽으며 작가가 건네는 문장에서 위안을 얻습니다.

따뜻함이 담긴 사람의 말이 상대의 슬픔과 아픔을 감싸고, 생각지 못한 용기와 격려를 준다는 것입니다. 하지만 그 반대의 경우 사람이 내뱉은 언어는 파괴적인 성격으로 돌변합니다. 이어지는 이기주 작가의 말을 들어 보십시오!

용광로처럼 뜨거운 언어에는 감정이 잔뜩 실리기 마련입니다. 말하는 사람은 시원할지 몰라도 듣는 사람은 정서적 화상을 입을 수 있습니다. 얼음장같이 차가운 표현도 위태롭기는 마찬가지입니다. 상대의 마음을 돌려세우기는커녕 꽁꽁 얼어붙게 합니다.

언어의 온도가 지나치게 뜨거워지면 무시무시한 용광로처럼 변합니다. 자기는 하고 싶은 돌직구 멘트를 다 날리면서 사이다처럼 속이 시원하다고 말합니다. 그리고 꼭 뒤에 덧붙여서 하는 말이 자기는 뒤끝 없는 사람이라고 합니다. 하지만 용광로 같은 말을 들은 상대방은 내면의 화상을 입게 되고, 냉냉한 가슴이 되어 버립니다.

몇몇 핵심 멤버들의 독이 담긴 말들은 하나 된 공동체성에 부정적인 영향을 미쳤습니다. 가슴 아픈 일이지만 누구든 이러한 위험으로부터 완벽하게 자유한 사람은 없습니다.

하나님은 생명의 말씀으로 천지를 창조하셨습니다. 예수님 또한 생명의 말씀으로 죽은 자를 살리셨습니다. 지구촌 곳곳의 교회와 그리스도인들도 하나님처럼 죽음의 언어를 죽이고 생명의 언어를 끊임없이 말하고 전하는 자가 되어야 하겠습니다.

사람은 입에서 나오는 열매로 말미암아 배부르게 되나니 곧 그의 입술에서 나는 것으로 말미암아 만족하게 되느니라 죽고 사는 것이 혀의 힘에 달렸나니 혀를 쓰기 좋아하는 자는 혀의 열매를 먹으리라 _잠 18:20-21

총 맞은 것처럼

함께 울고 웃던 일부 성도들이 교회를 떠났을 때, 그들의 떠남이 얼마나 힘든지 가슴에 총을 맞아 커다란 구멍이 난 느낌이었습니다. 인생은 만남과 헤어짐의 연속임을 알지만, 이별을 실제로 겪는 건 무척 괴로운 일입니다. 불교에서는 '회자정리(會者定離)'라는 말로, 만난 사람은 반드시 헤어지게 됨을 표현합니다. 그런데 다른 사람도 아니고 그리스도 안에서 한 교회의 지체였던 이들이 떠나는 일은 정말 감당하기 쉽지 않습니다.

'도대체 어디서부터 무엇이 잘못된 걸까?' 정신이 하나도 없고 머리가 하얗게 된 것 같았습니다. 결과적으로 떠난 이들을 제대로 돌보지 못한 저의 부족함과 불찰임을 잘 압니다. 하지만 떠나기까지의 과정에서 한마디 대화나 소통도 없이, 일방적인 작별 통보를 받은 경우는 두고두고 속상합니다.

우리가 지금까지 어떤 모습으로 지내왔던가! 그리스도 안에서의 만남을 얼마나 기뻐했던가! 서로 하나 되어 교회를 이루어 감에 얼마나 감사했던가! 있는 모습 그대로를 받아 주며 격려하지 않았던가! 만나면 시간 가는 줄 모르고 교제하던 날들이 얼마였던가! 아… 그런데 그들은 한순간에 썰물처럼 교회 공동체를 떠나고 말았습니다.

가슴이 너무 아파 고통을 느끼면서 문득 예수님 생각이 났습니다. 3년 이상 동고동락했던 제자들이 십자가 사건을 앞두고, 예수님 곁을 떠나갈 때 주님의 심정은 어떠하셨을까? 가룟 유다는 예수님을 은 30에 팔아 버리고, 베드로는 죽는 데까지 예수님을 따라가겠다고 호언장담했지만, 주님을 모른다고 세 번이나 부인했습니다. 그런데 놀라운 것은, 예수님은 제자들이 배신할 것을 미리 아셨으면서도 끝까지 그들을 사랑하셨다는 사실입니다.

제가 당한 일은 예수님께서 제자들로부터 받은 일에 비하면 아무것도 아닙니다. 하지만 당시에는 교회를 개척하고 처음으로 담임 목회를 하면서 겪은 일이라 충격과 파장이 컸습니다. 처음에는 어안이 벙벙하다가 나중에는 허탈함, 억울함, 분노, 배신과 같은 부정적인 감정들이 쉴 새 없이 올라오기 시작했습니다.

전에 부교역자로 사역할 때는 일부 성도들이 교회를 떠나갈 때 이 정도로 힘들지는 않았습니다. 그런데 지금은 다릅니다. 한 사람 한 사람 세워 가는 목양의 과정에서 누군가 어떤 불만과 이유로 공동체에서 이탈해 갈 때, 생살을 도려내는 듯한 고통이 뼛속 깊이 느껴집니다. 또한 하나님이 맡기신 양떼를 온전히 돌보지 못했다는 자책감이 내 마음을 망치처럼 때립니다. 소중히 여겼던 그들을 잃어버린 상실감이 내 가슴을 후벼 팠습니다. 20세기 최고의 정신 의학자요 호스피스 운동의 선구자인 엘리자베스 퀴블러 로스(Elisabeth Kubler Ross)는 《인생 수업》(이레, 2014)이라는 책에서 삶과 상실에 관하여 이렇게 말했습니다.

> 많은 사람이 삶이 곧 상실이고 상실이 곧 삶이라는 것을 이해하지 못한 채 평생 상실과 싸우고 그것을 거부합니다. 상실 없이 삶은 변화할 수 없고, 우리도 성장할 수 없습니다.

사랑했던 이들과의 헤어짐이 결과적으로는 상실의 아픔과 상처를 주었습니다. 하지만 그것은 아픔과 상처를 넘어 인생의 변화와 성장에 기여하는 것입니다. 성도들의 떠남은 목회가 뭔지도 모르고, 철부지 같고 풋내기 같은 나의 모난 부분을 다듬으시는 주님의 손길이라 여겨집니다. 도종환 시인은 〈흔들리며 피는 꽃〉이라는 시를 통해, 시련과 고통 속에서도 성숙해지는 사랑과 삶을 노래했습니다.

> 흔들리지 않고 피는 꽃이 어디 있으랴
> 이 세상 그 어떤 아름다운 꽃들도
> 다 흔들리며 피었나니….

잠시 피었다 지는 꽃들도 쉴 새 없는 흔들림의 과정을 이겨 내며 마침내 사람의 마음을 기쁘게 하는 아름다운 꽃들로 피어나듯이, 사람도 모진 비바람의 과정을 극복하며 성숙의 열매를 맺는 것입니다. 그래서 맹자(孟子)는 "천장강대임어시인야(天將降大任於是人也)"라고 했는데, "역경을 많이 맞이하는 것은 하늘이 나를 크게 키우려는 의지이다."라고 했습니다.

대추나무는 고난과 시련을 당하면 더 많은 열매를 맺는다고 합니다. 그리고 연간 6천 병밖에 생산되지 않는 프랑스 최고급 와인 '로마네 콩티(Romanee-Conti)'는 척박한 땅에서 뿌리 깊게 내리는 포도에서 추출한다고 합니다. 이처럼 열악한 환경에서 겪는 고난의 경험이 과일로 하여금 가장 풍성하고 귀한 열매를 맺게 하는데, 사람은 얼마나 더 많고 좋은 열매를 맺겠습니까?

눈물과 고생의 삶을 좋아하는 사람은 아무도 없습니다. 그러나 우리 인생과 목회의 여정에는 원치 않는 어려움들이 끊이지 않습니다. 무엇보다 사람으로 인해 받는 상처와 괴로움은 쉽게 극복하기 힘든 난제입니다. 그런데 중요한 것은 그러한 난제 앞에서 어떤 마음과 자세를 갖느냐? 하는 것입니다. 신앙인으로서 열린 마음과 긍정적 자세가 필요합니다. 하지만 그 사실을 이성적으로 알기는 해도 잘 안됩니다. 여리고 섬세한 감정을 가진 저는 칼로 자르듯 쉽게 그들을 잊지 못합니다. 언제 어디서든 다시 만날 수 있으리라는 기대도 가져 봅니다. 서운하고 가슴 아픈 감정의 여운은 한동안 남겠지만, 한편으로는 그들이 주 안에서 잘되기를 진심으로 바라는 마음입니다.

학창 시절부터 함께 신앙생활 했던 후배가 지금은 가까운 곳에서 저와 같은 개척의 길을 걷고 있습니다. 후배 목사가 작은 교회의 후임으로 왔을 때는, 그나마 교회를 세워 갈 수 있는 몇몇의 일꾼들이 있었습니다. 그래서 하나님 나라를 향한 희망과 강한 의욕을 가지고 목회를 시작했습니다. 하지만 시간이 가면서 그 교회 지체들도 뿔뿔이 흩어져 나갔습니다. 성도들이 수십 명 모일 때는 재미있게 신앙생활 했는데, 지금은 몇 명 남지 않아 교회가 재미없다는 것이 그들이 나간 이유였습니다. 물론 본심을 감추고 둘러대는 말일 수도 있겠지만, 이 얼마나 유치한 핑계입니까? 그 말 그대로만 생각한다면, 주님이 피로 값 주고 사신 교회가 고작 성도들의 재미를 위한 공동체에 불과하단 말입니까? 그럼 어떤 교회를 가야 항상 재미있는 신앙생활을 할 수 있단 말입니까? 교회를 떠난 성도 중에도 누군가 그런 말을 했습니다.

"목사님! 그동안 신앙의 좋은 추억을 쌓을 수 있어서 감사했습니다."

그 말의 의미를 모르는 바는 아니지만, 교회가 겨우 몇 년 머물다 떠나는 성도들의 추억이나 쌓아 주려고 존재한단 말입니까? 이 교회에 내 청춘을 다 바치며 살얼음판 같은 개척의 길을 걷는 목회자의 역할이, 겨우 몇몇 성도들의 추억을 쌓아 주는 일에 불과하단 말입니까? 지나친 비약이나 비판일 수 있겠지만, 주님의 몸 된 교회를 향한 마음의 무게가 다름을 느낄 수 있었습니다. 함께했을 때는 따뜻한 가족이었는데, 떠나고 나니 차가운 남남 사이가 되었습니다.

찰리 채플린(Charles Chaplin)은 "인생은 멀리서 보면 희극이고 가까이서 보면 비극이다. 희극이든 비극이든 실상을 알고 보면 사람 사는 것이 거의 비슷하다. 나와 똑같은 고민을 하고 나와 똑같은 외로움 속에서 몸부림을 친다."라고 말했습니다. 서로를 깊이 알지 못할 때는 좋은 모습만 보였지만, 가까이 하며 깊이 알게 되니 부족함과 허점투성이인 인생의 실상을 알게 된 것입니다. 그런데 따지고 보면 모든 인생이 거기서 거기입니다. 목회자든 성도든 우리는 모두 하나님 앞에서 비루하고 보잘것없는 인생에 불과합니다. 사람이 좋으면 얼마나 좋고 나쁘면 얼마나 나쁘겠습니까? 우리는 모두 예수님 없으면 안 되는 구제 불능의 죄인들입니다. 사랑과 자비의 예수님을 붙들지 않고는 금세 추락할 수밖에 없는 자들입니다.

그러므로 우리가 할 일은 서로의 허물을 덮어 주고 감싸 안는 것밖에 없습니다. 더 이상 누군가의 가슴에 총을 쏘지 마십시오! 사랑하며 살기에도 아까운 인생입니다.

우울한 드라이브

핵심 멤버들이 교회를 떠나간 일은 저희 부부에게 말할 수 없는 충격과 아픔을 주었습니다. 마음이 좀처럼 안정되지 않았습니다. 가만히 있으면 숨이 막히고 심장이 터질 것만 같았습니다. 우울한 마음도 들었습니다. 아내도 저와 같은 상태였습니다. 더 이상 괴로움과 답답함을 참을 수 없어서 우리는 함께 차를 타고 드라이브를 했습니다. 도심 외곽으로 벗어나 강과 산이 펼쳐지는 도로를 따라 운전했습니다. 전에는 아름답게만 보이던 풍경이 전혀 아름답게 보이지 않았습니다. 상쾌했던 공기도 전혀 상쾌하게 느껴지지 않았습니다. 평소 같으면 많은 대화를 나누었을 우리인데, 감당하기 힘든 현실 앞에 말문이 막혀 버렸습니다. 그런 상황에서는 어떤 말도 위로가 되기 어렵기에, 서로의 눈빛만 봐도 그 마음을 아는 우리는 오랜 침묵을 유지했습니다. 그러다가 어느 정도 시간이 지났을 때, 제가 먼저 아내에게 말을 걸었고 아내의 마음을 조금이라도 풀어 주고자 애를 썼습니다. 물론 상한 감정의 해소를 위해서는 시간이 해결해 주는 몫이 크지만,

남편으로서 힘들어하는 아내를 보고 가만히 있을 수만은 없었습니다. 그래서 몇 마디 말이라도 한 것인데, 답답한 속마음을 달래는 데 아주 약간은 도움이 되었습니다.

우울한 드라이브를 하면서 아내에게 참 미안한 마음이 들었습니다. 부교역자 생활을 마치고 교회 건축을 해서 창립 예배를 드리기까지, 아내가 감당해야 했던 삶의 무게가 너무 무거웠기 때문입니다. 2년 이상 시댁에서 며느리로서 역할을 했고, 학원 강사를 하며 가족의 생활비를 벌었습니다. 누군가 그러더군요. 아내의 수입으로 먹고 사는 남편은 "마등남협회" 멤버라고 말입니다. '마등남'은 '마누라 등쳐 먹는 남편'이라는 뜻의 줄임말입니다. 그렇습니다. 저는 마등남 멤버입니다.

개척하고 나서도 직장 생활을 하면서, 교회를 세우는 일에 아내의 손길이 미치지 않은 곳이 없었습니다. 아내는 항상 사랑과 열정으로 교회와 성도들을 섬겼습니다. 그런데 수년간 함께 울고 웃으며 교회를 세워 가던 지체들이 떠나가니, 아내의 아픔과 상실감은 이루 말할 수 없을 정도였습니다. 남편은 부름받아 목회자의 길에 들어섰다지만, 아내는 그저 남편 따라 곁에서 섬기며 도운 것뿐인데, 이별의 상처와 고통을 고스란히 함께 느껴야 하니 얼마나 괴롭겠습니까? 이 모든 아픔이 전부 부족한 남편 탓임을 고백하지 않을 수 없습니다.

목회자 부부가 이 시련을 오롯이 견뎌 내는 과정은 지금까지 겪어 보지 못한 신비로운 고통이었습니다. 김지수 작가가 이어령 교수의 마지막 이야기를 담아 단행본으로 출간한 책 《이어령의 마지막 수업》(열림원, 2021)에 보면, 인터뷰 도중 "고통을 피할 수는 없는 건가요?"라고 하는 김지수 작가의 물음 앞에, 이어령 교수는 이렇게 대답합니다.

> "삶의 고통은 피해 가는 게 아니야. 정면에서 맞이해야지. 고통은 남이 절대 대신할 수 없어. 오롯이 자기 것이거든."

지금은 고인이 된 소설가 박완서 작가도 비슷한 이야기를 했습니다. 남편과 아들을 먼저 떠나보내는 아픔을 겪은 후 얼마간의 시간이 지났습니다. 어떤 잡지사 기자가 박완서 선생을 찾아와 인터뷰했습니다.

> "선생님, 사랑하는 가족을 잃은 그 엄청난 고통을 어떻게 극복하셨습니까?"

그러자 박완서 선생은 이렇게 대답했다고 합니다.

> "고통은 극복하는 게 아니라 그냥 견디는 겁니다."

피할 수도 없고, 누구도 대신할 수 없는 개인의 고통, 부부의 고통이 서글픈 현실임은 분명합니다. 하지만 그 원인이 무엇인지 정확히 알 수는 없지만, 하나님의 섭리 안에 살아가는 그리스도인은 유의미한 관점으로 이 고통의 신비를 맞이하고 견뎌 내야 합니다.

예수님도 인간의 구원을 위해 오롯이 십자가 수난을 당하셨습니다. 그 수난의 현실은 이해하기 어려운 부분이었지만, 가장 깊은 수준의 정신적 고독과 가장 잔인한 수준의 육체적 고통은 결과적으로 하나님의 구원 계획을 성취하는 신비롭고 유의미한 사건이 되었습니다. 팀 켈러(Timothy J. Keller)는 《고통에 답하다》(두란노, 2018)에서 고난을 성장을 위한 주요한 통로로 보았습니다. 그는 이렇게 말합니다.

> 고난은 성장으로 이어지는 주요한 통로다. 시련을 많이 겪어 보지 않은 이들은 피상적이고, 스스로의 약점과 강점에 대해 무지하며, 인간 본성과 삶에 대해 순진한 생각을 품기 쉽고, 유리처럼 깨어지기 쉬운 데다, 역경에 대한 회복력도 떨어지기 십상이다.

시련을 통해 마음과 감정의 근육이 단단해지며 전반적인 내면의 성장을 이루는 것은 틀림없는 사실입니다. 그러나 그걸 알면서도 할 수만 있으면 피하고 싶은 것이 인생의 고통입니다.

우울함에 빠진 우리 부부는 아름다운 자연의 풍경을 눈앞에 두고서도 전혀 기뻐하지 못하고 집에 돌아올 때까지 내내 우울한 드라이브를 했습니다. 여전히 우리는 말수도 별로 없이 잔잔한 침묵 모드로 동행했습니다. 저는 속으로 기도했습니다. 혹독한 시련으로 괴로워하지만 이 현실과 상관없는 하늘의 평화를 우리 부부에게 내려 주시길 간구했습니다. 지금이야말로 세상이 줄 수 없는 주님의 평안을 경험할 수 있는 기회이니 그 평안을 달라고 간청했습니다.

어떤 초등학교 선생님이 반 학생들에게 '평화'를 주제로 한 그림을 그리게 했습니다. 그런데 학생들의 그림 중에 두 작품이 우수한 작품으로 뽑혔습니다. 한 학생의 그림은 아름답고 평화로운 마을의 풍경이었습니다. 마을 앞에 잔잔한 시내가 흐르고 따스한 햇살을 받으며, 삽살개 한 마리가 초가집 마당에서 한가로이 졸고 있는 광경이었습니다. 다른 학생의 그림은 폭풍우가 무섭게 몰아치는 높은 벼랑을 배경으로 한 그림이었습니다. 그런데 이 깎아지는 벼랑의 틈바구니 속에 깊이 패어진 부분이 있었습니다. 그 안에는 어미 새의 품 안에서 새록새록 잠들어 있는 아기새의 모습이 그려져 있었습니다. 둘 다 평화를 잘 담아 낸 그림이었지만, 폭풍우가 몰아치는 벼랑의 틈바구니 속에서도 전혀 아랑곳하지 않고 엄마 품에 잠들어 있는 아기 새의 모습이야말로 성경이 말씀하는 평안의 의미를 잘 드러낸 그림이라 할 수 있습니다.

누구나 살다 보면 한숨, 눈물, 아픔, 상처, 괴로움을 겪을 수밖에 없습니다. 기쁨, 감사, 웃음, 행복, 즐거움을 체험하는 빈도는 그것보다 훨씬 적습니다. 그러므로 우리가 가혹한 인생의 시련을 버티며 살 수 있는 길은 순간순간 하늘의 평강을 공급받는 방법밖에 없습니다.

주님! 하늘의 평안을 내려 주소서! 그래서 다음에 우리가 드라이브 나올 때는 상쾌한 공기가 상쾌하게 느껴지고, 아름다운 풍경이 아름다운 풍경으로 보이며, 침묵이 아닌 수다로 풍성한 드라이브가 되게 하소서!

아빠가 큰 교회 목사였으면

아이들이 모두 유아 시절일 때 충주에 와서 교회를 개척했습니다. 자녀들은 어릴 때부터 작은 교회의 열악한 환경을 몸소 느끼며 자랐습니다. 그런데 둘째 지원이가 중학생이던 어느 날이었습니다. 지원이가 제게 다가오더니 진지한 표정으로 말했습니다.

"아빠! 제가 교회를 위해서 계속 기도하는데, 저는 아빠가 큰 교회 목사였으면 좋겠어요."

그 말의 뉘앙스에서 작은 실망감과 울먹임이 느껴졌습니다. 진심으로 아빠와 교회가 잘되기를 바라는 아들의 그 말이 고맙기도 하고 부담도 됐습니다. 아이를 위해 어떤 말이라도 해주고 싶었는데, 솔직히 그때는 당황해서 무슨 말을 어떻게 해줘야 할지 떠오르지 않았습니다. 그저 눈빛으로만 반응해 주었습니다.

개척한 교회가 성장하지 못하면 그 부담은 고스란히 목회자와 그

가족들이 떠안게 됩니다. 교회 개척 후 몇 년 동안은 지속적인 성장을 했습니다. 물론 여기서 성장은 양적 증가뿐 아니라 내면의 성숙도 포함합니다. 하지만 어느 시점이 되자 한계에 부딪혔습니다. 목회자인 저의 한계도 있고, 성도의 한계도 있고, 지역적이며 시대적인 한계도 분명 있었습니다. 그런데 사람들은 그런 생각은커녕 가시적인 성과나 결과만 중요시합니다.

"목사님 교회는 요즘 성도가 몇 명이나 모이세요?"

목회자라면 이런 말을 자주 들어보았을 것입니다. 아니 작은 교회 목회자는 다른 교회 성도들로부터 수시로 받는 질문입니다. 그들은 개척한 교회를 염려해 안부 차원에서 묻는 것이지만, 매번 대답하기 곤란한 질문입니다.

한국 교회는 산업화 시대의 눈부신 경제 성장과 맞물려 폭발적인 부흥을 경험했습니다. 그로 인해 세계 교회 역사상 유례없는 성장을 이루었습니다. 한국에는 세계에서 가장 교인 수가 많은 교회를 비롯해, 세계적 규모를 자랑하는 교회가 즐비합니다. 그러다 보니 성장주의, 기복 신앙, 번영 신학 등의 요소가 아직도 한국 교회 안에 만연해 있습니다. 지금 한국 교회는 놀라울 정도로 전반적인 침체를 거듭하고 있는데, 과거 한국 교회 폭풍 성장 시기의 환상에 머물러 있는 성도들이 여전히 많은 듯합니다. 류호준 교수는 《교회에게 하고픈 말》

(두란노, 2020)에서 교회 성장주의의 부정적 측면에 대해 이렇게 기술했습니다.

> 1980년대 한국 교회에 길게 드리운 교회 성장주의는 교회의 외적 부흥과 함께 교회 간의 경쟁심을 부추겼습니다. 그러는 사이에 교회의 외형을 키우기 위한 온갖 세속적 방식들이 동원되기도 했습니다. 중대형 교회들이 우후죽순처럼 여기저기 나타났습니다. 목회자도 성공한 회사의 기업가(CEO)처럼 유명인사가 될 수 있음을 증명하는 시대가 온 것입니다. 목양 일념은 오로지 교회를 성장시키는 일에 몰입하는 것과 같은 뜻이었습니다. 교회 사이즈로 목사의 영성과 실력을 판단받는 시대가 도래한 것입니다.

교회 성장은 본질을 추구하는 교회의 자연스러운 결과로 나타나야지, 성장주의가 되면 교회의 본질과는 거리가 먼 세속적 추구가 될 가능성이 높습니다. 그렇게 되면 교회의 모습도 성경을 벗어나고, 목회자 역시 세상과 구별됨 없는 역할로 전락하게 됩니다. 실제 목회자가 섬기는 교회의 사이즈가 크면, 가는 곳마다 존경을 받는 분위기입니다. 초대형 교회 목회자들은 대기업 회장급의 예우를 받습니다. 반대로 무명한 교회의 목회자는 오라는 데도 없고, 어디 가서 명함도 못 내밉니다. 목회하는 교회의 사이즈로 목회자의 모든 것이 판단받는 작금의 현실이 쓸쓸합니다.

종종 다른 교회에서 오랜 세월 신앙생활 하는 목회자나 성도들을 만나게 됩니다. 제법 규모가 있는 교회를 섬기는 분들입니다. 그런데 그들은 개척한 지 5년, 10년, 20년 지나면 교회가 저절로 계속 성장하는 줄로만 알고 있습니다. 그런데 그건 옛날 얘기입니다. 현재의 한국 사회와 한국 교회의 상황을 전혀 판단하지 못하고 있는 것입니다.

물론 저도 개인적으로는 우리 교회가 빨리 커서 큰 교회 목사가 되고 싶습니다. 하지만 단순히 교회 규모가 커져서 큰 교회 목회를 하는 것이 목적이라면 그렇게 하고 싶지 않습니다. 왜냐하면 주님의 교회는 현세적인 복을 풍성히 누리는 것이 존재의 이유가 아니기 때문입니다. 교회는 하나님 나라를 지향하는 하나님 백성 공동체여야 합니다. 숫자가 몇 명이 되었건 교회는 예수 그리스도를 구주와 주님으로 신앙을 고백하는 믿음의 백성들이 모인 공동체입니다. 그러므로 큰 교회는 좋고 작은 교회는 좋지 않은 것도 아니고, 큰 교회는 하나님의 축복을 많이 받았고 작은 교회는 하나님의 축복을 적게 받은 것도 아니며, 큰 교회는 하나님이 크게 역사하시고 작은 교회는 하나님이 작게 역사하시는 것 또한 아닙니다.

물론 큰 교회든 작은 교회든 모든 주권은 하나님께 있습니다. 하나님은 각 시대 속에서 당신의 뜻을 따라 다양한 교회들을 세우시고 이끌어 가십니다. 규모가 크면 그에 맞는 역할이 있고, 작으면 작은 대로 감당케 하시는 사명이 있습니다. 그런데 분명한 사실은 하나님께서는 그 교회가 얼마나 큰지, 성도가 몇 명 모이는지에 대해서 전혀 관심이 없으시다는 것입니다. 하나님의 관심은 교회가 사람을 따르지 않고 주님을 따르는지, 세속의 가치가 아닌 하늘의 가치를 추구하는지, 교회가 정말 교회다운지에 있습니다. 한국 교회가 진정한 교회됨을 지향한다면 스스로에게 질문을 던져야 합니다.

> "과연 어떤 교회가 교회다운 교회이며, 어떤 목회자가 성공한 목회자인가?"
> "성공과 실패의 기준은 무엇이며, 성공과 실패라는 단어를 주님의 교회와 목회자에게 사용해도 되는 것인가?"

아빠가 큰 교회 목사가 되기를 기도한, 둘째 아들의 기대를 충족시켜 주지 못해 인간적으로는 미안한 마음이 큽니다. 하지만 저는 큰 교회 목사가 되려고 계속해서 기도하며 노력할 것입니다. 외형적으로 큰 교회 목사가 아닌 내면의 힘이 큰 교회의 목사가 되기를, 세상에서 주목받는 큰 교회 목사가 아닌 하늘에서 기억되는 큰 교회 목사가 되기를, 사람들의 만족을 추구하는 큰 교회 목사가 아닌 주님의 소원을 이뤄 드리는 큰 교회 목사가 되기를 기도하며 힘쓸 것입니다.

> "사랑하는 지원아! 그때는 아빠가 당황해서 대답 못했는데 이제는 말할 수 있을 것 같아. 그때 아빠가 진심으로 잘되기를 바라서 해준 말

정말 고마워. 너의 그 따뜻한 사랑의 말 항상 잊지 않을게. 아직도 큰 교회 목사가 아니어서 미안해. 하지만 아빠 괜찮아. 지원이의 응원으로 점점 큰 교회 목사가 되어 가고 있으니까 앞으로도 계속 기도해 줄 거지? 사랑해 아들!"

사랑하는 엄마를 가슴에 묻다

　사랑하는 엄마가 투병 끝에 79년의 생을 마감하셨습니다. 자식으로서 몇 년이라도 더 살다 가셨으면 하는 아쉬움이 크지만, 하나님의 뜻은 여기까지였습니다. 옛날 어머니들의 인생 치고 고달픈 인생을 살지 않은 분이 어디 있겠습니까마는, 그중에서도 저희 어머니는 특히 고생을 많이 하신 분에 속합니다. 아주 어릴 때부터 장작불을 피워 밥도 짓고, 쉴 새 없이 집안 일을 하셨습니다. 그리고 어린 나이에 시집가서 시부모님을 모셨고, 할머니가 돌아가시기 전 수년 동안 병시중을 들기도 하셨습니다. 남편과 5남매뿐 아니라 손주들까지도 세심하게 뒷바라지하시며, 자신보다는 가족과 이웃을 돌보는 희생의 삶을 사셨습니다. 5남매 중 4남매가 목회자 가정인지라 돈도 못 벌어다 주는 자식들을 양육하시며, 각 교회들을 세우는 일에도 최선을 다하셨습니다.

　그렇게 엄마는 여러 일들로 평생 말할 수 없는 육체적, 정신적 고통을 겪으시다가 서울 아산병원에서 '특발성 폐섬유화증'이라는 불치병 진단을 받으셨습니다. 상태가 악화되어 돌아가시기 수개월 동안 병원을 전전하시다가 결국 하나님 품에 안기셨습니다. 철부지 막내로 태어나 엄마에게 효도 한번 제대로 못해 드리고, 늘 사랑과 돌봄을 받기만 한 것이 너무 가슴이 아픕니다. "부모님 살아 계실 때 효자 없고, 부모님 돌아가시고 불효자 없다."라는 말은 진리입니다.

엄마와의 추억은 일일이 열거할 수 없을 정도로 많지만, 그중에서 굵직한 몇 가지 일들이 선명한 기억으로 남아 있습니다.

첫째, 고등학교 시절 부모님께 신학 대학교에 간다는 의사를 밝히고 나서, 제가 없는 사이 엄마가 까무러치신 적이 있었습니다. 이미 두 형들은 신학교를 나와 사역하고 있었는데, 막내인 저마저 부모님의 인간적인 기대를 저버린 것입니다. 당시에는 부모님께 섭섭한 마음이 들었습니다.

'형들도 신학교 가서 목회하는데, 왜 나만 못하게 하지?'

그런데 그게 아니었습니다. 형들이 신학교 간다고 했을 때도 반대하셨지만, 결국 자녀들의 의지를 꺾지 못하신 것입니다. 하지만 막내아들도 그 길을 가겠다고 하니 엄마 입장에서는 기가 찰 노릇이었습니다. 그런데 결과적으로 엄마는 제 뜻을 받아 주시고 지지해 주셨습니다. 엄마는 자식을 이기지 못하는 부모였던 것입니다.

둘째, 군에 입대해서 훈련소 퇴소식을 할 때였습니다. 총검술을 마치고 연병장에서 가족들과 잠시 면회의 시간이 주어졌습니다. 부모님과 형제들이 내 앞으로 찾아왔습니다. 전투모를 쓰고 있던 나는 늠름한 모습으로 서 있었습니다. 절대 약한 모습 보이지 않고 울지도 않으리라 미리 다짐하고 또 다짐했습니다. 가장 먼저 엄마가 쏜살같이 달려오셨습니다. 엄마는 제게 오시자마자 양손으로 제 머리를 붙잡고, 제 양쪽 볼에 당신의 볼을 비비시면서 "어디 봐, 내 아들. 괜찮아?", "고생 많았지?", "아픈 덴 없어?" 하시며 통곡하셨습니다. 엄마의 강한 모성애는 씩씩했던 군인의 마음을 순식간에 무장해제 시켜 버렸습니다. 결국 저는 어린아이처럼 울음보가 터져 버리고 말았습니다.

셋째, 결혼식을 마치고 신혼여행을 다녀왔을 때의 일입니다. 부모님 댁에 와서 하룻밤을 묵는데, 이른 아침 엄마가 잠시 뒤꼍으로 갔다 오시는 모습을 봤습니다. 엄마가 뒤꼍에서 몰래 울고 오신 느낌이었습니다. 5남매 중에서 막내인 제가 짝을 찾아 출가했으니 '빈 둥지 증후군'을 더 강하게 경험하신 것입니다. 끝까지 엄마 곁에 있던 막내마저 떠났으니 얼마나 서운하셨을까요? 그리고 큰형과 13년, 작은형과는 9년의 터울이 있는 막내가 결혼해서 가정은 이뤘지만, 엄마의 눈으로 볼 때 어린 것이 앞으로 이 험한 세상을 어떻게 헤쳐 나갈지 걱정도 되셨을 것이라는 생각이 들었습니다.

넷째, 엄마의 사랑은 참 디테일하고 감동적입니다. 아버지가 오랫동안 개인택시를 하셨는데, 동전부터 지폐까지 항상 종류별로 현금을 들고 다니셨습니다. 그래서 그날그날 벌어온 돈을 현금으로 갖고 오셔서 낡은 베개 커버에 담아 두셨습니다. 그러면 엄마는 그걸 받아서 살림도 하고 필요한 데 쓰셨습니다. 결혼 전이든 후든, 손주들이 방문할 때든 엄마는 베개 커버 속에 있던 돈을 꺼내서 주셨습니다. 그 돈은 여러 사람의 손을 거쳐서 깨끗하지도 않았습니다. 하지만 그 꼬깃꼬깃한 천 원짜리, 오천 원짜리, 만 원짜리를 꺼내 주시면서 사랑의 마음을 표현하셨습니다. 구겨진 지폐의 주름 속에 엄마의 진한 사랑이 서려 있었습니다.

다섯째, 명절 전날 자식들이 병원에 계신 엄마 병문안을 갔을 때입니다. 부모님 댁에 모여 명절 음식을 다 만든 후 엄마 드시라고 음식을 싸서 갔습니다. 5인실 병실에는 엄마 말고 아무도 없었습니다. 그런데 우리가 병실로 들어서는 순간, 엄마는 갑자기 가슴속 깊은 곳에서 터져 나오는 통곡을 하셨습니다. 숨이 넘어갈 듯이 서럽게 우셨습니다. 큰형수님이 "어머니! 왜 그러세요?"하며 손을 잡고 꼭 안아 드렸습니다. 엄마는 한동안 말을 잇지 못하시고 통곡으로만 일관하셨습니다. 시간이 지나 어느 정도 감정이 차분해지셨을 때 말씀하셨습니다.

"이 좋은 명절에 가족들이 다 모였는데, 왜 나만 병원에 이러고 있냐."라고 집에 가고 싶으시다며 서러운 감정을 표현하셨습니다. 엄마를 위해 아무것도 할 수 없는 현실 앞에서 마음이 무너져 내렸습니다.

여섯째, 병원에 계신 엄마를 돌보던 일입니다. 병상에 계시면서 엄마가 힘들어하셨던 것이 몇 가지 있습니다. 잠을 잘 못 주무시는 것, 숨쉬기 어려운 것, 먹고 싶어도 먹지 못하는 것이었습니다. 건강한 사람에게는 너무나 쉬운 일인데, 엄마는 그게 안 돼서 힘들어하셨습니다. 그렇게 괴로워하시는 모습을 보면서도 엄마를 위해 할 수 있는 게 별로 없었습니다. 먹을 것을 챙겨 와서 입에 넣어 드리기도 하고, 팔다리를 주물러 드리기도 했습니다. 양치질도 해드리고, 말벗도 해드렸습니다. 휠체어에 태워 드린 후 산책도 시켜 드리고, 손잡고 기도도 자주 해드렸습니다. 복음에 관한 성경 말씀을 종이에 크게 써 가지고 와서 끝까지 구원의 확신을 붙드시도록 도와드렸습니다. 하지만 실제적으로 엄마가 힘들어하는 부분을 해결해 드리지는 못했습니다. 어찌할 수 없는 무능한 인간의 한계를 느끼며 가슴속으로 소리 없는 눈물을 흘린 적이 한두 번이 아니었습니다. 점점 죽음의 그림자가 다가옴을 감지할 수 있었습니다.

일곱째, 엄마가 임종하시던 날이었습니다. 모든 자녀들이 엄마의 병실로 왔습니다. 큰형수님이 엄마에게 "어머니! 너무 힘들어서 어떡하세요?"라고 여쭈었습니다. 엄마는 "뭘 어떡해? 천국 가면 되지."라고 씩씩하게 대답하셨습니다. 그리고는 자녀들과 돌아가면서 정감 어린 대화를 나누셨습니다. 자녀들이 입에 넣어 드리는 음식도 잘 드시고, 기뻐하며 든든해하셨습니다. 엄마는 잠시 후 깊은 잠을 주무셨습니다. 평소 같으면 작은 소리만 나도 잠을 깨셨는데, 그때만큼은 너무나 평온한 모습으로 잠도 잘 주무시고 호흡도 편히 하셨습니다.

이제 다시 안정을 찾으셨다 판단하고, 의정부에 사는 작은누나네가 먼저 길을 나섰습니다. 나머지 자녀들이 엄마 곁을 지켰는데, 어느 순간부터 다시 심박수와 산소 포화도가 떨어지기 시작했습니다. 그래서 석션(suction)을 해서 식도 벽에 달라붙은 가래를 제거하니까 조금씩 산소 포화도가 올라갔습니다. 그런데 얼마간의 시간이 흐르자 또다시 수치가 떨어졌습니다. 이번에도 간호사가 와서 석션을 하는데, 심박수와 산소 포화도는 더 이상 올라가지 않았습니다.

잠시 후 엄마는 깊은 잠을 자듯 그렇게 숨을 거두셨습니다. 자녀들은 엄마의 시신에 손을 얹고 평안한 천국 입성을 위해 기도했습니다. 저는 급히 병실 문을 나와 의정부로 향하는 작은누나네 차를 전화로 불러 세웠습니다. 울먹이느라 말이 잘 안 나왔지만, 간신히 엄마의 부음을 전했습니다.

"누나, 빨리 와! 엄마 방금 돌아가셨어."

종교개혁자 마르틴 루터(Martin Ruther)는 "부모는 세상에서 하나님의 대리자"라고 했습니다. '하나님의 대리자'로서 내 곁에 가장 가까이 계시다 떠나신 엄마의 사랑과 그 존재의 의미를 어떤 말로 다 표현할 수 있을까요? 이해인의 시 〈엄마〉로 엄마에 대한 사랑과 그리움의 심경을 대신 표현하고 싶습니다.

누가 종이에
'엄마'라고 쓴
낙서만 보아도
그냥 좋다
내 엄마가 생각난다
누가 큰 소리로
'엄마!' 하고
부르는 소리만 들어도
그냥 좋다
그의 엄마가
내 엄마 같다
엄마 없는 세상은
생각만 해도 눈물이
앞을 가린다
몸이 아프고
마음이 아플 때
제일 먼저 불러 보는 엄마
엄마를 부르면
일단 살 것 같다
엄마는
병을 고치는 의사

어디서나

미움도 사랑으로

바꾸어 놓는 요술 천사

자꾸자꾸 그리워해도

그리움이 남아 있는

나의

우리의 영원한 애인

엄마

다시 나타난 엄마

신기한 일이 일어났습니다. 천국 가신 엄마가 돌아가신 지 얼마 되지 않아 다시 나타나셨습니다. 부활하신 예수님처럼 말입니다. 자초지종은 이렇습니다.

저의 둘째 누나는 의정부에 살고 있습니다. 엄마는 돌아가시기 전 수개월 동안 충주에 있는 병원에 입원해 계셨습니다. 누나가 엄마와 멀리 떨어져 지내다 보니, 다른 형제들에 비해 평소 엄마를 볼 수 있는 기회가 적었습니다. 그런데 엄마의 건강 상태가 급격히 안 좋아져서 당장 어떻게 되실지 알 수 없는 상황이었습니다. 그래서 우리 형제들은 어느 다가오는 주일, 예배를 다 드리고 엄마가 입원해 계신 병원에 모이기로 약속했습니다. 5남매 중에 4남매가 목회자 가정이다 보니 그럴 수밖에 없었습니다.

그런데 유일하게 목회자 가정이 아닌 둘째 누나가 금요일 저녁에 충주로 내려와서 주일까지 엄마 곁을 지켰습니다. 엄마를 사랑하는 딸의 갸륵한 마음이었습니다. 그때 엄마는 자신의 마지막을 예감이라도 하셨는지, 병상을 찾아온 누나에게 독특한 유머 멘트를 날리셨습니다.

"재향이 너 잘못 걸렸어"

폐가 굳어져 가는 극심한 고통 중에도 유머를 발산하는 엄마가 참 대단해 보였습니다. 누나는 생명의 불꽃이 꺼져 가는 가련한 엄마를 정성껏 간호했습니다. 그리고 그것이 누나가 이 땅에서 엄마와 친밀하게 보낸 마지막 시간이 되었습니다.

엄마의 장례를 치르고 며칠 되지 않은 어느 날이었습니다. 모두들 엄마에 대한 그리움에 사무쳐 있는 때에, 작은누나가 갑자기 가족 단톡방에 긴 장문의 글을 올렸습니다. 누나는 의정부에 있는 장로교회를 섬기는데, 신도가 천 명이 넘는 큰 교회였습니다. 그런데 어느 주일에 2부 예배를 드리러 갔더니, 교회 여자 전도사님이 누나더러 엄마 얘기를 했다고 합니다. "1부 예배 때 어머니가 교회 오셔서 집사님을 찾았는데 혹시 못 보셨어요?"라고 했다는 것입니다. 그 말을 듣는 순간 온몸에 소름이 돋으면서, 엄마 생각에 뜨거운 눈물을 흘렸다는 것입니다.

궁금한 건 못 참는 제가 누나에게 톡으로 물었습니다. 교회 전도사님께 그분의 인상착의를 물어봤냐고 했더니, 누나는 그러고 싶지 않다고 그냥 그 일을 가슴속에 묻겠다는 것입니다. 만약 저에게 그런 일이 있었다면 당연히 사실 확인을 하고 물어봤을 텐데, 아쉬운 마음이 들었습니다.

우리 형제들은 단톡방에서 그 사건과 관련해서 이런저런 썰을 풀었습니다. 썰을 풀다 내린 결론은 이렇습니다. 엄마가 다른 형제들이 섬기는 교회는 다 가보셨지만, 작은누나가 섬기는 교회는 한 번도 안 가보셨습니다. 그리고 임종 직전까지 2박 3일 엄마 곁을 지키다가, 누나네가 주일 밤 의정부로 떠나고 얼마 되지 않아 돌아가셨습니다. 5남매 중 4남매는 엄마의 임종을 지켜봤는데, 작은누나만 마지막 운명의 순간을 지켜보지 못했습니다. 병상에서 마지막 간호를 해준 둘째 딸에게 작별 인사를 하지 못해, 딸이 섬기는 교회에 방문하지 않으셨을까 하는 그럴 듯한 상상을 해보았습니다. 천사를 통해 엄마의 마음을 전달한 것인지 어떤 것인지는 잘 모르겠습니다. 우리는 이 일을 신비의 영역으로 남겨 두기로 했습니다. 다만 이 사건을 통해 소천하신 엄마를 다시 만날 수 있다는 더욱 확실한 소망을 갖게 되었습니다.

예수님께서 십자가에 못 박혀 죽으신 후 사흘 만에 부활하셨습니다. 그리고 예수님은 사랑하는 제자들에게 부활의 몸으로 나타나셨습니다. 그러나 도마는 부활하신 예수님을 눈앞에서 보고도 잘 믿지 못했습니다. 자신의 손가락을 내밀어 예수님의 옆구리에 넣어 보고 나서야 "나의 주님이시요 나의 하나님이시니이다"(요 20:28)라는 고백을 하며 믿었습니다. 도마의 고백은 위대한 신앙 고백이었지만, 예수님은 아쉬움을 남기시며 "너는 나를 본 고로 믿느냐 보지 못하고 믿는 자들은 복되도다"(요 20:29)라고 말씀하셨습니다. 우리가 믿는 신앙에 의하면, 천국 가신 엄마를 분명히 다시 만나게 될 것입니다. 지금은 눈으로 볼 수 없지만, 하나님의 말씀이 이 소망의 근거가 되기에 그날을 고대하며 살아갑니다.

　돌아가신 엄마가 누나 교회에 다시 나타난 사건처럼, 이 세상에는 우리가 다 이해할 수 없는 신비로운 일들이 일어나고 있습니다. 그러나 언젠가 이 신비로움이 우리 눈앞에 감격스러운 실체로 드러나게 될 것입니다. 현실 속에서 겪고 있는 이별의 슬픔과 고통을 상쇄시키고도 남을 만한, 압도적인 주의 은혜와 찬란한 영광이 주님 재림하시는 부활의 그날에 있을 것입니다.

우리가 지금은 거울로 보는 것같이 희미하나 그때에는 얼굴과 얼굴을 대하여 볼 것이요 지금은 내가 부분적으로 아나 그때에는 주께서 나를 아신 것 같이 내가 온전히 알리라 _고전 13:12

My darling

스마트폰 연락처 '즐겨찾기'에 별 모양으로 표시된 이름이 딱 하나 있습니다. 한글로 "마이 다알링"이라고 입력한 사람의 이름은 제 아내 '백현하'입니다. 신학교 후배요 고향 후배로 만나 결혼해서 20년 이상을 같이 살았습니다. 교회를 개척해서 십수 년을 함께 동역했습니다. 지금까지 걸어온 삶의 여정이 결코 쉽지 않은 길이었지만, 아내는 항상 자신의 자리를 지키며 한결같이 살아오고 있습니다. 지혜로우면서 따뜻하고, 열정적이면서 다재다능한 팔방미인입니다. '마이다알링'은 신학교에 입학하기 전에 학업 성취도가 높아서 소위 '스카이(SKY)'에 들어갈 만한 실력이 있었습니다. 그런데 하나님이 베푸신 은혜에 큰 감동을 받아 자신의 삶을 드리기로 결단하고, 일반 대학이 아닌 신학 대학에 입학했습니다.

믿지 않는 집안에서 태어나 부모님의 인간적인 기대를 한 몸에 받았는데, 학벌을 중시하는 한국 사회에서 출세의 길을 포기하고 순전한 마음으로 주의 길을 가기로 결정한 것입니다. 신학 대학의 기독교 교육학과에 입학하면서 원래는 신학 대학 교수의 비전을 품었는데, 저를 만나게 되면서 자연스럽게 목회자 사모가 되었습니다. 그것도 작은 개척 교회의 사모가 되었으니 고생이 이만저만이 아닙니다. 그런데 감사한 것은 제가 어떤 목회적 결정을 하든 아내는 'NO'라고 말하지 않고, 언제나 제 결정을 존중하고 따라 줍니다.

부교역자의 아내로서, 또한 담임 목회자의 아내로서 말못할 우여곡절이 참 많았습니다. 자녀를 낳아 키우면서, 경제적 어려움을 겪으면서 감당하기 버거운 일들도 적지 않았습니다. 무엇보다 교회 공동체에서 동고동락했던 지체들이 등을 돌리고 떠나갈 때는, 저와 함께 깊은 슬픔과 고통의 세월을 감내했습니다. 하지만 아내는 뿌리 깊은 나무처럼 흔들리지 않고 견고히 자신의 몫을 해냈습니다. 어려울 때마다 가정과 교회의 든든한 버팀목이 되어 주었습니다.

사실 한국 교회 안에서 목회자 아내의 위치와 역할은 애매한 면이 있습니다. 가부장적이고 유교적인 관습의 프레임(Frame)으로 사모를 바라보곤 합니다. '사모는 이래야 한다', '이렇게 해야 사모감이다', '사모가 그러면 되겠나?', '사모는 목회자 내조만 잘하면 된다'라고 하면서, 자신들이 정해 놓은 틀로 사모의 행동 양식을 규정하고, 은근히 억압하며 통제하려고 합니다. 그러다 보니 교회의 사역에서 목회자보다 목회자의 아내가 더 다양한 고충과 스트레스를 겪는 경우가 많습니다.

김남준 목사는 《목회자의 아내가 살아야 교회가 산다》(두란노, 1998)

에서 목회자의 아내가 특별한 자리에 서 있는 다양한 역할의 사명자임을 이렇게 설명했습니다.

> 목회자의 아내, 그는 단지 한 남자의 아내일 수만도 없고 교회의 지도자는 더욱 아닙니다. 그러면서도 평범해서는 안 되는 그리스도인입니다. 그는 다른 지도자들보다도 더욱 뛰어난 소명으로 부름받은 하나님의 일꾼입니다. 이 세상에 그 사람들처럼 독특한 자리에 세움을 받은 특별한 일꾼들이 없습니다. 그는 일생을 단지 한 사람의 아내가 아니라, 선지자처럼 핏빛 인생을 살도록 부름받은 사람입니다. 그러나 그에게는 자기의 고유한 자리가 있습니다. 자기 자리에 서 있는 목회자의 아내가 가장 아름답습니다. 왜냐하면 하나님이 거기서 섬기도록 부르셨기 때문에….

교회의 지도자도 아니면서, 그저 평범한 그리스도인이 되어서도 안 되는 난감한 정체성이라고 할까요? 물론 목회자도 비슷한 고민과 경험을 하지만, 목회자의 아내가 현실적으로 감당해야 할 목회적 스케일은 더욱 특별합니다. "선지자처럼 핏빛 인생을 살도록 부름받은 사람"이라고 언급한 부분이 제 가슴을 아리게 합니다. 유대인 학자요 히브리 사상가인 아브라함 요수아 헤셸(Abraham Joshua Heschel)은 《예언자들》(종로서적, 1996)이라는 책에서 예언자들의 외로움과 고뇌를 이렇게 표현했습니다.

예언자가 된다는 것은 외톨이가 되어 고통을 겪는다는 것이다. 그가 감당해야 하는 일이라는 것도 자신에게는 쓰고 남에게는 불쾌한 것이다. 그에게는 아무런 상도 약속되어 있지 않거니와 그 무슨 상으로도 그가 맛봐야 하는 쓰라림을 달콤한 것으로 바꿔 줄 수 없다.

목회자 못지않게, 아니 목회자 이상으로 목회자의 아내는 그 옛날 구약의 선지자들이 체험했던 것 같은 정신적 아픔과 괴로움, 그리고 깊은 고독에 빠질 수 있습니다. 그러므로 이름도 명예도 빛도 없이, 목회자 남편을 선택한 죄(?)로 마치 예언자 같은 핏빛 인생을 사는 목회자 아내에게 한없는 위로와 사랑이 필요합니다.

아내와 결혼하면서 남편으로서 해준 매우 상투적인 약속이 하나 있습니다. "결혼하면 당신 손에 물 한 방울 안 묻히게 해줄게!"라는 것이었습니다. 지금 생각하면 참 촌스럽고 멋없는 옛날 사람 멘트이지만, 마음만은 진심이었습니다. 그런데 물 한 방울 안 묻히기는커녕 너무 많은 물을 묻히고 고생을 시켜서, 섬섬옥수(纖纖玉手)가 어느새 주름지고 거친 손이 되고 말았습니다. 약속을 못 지켰으니 저는 거짓말쟁이입니다.

목회자 신랑을 만나 선택적 가난과 고생의 길을 가는 사랑하는 '마이 다알링'에게 항상 미안한 마음입니다. 하지만 한편으로는 이전보다 더 사랑하며 살겠노라는 새로운 거짓말(?)을 하고 싶습니다. 결혼 22주년에 아내에게 쓴 편지의 일부를 공개합니다.

"그동안 수없이 많은 일들을 겪으며 살아왔지만 모든 것이 주님의 은혜임을 고백하며 에벤에셀의 하나님께 감사합니다. 더 많이 아끼고 사랑해 주지 못해 미안합니다. 앞으로 더 많이 아끼고 사랑하는 남편이 되도록 하겠습니다."

결혼 23주년에는 사진과 함께 질문과 대답 형식으로 편집해서 편지를 썼습니다.

내 인생 최고의 선택은?   '백현하'
지나간 23년은?   '내 인생 최고의 황금기'
우리가 가야 할 길은?   '믿음의 꽃길'

누가 보면 살짝 닭살 돋는 멘트일 수 있지만, 고생하는 '마이 다알링'을 위해 앞으로 좀 더 유치하게 살아 봐야겠습니다. 주님이 서게 하신 그 자리에 어김없이 서 있는 '마이 다알링'! 그대는 하나님께서 주신 가장 귀한 선물이요, 가장 좋은 동역자요, 가장 아름다운 사람이라오.

05

/

사랑하는 교회를
다시 봄

"사랑하는 교회를 다시, 봄"

죽빵클럽

오랜 시간 한 분야의 일을 하다 보면 매너리즘(mannerism, 틀에 박힌 태도나 방식)에 빠지는 경우가 있습니다. 안타깝지만 목회도 그렇습니다. 영혼을 향한 뜨거운 가슴으로 목회의 길에 들어섰지만, 시간이 갈수록 주어진 일에 익숙해지고 정해진 틀 안에 갇히는 경험을 하게 됩니다. 무엇보다 인간관계의 폭이 좁아집니다. 만나는 사람들이 주로 목회자와 성도들입니다. 행동반경도 넓지 못합니다. 교회와 관련된 활동이 대부분입니다. 물론 본연의 사명에 충실한 삶은 귀하고 아름답습니다. 하지만 세상 속에 사는 크리스천이요 목회자로서 다양한 분야에 대한 사유와 통찰을 계속해야만 합니다.

그런데 우연한 기회에 세 명의 남자가 만났습니다. 나이는 비슷하지만 외모도, 성격도, 직업도 다릅니다. 첫 만남은 어색했지만 함께 만나 밥을 먹고 차를 마시면서 서로를 알아 가기 시작했습니다. 만나면 물 흐르듯 자연스러운 대화를 이어 갔습니다. 어떤 이야기, 어떤 관심사도 괜찮았습니다. 자유롭게 최근의 경험담도 나누고 감명 깊게 읽었던 책 이야기도 나누었습니다. 공감과 경청, 지지와 격려가 모임의 밑바탕에 흘렀습니다.

휜 도화지에 새로운 그림을 그리듯 순수하고 좋은 만남이 계속되던 어느 날, 세 멤버 중 한 분의 아버지께서 건강이 악화되셨다는 소식을 들었습니다. 호흡도 힘드시고 식사도 잘 못 하신다는 말을 들으니 안타까웠습니다. 돌아가신 제 어머니도 폐 조직이 굳어 가는 난치병으로 호흡이 어려워 고통스러워하셨기에, 남의 일 같지 않아 무언가 도움을 드리고 싶었는데도 해드릴 것이 없었습니다. 그러다가 문득 '따뜻한 죽'이라도 한 그릇 사 드리고픈 마음이 들었습니다. 그렇게 어느 날 죽 한 그릇 사드렸을 뿐인데, 그걸 너무 고마워하셨습니다.

그런데 얼마 지나지 않아 부음이 들려왔습니다. 예상보다 빠른 소식이었습니다. 충격과 아픔 속에 모든 장례를 마치고 우리는 다시 모였습니다. 대화를 나누면서 알게 된 사실인데 돌아가신 멤버의 아버지를 위해 저는 죽을 사드렸는데, 다른 멤버는 빵을 사드린 것이었습니다. 그렇게 멤버의 아버지는 죽과 빵을 드시고 얼마 되지 않아 세상을 떠나셨습니다. 타이밍이 기가 막혔습니다. 만약 조금이라도 지체했다면 죽을 사 드릴 수 있는 기회를 놓쳤을 것입니다. 별것 아닌 한 끼 음식이었지만 부친상을 당한 멤버는 눈물겹게 감사하며, 장례를 치르고 와서 우리 두 사람에게 식사를 대접했습니다.

"선생님들! 저희 아버지 살아 계실 때 죽도 사주시고 빵도 사주셔서 너무 감사했습니다."

그 말을 듣고 제 머릿속에 번뜩이는 생각이 떠올랐습니다.

"선생님들! 그러면 우리 모임을 죽빵클럽으로 하면 어떨까요?"

아직 슬픔의 여운이 가시지 않은 때였지만 우린 크게 한바탕 웃었습니다. 정말 기가 막힌 이름이라고, 모두 그렇게 하자고 흔쾌히 동의했습니다. 그래서 세 남자의 모임 이름은 그날부터 "죽빵클럽"이 되었습니다. 이름을 정하고 나서 저는 죽빵클럽 모임에 대한 하나의 제안을 했습니다.

"죽빵클럽 모임은 만 원의 행복으로 합시다!"

만 원의 행복이 뭔가 하면, 모일 때마다 각자 만 원씩 들고 와서 밥도 먹고 커피도 마시는 것인데, 모자라는 금액은 그날 순서를 맡은 한 사람이 책임지는 것입니다. 모두들 기분 좋게 동의했습니다.

이렇게 해서 탄생한 죽빵클럽은 기독교 신앙이나 목회의 경계를 넘어 다양한 분야에 대한 관심을 갖고, 자유롭게 대화하며 사유하는 열린 모임이 되었습니다. 가볍게 만나 아재 수다를 떨며 노는 것도 좋았습니다. 그 속에서 서로의 삶에 신선한 자극을 주고받으며 내면의 성장을 도모할 수 있었기에 더욱 소중하고 의미 있는 만남이 될 수 있었습니다. 제2차 세계 대전 중에 유대인 포로수용소에서 매일같이 죽음의 공포를 느끼며 살았던 빅터 프랭클(Victor Frankl)은 이런 말을 했습니다.

인간은 근본적으로 의미를 찾는 존재이다. 의미는 쾌락보다 더 강력한 삶의 원동력이다.

현대 기독교 지성을 대표하는 복음주의 신학자인 존 스토트(John R. W. Stott)는 《생각하는 그리스도인》(IVP, 2015)에서 이렇게 말했습니다.

지식은 그리스도인의 삶과 사역에서 결코 분리되지 않습니다. 하나님이 주신 지성을 사용하지 않는 것은, 자신을 영적 천박함이라는 죄에 내던지는 것이며, 스스로를 하나님의 부요한 은혜로부터 단절시키는 것입니다. 동시에 지식은 더 높은 수준의 예배, 더 큰 믿음, 더 깊은 성결, 더 나은 사역으로 인도하기 위해 받은 것입니다. 우리는 지식에 따라 행동하는 한, 더 적은 지식이 아니라 더 많은 지식을 바라야 합니다.

모든 신자는 하나님이 허락하신 삶의 자리에서 의미와 가치를 추구해야 합니다. 또한 틀에 박힌 사고방식에만 갇혀서는 안 됩니다. 하나님이 주신 만남과 지성을 적극 활용해 더 깊고 넓은 은혜의 세계로 나아가야 합니다.

특히 목회자는 매너리즘에 빠지거나 고루한 사고방식에 얽매여서는 안 됩니다. 관계의 폭을 넓히고, 다방면에 대한 지적 탐구를 멈추지 말아야 합니다. 그래야 세상 속에 살며 세상 사람들에게 생명의 복음을 증거할 수 있습니다. 전혀 공감할 수 없는 일방적인 복음 선포와 불통의 사고방식은 오히려 복음에 대한 역효과를 불러올 수 있습니다.

사실 '죽빵'이라는 말은 어감이 좋지 않습니다. 주로 얼굴에 가하는 주먹질을 속되게 이르는 말입니다. 그런데 우리는 소중하고 따뜻한 만남의 의미로 우연히 '죽빵'이라는 이름을 짓게 되었습니다. 사랑의 마음으로 세상을 향해 선한 영향력을 끼칠 수 있는 사랑의 죽빵, 선한 죽빵을 날려야겠습니다.

성탄절에 찾아온 산타클로스

　누구나 어린 시절 크리스마스의 추억이 있습니다. 성탄 전야에 새벽송을 돌며 아기 예수 탄생의 찬양을 불렀던 기쁨과 감격은 지금도 생생합니다. 산타클로스 할아버지가 선물을 줄 것으로 믿고 양말을 걸어놓고 자던 기억도 꿈만 같습니다. 성탄절이 화이트 크리스마스가 되는 날이면 모두의 입에서 감탄사를 연발하는 최고의 크리스마스가 됩니다.

　성탄절의 주인공은 당연히 예수님입니다. 산타클로스는 성탄절과 별 상관이 없습니다. 하지만 언제부터인가 산타클로스는 성탄절이 되면 착한 아이들에게 선물을 주는 크리스마스의 상징 같은 인물이 되었습니다. 우리는 보통 '산타 할아버지'가 더 익숙합니다.

　지금까지 살면서 산타 할아버지가 저를 찾아온 적은 없었습니다만, 교회를 개척한 후로 종종 산타클로스를 만나고 있습니다. 어느 성탄절 날 아침 갑자기 어떤 산타클로스가 예배당에 슬그머니 들어왔습니다. 그러더니 함께 예배를 드렸습니다. 예배가 끝나고 성도들과 교제하는데 이번에는 말없이 선물 보따리를 열어젖혔습니다. 인사하고 가는 교인들에게 네모난 종이 상자를 하나씩 나눠 주었습니다. 종이 상자 안에 들어 있는 것은 그 유명한 대전의 "성심당 튀김 소보로 세트"였습니다. 깜짝 크리스마스 선물에 집으로 돌아가는 성도들의 표정이 환해졌습니다.

그런데 교인들이 모두 집으로 가고 난 후, 산타클로스는 갑자기 우리더러 밥을 먹으러 가자고 했습니다. 다섯 식구는 따라나섰습니다. 삼겹살이 목구멍까지 차오르도록 실컷 먹었습니다. 그렇게 포식을 하고 시내를 가자더니 이번에는 아이들의 옷과 신발을 사주었습니다. 그리고 교회 사택으로 가서는 삼 형제에게 용돈을 손에 쥐어 주었습니다.

"우와! 감사합니다."

현금까지 받자 아이들이 너무 좋아했습니다. 이분은 진짜 산타클로스였습니다. 사실 이 산타클로스는 대전에 사는 제 친구 배성인입니다. 성인이는 저와 함께 학부와 대학원 과정을 공부했고, 졸업 후에 교회 사역도 했습니다. 그런데 도중에 사역의 방향을 바꿔 전문 직업인이 되었습니다. 성실하면서 전문성이 탁월한 친구는 새로운 분야에서 성공적으로 정착했습니다. 그리고 거기에서 벌어들인 수입의 일부를 사랑하는 동기 목회자들 가정과 교회에 나누고 있습니다.

많이 가졌다고 많이 나눌 수 있는 게 아닌데, 친구 부부는 말없이 겸손히 나눔을 실천하고 있습니다.

친구는 해마다 성탄절이 되면 제가 생각난다고 합니다. 개척 목회하는 친구를 격려하기 위해 따뜻한 사랑의 마음을 담아 푸짐한 선물을 들고 나타납니다. 그 후로도 친구 부부는 성탄 시즌에 조금씩 다른 서프라이즈 이벤트를 준비해서 우리를 찾아와 뭉클한 감동을 주고 있습니다. 그런데 이러한 사랑과 섬김이 저뿐만 아니라 신학교 동기들 가정에게까지 점차 확대되고 있습니다. 친구 부부는 어려운 시대에 목회하는 친구들의 마음과 상황을 헤아려 섬김의 계획을 세우고, 잠잠히 자신들의 몸을 움직여 묵직한 사랑을 실행했습니다.

친구는 몇 년 전 큰 수술을 받았습니다. 친구의 아내는 자가 면역 질환을 앓고 있습니다. 자신들의 삶을 살아 내기도 버겁고, 육체의 연약함으로 남모를 고통도 겪고 있습니다. 그런데 안부를 물으면 늘 괜찮다는 식으로 담담히 말합니다. 가정과 교회를 염려하며 응원해 주는 친구 부부의 진실한 사랑과 섬김에, 어떤 말로 감사를 표현할지 모르겠습니다. 산타클로스 친구를 생각하니, 도종환의 시 〈벗 하나 있었으면〉이 떠오릅니다.

마음 울적할 때 저녁 강물 같은 벗 하나 있었으면

날이 저무는데 마음 산그리메처럼 어두워 올 때

내 그림자를 안고 조용히 흐르는 강물 같은 친구 하나 있었으면

울리지 않는 악기처럼 마음이 비어 있을 때

낮은 소리로 내게 오는 벗 하나 있었으면

그와 함께 노래가 되어 들에 가득 번지는 벗 하나 있었으면

오늘도 어제처럼 고개를 다 못 넘고 지쳐 있는데

달빛으로 다가와 등을 쓰다듬어 주는 벗 하나 있었으면

그와 함께라면 칠흑 속에서도 다시 먼 길 갈 수 있는 벗 하나 있었으면

고마운 친구 산타클로스 부부의 사랑과 섬김에 힘입어, 오늘도 주어진 사명의 길을 더욱 힘차게 걸어갑니다.

교회 밖 세상으로

　처음 교회를 개척했을 때 오로지 목회에만 전념하리라는 다짐을 했습니다. 여기서 말하는 '목회'는 전통적인 방식의 목회 활동을 말합니다. 다시 말하면 말씀 전하고, 예배 인도하고, 전도하고, 심방하고, 성경 공부하는 등의 고유한 목회자의 사역입니다. 예전부터 선배 목회자들이 보여 줬던 그것을 신념처럼 여기고 살았습니다. 그리고 그것이 목회자의 정도(正道)라고만 생각했습니다.

　그런데 시간이 가면서 목회적인 한계를 느끼게 되었습니다. 어느 날 교회 울타리 안에서만 빙빙 돌고 있는 제 모습을 발견했습니다. 그리고 이렇게 목회하는 게 맞는지에 대한 물음을 던지게 되었습니다. 예수님께서 "너희는 세상의 소금이요 빛이라"고 말씀하셨는데, 교회 안에서만 맛을 내려 하고, 교회 안에서만 빛을 비추려 하니 쓰임새의 범위가 너무 좁은 것이 아닌가 하는 마음이 들었습니다.

　그러던 중 어떤 목회자로부터 학교 강사 활동에 대한 제안을 받았습니다. 그분은 생명을 소중히 여기고 자살 예방 활동을 하는 기관의 소장을 맡고 계셨는데, 수십 년 동안 자원봉사로 섬기고 계셨습니다. 많은 목회자와 그리스도인들이 그 일에 참여하고 있었는데, 학교 강사로 다니는 분은 많지 않았습니다. 그분의 제안을 받아들여 저는 새로운 활동에 도전했습니다. 이것은 지역의 초·중·고등학교를 다니며 생명의 소중함에 대해서 청소년들을 일깨우는 일이었습니다.

여성가족부와 통계청에서 "2021 청소년 통계"를 발표했는데, 2011년부터 연속적으로 청소년 사망 원인 1위는 '고의적 자해'(=자살)였습니다. 안타까운 현실입니다. 특히 중고생의 생활은 입시에 초점이 맞춰져 있어서, 전반적인 생활에서 우울감과 스트레스를 많이 받고 있습니다. 가장 즐거워야 할 청소년 시절이 재미있지도 행복하지도 않습니다. 무조건 좋은 대학을 가기 위해 무한 경쟁을 하기 때문에, 학교에서도 청소년의 인성에 신경 쓰기보다는 높은 성적과 좋은 대학 입학의 결과물을 요구합니다.

제가 살고 있는 지역의 고등학교에서는 대학 입시가 끝나고 나면 정문 앞에 눈에 띄는 대형 현수막을 걸어 두었습니다. 서울대학교 입학생은 아예 단독 현수막을 걸어 주고, SKY대학을 비롯한 유명 대학교 합격생의 명단을 올려서 축하해 주었습니다. 졸업식 때는 더 가관입니다. 서울대학교 입학생부터 유명한 대학 순서대로 모든 상과 장학금을 몰아주었습니다. 4차 산업 혁명의 최첨단 초고속 격변의 시대를 사는 청소년들이 아직도 입시 지옥, 성적으로 줄 세우기, 승자독식 같은 케케묵은 패러다임(paradigm)에 갇혀 사니 얼마나 답답하고 괴롭겠습니까?

　저는 강사 활동을 하면서 청소년들의 가려운 부분을 긁어 주었습니다. 청소년들이 사용하는 신조어를 곁들여 가면서 친구에게 얘기하듯 강의도 하고, 그들의 고민과 질문도 듣고 답변해 주면서 즐겁고 의미 있는 시간들을 보내고 있습니다. 직접적으로 성경 말씀을 전하지는 않지만, 청소년들에게 생명의 소중함에 대한 성경적 가치를 말해 주고 있습니다. 아무리 어렵고 힘든 상황이 와도 절대 자기 목숨만큼은 끊지 말고 희망을 가져야 한다고, 너희들이 세상에 태어나 살고 있는 것은 결코 우연이 아니라고, 너희는 세상에서 하나밖에 없는 소중한 걸작품이라고…. 강의를 들으며 점점 똘망똘망해지는 아이들의 눈망울을 보면서 보람을 느낍니다.

　시간이 지나면서 강사 활동은 청소년들의 자살 예방 교육뿐만 아니라 다양한 분야로 그 범위가 확대되었습니다. 성폭력 예방 교육, 직장 성희롱 예방 교육, 가정폭력 예방 교육, 인성 교육, 흡연 예방 교육, 진로 교육, 아동 권리 교육 등 청소년들의 필요에 맞는 교육을 하게 되었습니다. 그리고 일반 학교뿐 아니라 종종 장애인 학교에 가서도 강의할 때가 있습니다. 엄청 대단한 일을 하는 것도 아니고, 돈벌이를 하는 것도 아닙니다. 하지만 강사 활동으로 목회의 지경이 넓어졌습니다.

　신학교 다닐 때는 앞서 언급한 여러 교육의 내용에 대해서 알지도 못했고 관심도 없었습니다. 하지만 내 전공과 전혀 다른 분야를 하나 하나 배워 가면서 자격증도 따고, 교회 밖을 나와 다양한 학교 현장에서 각양각색의 청소년들과 선생님들을 만나고 있습니다.

그들의 일상을 몸소 경험하고, 성장 과정에서 어떤 고민을 하며 사는지, 어떤 위험에 노출되어 있고, 그 위험으로부터 자신을 지켜 내는 방법은 무엇인지, 청소년의 미래를 어떻게 열어 가야 하는지를 먼저 고민하고 나누면서, 세상을 더 알아 가는 유익을 얻고 있습니다. 하워드 스나이더(Howard Snyder)는 《참으로 해방된 교회》(IVP, 2005)에서 이렇게 말합니다.

> 교회에 속한 사람은 어떻게 하면 사람들을 교회로 끌어들일까를 생각한다. 그러나 하나님 나라의 사람은 어떻게 하면 사람들을 세상으로 내보낼까를 생각한다.

저는 지금까지 교회 사역을 하면서 어떻게든지 사람들을 교회로 데리고 올 생각만 했습니다. 나가서 열심히 전도를 해도, 결국은 예배당 의자에 앉히는 것까지를 의미 있는 목표로 삼았습니다. 하지만 그게 다가 아님을 깨닫고 있습니다. 교회 공간 안으로 들어오게 하는 것도 물론 중요하지만, 소금과 빛의 사명은 사람들이 사는 세상 한복판으로 나아가 맛을 내고 어둠을 비추는 역할을 해야 하는 것입니다.

김형석 교수는 《교회 밖 하나님 나라》(두란노, 2019)에서 "교회의 목적은 건강한 그리스도인을 키워 세상으로 내보내 하나님 나라를 이루는 것이다."라고 말했습니다. 지금까지 수백 번의 학교 강의를 다녔습니다. 겉으로 말은 안 하지만 이 강의를 통해서 질풍노도의 시기를 겪고 있는 이 교실 안에 하나님 나라가 임하기를 기도합니다. 보잘것없는 제 강의를 듣다가 몇 명의 학생이라도 언젠가 생명을 지으신 창조주 하나님의 숨결을 느끼고 그분께 돌아오기를 소망합니다.

그래서 그런지 어떤 학급에 가서 강의를 하면, 도중에 "혹시 목사님 아니세요?"라고 묻는 친구들이 제법 있습니다. 사전에 나의 신분에 대해서 전혀 말하지 않았는데, 금방 알아차리는 모습에 깜짝 놀랐습니다. 물론 다른 친구들보다 촉이 빨라서 그런 것도 있겠지만, 나의 마음과 언어 속에 담긴 주님의 따스한 사랑을 느낀 것 같기도 합니다. 사실 학생들에게 강의하면서 설교처럼 하지 않으려고 신경 쓰는 편입니다. 학교는 예배당이 아니기 때문입니다. 인자하신 학교 선생님처럼 편하게 얘기하듯이 하려고 노력합니다. 그런데 감사한 것은 제가 강의할 때 친구들의 반응이 나쁘지 않다는 것입니다.

한번은 어떤 중학교에서 강사들이 각 학급별로 들어가 강의했는데, 제 강의를 듣던 담당 교사가 나중에 개별적으로 전화를 걸어 왔습니다. 강당에서 각 학년별로 전체 교육을 해달라는 것이었습니다. 수백 명의 학생들과 교장·교감 선생님, 그리고 학년 전체 선생님들이 다 모였습니다. 작은 교실에서만 강의하다 큰 강당에서 하려니 약간 긴장이 되었습니다. 하지만 하나님 말씀을 전하는 심정으로 담대하게 주님을 의지해 열강을 했습니다. 학생들이나 선생님 모두 재미있어하고 만족하는 표정이었습니다.

그 후로 인근에 있는 다른 중학교에서 교육 담당 교사로부터 연락이 왔습니다. 전에 강당 교육했던 학교 담당 선생님께 추천을 받았다는 것입니다. 이게 웬일입니까? 그 학교에서도 각 학년별로 강당 교육을 했습니다. 나의 전공과 무관한 학교 현장에서, 이렇게 인정도 받고 평소보다 강사비도 많이 받으니 마음이 뿌듯하고 너무 좋았습니다.

강의를 다니면서 교육받은 학생들로부터 강사 평가도 받고 피드백(feedback)도 받았습니다. 그중에는 강의도 잘 안 듣고 일부러 악의적인 평가를 하는 학생들도 일부 있었습니다. 하지만 대부분 학생들이 좋은 평가를 해주었습니다.

"쌤! 지금까지 제가 들었던 교육 중에 오늘이 최고였어요!"
"오늘 넘 재미있었어요."
"쌤이 넘 착하고 좋으세요."
"넘 잘 생기셨어요."
"짱이에요."
"담에 또 와주세요."
"이 강의를 다른 친구들에게도 추천하고 싶어요."

뭐 엄청나게 강의를 잘한 건 아니지만, 청소년 친구들의 과분한 칭찬을 들으니 '그래도 내가 청소년들과 소통은 되고 있구나!' 하는 생각이 들어 보람과 즐거움을 느낍니다.

제가 만약 우리 교회밖에 모르고, 교회 밖 활동을 전혀 하지 않았다면, 이렇게 다양하고 무수한 학생들과 선생님들을 만나지 못했을 것입니다. 수백 번 강의를 다니며 만난 학생들은 수천 명에 이를 것입니다. 그들을 다 알거나 기억하지는 못하지만, 그들을 위해 기도하고 마음을 쏟으며 강의했던 순간들이 어떤 면으로든 그리스도인으로서 좋은 영향을 주었기를 소원합니다.

인싸 교회 아싸 교회

잘 알려진 신조어 가운데 '인싸'와 '아싸'라는 말이 있습니다. '인 싸'는 영어 'insider'의 줄임말로, 사람들과 잘 어울리고 주변에 친구가 많으며 인맥이 넓고 대인관계가 원만한 사람을 말합니다. '아싸'는 영어 'outsider'의 줄임말로, 사람들 모임이나 친구들 사이에 잘 스며들지 못하며 주위를 겉돌면서 다가가지 못하는 사람을 뜻합니다. 이 개념이 더 심화된 말이 '핵인싸'와 '핵아싸'입니다. 그러니까 간단히 말하면 인싸는 사람들에게 관심과 환영을 받는 사람이고, 아싸는 관심과 환영을 받지 못하는 사람입니다.

그런데 교회에도 '인싸'가 있고 '아싸'가 있습니다. 다시 말하면 '인싸 교회'는 사람들로부터 관심과 환영을 받는 교회이고, '아싸 교회'는 관심과 환영을 받지 못하는 교회입니다. 인싸 교회와 아싸 교회를 가르는 기준은 사람마다 다르겠지만, 일반적으로 이런 기준이 있다고 생각합니다.

첫째, 교인 수입니다. 교인 수가 많으면 인싸 교회이고 적으면 아싸 교회입니다. 우리 교회 창립 예배를 드릴 때, 세계에서 제일 큰 서울 Y교회를 섬기는 친척 분이 예배를 드리러 오셨습니다. 평소 교류가 별로 없었는데, 제가 Y교회 교회개척학교를 마치고 1억 원을 지원받아 개척한다는 얘기를 들으시고 오신 것이었습니다. 예배를 마치고 그분은 제게 쏜살같이 달려와서 축하해 주셨습니다. 그리고 "Y교회 줄을 잘 탔으니 교회가 크게 부흥될 거예요."라는 예언(?)을 하셨습니다. 개척한 교회가 잘 되길 바라는 진심 어린 축복과 격려는 감사했지만, 그분 안에는 세계 최고의 교회를 다닌다는 자부심이 깔려 있었습니다.

그분 말고도 규모가 큰 교회를 다니는 분들을 만나 보면, 하나같이 교회에 대한 자부심이 최고조입니다. 자신이 몸담은 교회를 사랑하고 교회에 대한 자긍심을 갖는 것은 좋은 것입니다. 그런데 문제는 크고 유명한 교회를 다니기 때문에, 자신의 신앙도 매우 훌륭하다고 착각하거나 교만한 태도를 갖는 것입니다.

한국 교회 전체의 70~80%가 50명 미만의 작은 교회입니다. 그런데 오늘날 신자들은 일반적으로 교인 수가 적은 교회를 선호하지 않고, 교인 수가 많은 큰 교회를 선호합니다. 최소한 100명 이상은 되어야지, 50명 이하의 교회는 아예 후보 리스트에서 제외시킨다고 보아야 합니다. 우리 교회도 간간이 낯선 분이 예배하러 오시지만, 등록 신자가 되는 경우는 매우 드문 일입니다.

둘째, 건물입니다. 인싸 교회는 큰 규모의 땅과 건물을 소유하고 있고, 내부 시설도 불편함 없이 잘 갖춰져 있습니다. 하지만 아싸 교회는 작은 규모의 땅과 건물, 혹은 상가에 임대로 있으면서 시설이 열악한 경우가 많습니다. 인테리어를 잘했더라도 규모가 작으면 사람들의 발길이 잘 머물지 않습니다.

셋째, 교회의 시스템입니다. 최윤식 박사는 《2020 2040 한국교회 미래지도》(생명의 말씀사, 2013)에서 현대 교인들이 선호하는 브랜드 교회의 장점에 대해 이런 말을 했습니다.

> 한국 교회에 브랜드 바람이 불기 시작한 것은 1990년대 말이다. …
> 2000년대에 들어서는 모교회 이름만 빌리는 것이 아니라 모교회의
> 프로그램과 목회 철학을 공유하는 교회 개척으로 전환되었다. 이러한
> '교회의 브랜드화'는 장점이 있다. 선택의 홍수 속에 사는 현대 교인
> 들에게 교회를 선택하는 데 필요한 정보를 제공해 줄 수 있다. 이단성
> 이 있거나 건강하지 않은 교회를 선택할 위험을 피하도록 돕는 역할
> 을 한다.

그러면서 최윤식 박사는 브랜드 교회의 장점이 발휘될 수 있는 조건을 언급했습니다.

> 하지만 이러한 장점은 강력한 브랜드를 가진 교회가 상대적으로 교인
> 을 빼앗기는 작은 교회나 연약한 교회를 감싸 안고 도울 수 있을 때에

만 참으로 발휘될 수 있다.

최윤식 박사는 브랜드 교회가 작고 연약한 교회와 상생할 수 있을 때에만, 그 장점이 발휘될 수 있다고 보았습니다. 하지만 현실은 그렇지 않습니다. 크고 유명한 교회에서 지교회 개척의 형태로 부교역자를 파송해, 목회 철학과 프로그램을 그대로 가져가서 프랜차이즈 시스템(franchise system)화하면, 작고 연약한 교회의 신자들이 빨대처럼 빨려갈 가능성이 높습니다. 결국 교회의 시스템과 유명세로 인싸 교회와 아싸 교회가 갈리게 됩니다.

넷째, 담임 목사의 설교와 지명도입니다. 통계 시점마다 조금씩 차이는 있을 수 있지만, 아직까지 성도들이 출석할 교회를 선택하는 주요 기준 가운데 하나는 목회자의 설교입니다. 거기에다 목회자가 유명하기까지 하면 금상첨화입니다. 과거에 비해 목회자들의 설교 수준이 매우 높아졌고 실력도 보편화되었습니다. 유명한 설교자와 무명한 설교자의 격차가 그리 크지 않습니다. 그런데 어떤 환경에서 목회하느냐에 따라 주목을 받을 수도 있고 못 받을 수도 있습니다. 당연히 크고 화려한 교회의 목회자는 말 한마디의 무게감이 다릅니다. 같은 설교를 해도 속된 말로 뽀대가 납니다. 인싸 교회이기 때문입니다. 하지만 작고 무명한 교회의 목회자는 아무리 감동적이고 멋진 설교를 해도 뽀대가 안 납니다. 아싸 교회이기 때문입니다.

이외에도 인싸 교회와 아싸 교회의 현실적인 차이점은 많습니다.

부유한 지역에 위치한 호화로운 교회와 소외된 지역에 위치한 가난한 교회, 고급 외제차와 주택을 제공받고 연간 억대의 연봉을 받는 목회자와 단칸방에 살며 달마다 생계 걱정을 하며 살아야 하는 목회자의 격차가 너무 큽니다. 이처럼 한국 교회는 교회와 목회자의 양극화 문제가 있고, 앞으로도 이 문제는 더욱 커질 것으로 보입니다.

최윤식 박사는 앞서 언급한 책 《2020 2040 한국교회 미래지도》에서 "앞으로 한국 교회는 작은 교회는 계속 더 작아지고 큰 교회는 더욱 커지는 양극화 현상이 심해질 것"이라고 하면서, "더 편한 교회, 더 좋은 시설, 더 큰 교회, 더 쉽게 신앙생활 할 수 있는 교회, 더 좋은 프로그램이 있는 교회로 이동하고 있다."라고 했습니다. 그러면서 "하나님이 이 땅에 세우신 교회는 초대형 교회, 대형 교회, 중형 교회, 소형 교회, 개척 교회 등이 서로 분리된 채 독립적으로 존재하는 것이 아니며, 자연처럼 생태학적 상호연관 관계로 연결되어 있다."라고 했습니다.

모든 지역 교회들은 교회의 머리 되신 예수 그리스도 안에서 각자에게 주신 색깔과 사명을 따라, 서로를 비교하거나 판단하지 말고 더불어 공존하는 우주적인 교회 공동체를 이루어 가야 합니다. 그런데 오늘날 한국 교회의 모습은 어떠합니까?

실천신학대학원대학교 명예 총장인 은준관 박사는 한국 교회의 문제를 지적하면서 "하나님 나라를 지향해야 할 교회가 왕국화되었고, 목회자는 영웅화되었다."라고 주장했습니다. 한국 교회가 세속화의 길로 가면서 "하나님의 이름은 있지만 하나님 없는 왕국화"가 되었고, 신앙의 역동성을 잃어버렸다는 것입니다. 크고 웅장한 대형 교회, 브랜드화된 교회, 강력한 영향력을 가진 교회들이 교회 자체의 확장과 영광에만 집착한다면, 그 교회는 하나님 나라의 지향점을 잃어버리고 몰락의 길로 갈 수밖에 없습니다. 목회자도 마찬가지입니다.

실천신학대학원대학교의 박종환 교수는 실천신학 컨퍼런스에서 "한국 교회의 예배는 지나치게 설교에 집중되어 있고, 예배의 중심에 설교자가 서 있어 그가 우상화되거나 개인의 사상이 하나님 말씀처럼 전해지는 위험성을 갖게 되었다."라고 했습니다.

미국 파라마운트침례교회 앤드루 헤베르(Andrew Heber) 목사는 〈목회자가 가져야 할 단 하나의 목표〉라는 글에서 "어떤 목사도 유명 목사가 되는 것을 목표로 삼아서는 안 된다. 목회 사역에서 가장 중요한 것은 그리스도를 닮아가는 것이다."라고 강조했습니다. 또한 "사역에서 진정한 차이를 만드는 것은 목회자의 매력이나 카리스마, 리더십이 아니라 우리가 예수의 어떤 제자인지를 알고 그리스도와 같은 성품을 지녔는지의 여부가 중요하다."라고 했습니다.

지난 수십 년간 한국 교회는 놀라운 성장을 거듭하면서, 성장 자체에 목적을 둔 목적 전치 현상이 나타났습니다. 그래서 교회들 간의 관계도 하나님 나라를 위해 협력하고 상생하는 우주적 교회의 이상을 실현하기보다는, 오직 개교회의 성장과 이익만을 중시하는 집단처럼 변질되었습니다. 그러므로 교회들은 지나친 개교회주의를 벗어

버리고 내 교회만 키우고 지키겠다는 이기심을 버려야 합니다. 목회자들도 탐욕을 버리고 성도들 앞에서 하나님의 자리를 대신하지 않도록 끊임없이 자신을 성찰하며 채찍질할 수 있어야 합니다.

자신의 인간적인 매력이나 설교의 유능함, 혹은 자신이 가진 능력을 자랑하거나 과시하지 말아야 합니다. 섬김을 받기 위함이 아니라 섬기기 위해 오신 예수님처럼, 겸손히 자신을 낮추고 드러내지 않아야 합니다. 그리고 무엇보다 신앙과 목회의 본질에 집중해야 합니다. 주님 성품 닮기를 힘쓰고, 하나님을 사랑해야 합니다. 맡겨 주신 영혼을 사랑하고 하나님 말씀을 깊이 묵상하여, 자신이 먼저 묵상한 대로 살아 내기를 힘써야 합니다. 그래야 그 말씀이 자신을 변화시키고 성도를 변화시키는 능력이 될 수 있습니다.

목사들이여! 슈퍼맨, 혹은 아이언맨이 되려고 억지 부리지 맙시다. 목사는 영웅이 아니라 하나님 앞에서 한없이 부족한 한 인간이요, 교회에서 누구보다 연약한 하나의 지체일 뿐입니다. 하나님이 보실 때 내 교회와 네 교회가 어디 있습니까? 좋은 교회와 나쁜 교회가 어디 있습니까? 큰 교회와 작은 교회가 어디 있습니까? 인싸 교회와 아싸 교회가 어디 있습니까? 하나님 앞에서는 오직 주님의 교회만 있을 뿐입니다.

교회들이여! 세상에서 주목받는 인싸가 되지 말고, 하나님 나라에서 주목받는 핵인싸가 됩시다.

바람처럼 사라진 동역자

2022년 3월 9일 수요일 오후였습니다. 지방회 재무부장이신 J 목사님께 전화가 걸려 왔습니다.

"안녕하세요, 목사님."

제가 먼저 반가운 목소리로 전화기에 대고 말했습니다.

"목사님…"

아! 그런데 이게 어찌된 일입니까? 울먹이는 목소리의 주인공은 J 목사님이 아니라 사모님이었습니다.

"사모님, 무슨 일이세요?"
"목사님! 우리 목사님이 얼마 전에 H기도원에 올라가셨는데, 기도원에서 돌아가신 것 같다고 방금 전화가 왔어요. 어떡해요 목사님?"

"아니… 그게 무슨 말씀이세요?"

어안이 벙벙해진 저는 말을 잇지 못했습니다. 사모님은 기도원에서 걸려 온 전화를 받으시고는 안절부절못하고 지방회 총무인 저에게 전화를 하신 것이었습니다. 기도원에서는 119를 불러 구급차가 가는 중이었고, 사모님도 기도원으로 가는 중이었습니다. 도저히 믿기지 않는 소식이어서 너무 당황했지만, '돌아가신 것 같다'라는 말에 일말의 희망을 품었습니다. 그리고 최대한 차분한 마음 상태를 유지하며 사모님께 말씀드렸습니다.

"사모님! 일단 구급차가 가고 있다니까 조금만 기다려 보세요. 얼른 응급 처치하면 괜찮을 거니까 놀라지 마시고 기도원으로 올라가세요. 지방회 목사님들과 긴급히 기도하겠습니다!"

그리고 나서 한 시간쯤 지났을 때, 이번에는 사회복지부장 목사님께 전화가 걸려 왔습니다.

"목사님. J 목사님이 최종 사망하신 것으로 확인되었습니다!"

청천벽력 같은 비보를 듣고 저는 어찌할 바를 몰랐습니다.

"이게 도대체 무슨 일이란 말인가?"

　J 목사님은 저보다 두 살 많은 아직 젊은 목사님이십니다. 다른 도시에서 장로교 목사로 사역하시다가 충주로 오셔서 교회를 개척하시고, 침례교단 신학 공부를 하신 후 정식 침례교 목사가 되셨습니다. 지방회에 가입해서 함께 동역자로 있은 지 6년째가 되었습니다. 그런데 이렇게 빨리 우리 곁을 떠나리라고는 전혀 예상치 못했습니다.

　장례 둘째 날 저녁, 아내와 함께 빈소로 조문을 갔습니다. 고인의 영정 사진을 보는 순간 가슴이 먹먹해졌고, 상복을 입고 멍하니 서 있는 목사님의 두 자녀와 사모님을 보는 순간 가슴이 무너져 내렸습니다. 큰아들은 올해 스물한 살인데 군 복무 중에 장례 휴가를 나왔고, 둘째인 딸은 여고생 1학년이었습니다. 갑자기 사랑하는 아빠를 잃어버렸으니 그 상실감이 얼마나 크겠습니까? 특히 감수성 예민한 청소년기를 보내고 있는 딸이 마음에 걸렸습니다.

　조문을 마치고 식당으로 갔습니다. 사모님으로부터 J 목사님에 대한 이야기를 들었습니다. 해마다 목사님은 사순절 기간에 작정 기도를 하셨다고 합니다. 주로 교회에서 기도하셨는데 이번에는 특별히 금식 기도를 결단하시고 기도원으로 가신 것이었습니다.

　하늘의 부름을 받을 것이라고 미리 예견하셨는지는 모르지만, 목사님은 기도원에 올라가면서 양말도 흰색으로 갈아 신고, 성경책도 새 것을 한 권 사서 새로운 마음을 품고 가셨습니다. 그리고 결정적으로 휴대폰도 일부러 집에 두고 가셨습니다. 주님을 만나는데 휴대폰도 방해가 될 것이라고 생각한 것입니다. 사모님은 "기도원에 가지 말고 교회에서 기도하시는 게 어떨까요?"라고 제안하셨지만, 목사님은 기어코 기도원에 가서 금식기도 하는 길을 택하셨습니다. 그만큼 목사님은 나름 절박한 상황과 기도 제목이 있어서 부르짖지 않고는 견딜 수 없었던 것입니다.

사실 J 목사님의 목회적 상황은 편치 않았습니다. 아는 사람 한 명 없는 지역에, 오래되고 낡은 건물을 싼값에 대출을 받아 구매했습니다. 여유 자금이 없으니까 금액에 맞춰 건물 안에 예배당 공간과 사택을 꾸몄습니다. 몇 년 전 지방회 총회에서 J 목사님이 재무부장으로 선출되셔서, 전임 재무부장이었던 제가 인수인계를 하러 간 적이 있습니다. 점심 식사를 같이 하고 J 목사님 사택으로 가서, 컴퓨터를 활용하여 재무 업무에 대한 설명을 해드렸습니다. 그런데 지하도 아닌 2층 건물이 얼마나 습하고 공기가 안 통하던지 '이런 데서 가족들이 어떻게 사나?' 하는 생각을 했습니다.

교회당 내부는 더 열악했습니다. 역시 습한 냄새가 가득했고, 바닥에 장판을 깔았는데 울퉁불퉁했습니다. 사연을 들으니 전에도 교회가 있었는데, 바닥 공사를 할 때 나무와 벽돌 같은 건축 폐기물을 치우지 않고 그냥 덮고 마감을 했던 것입니다. 그러다 보니 바닥 밑에 덮여 있던 나무에 습기가 차고 부패하면서 곰팡이 냄새가 났고, 부분적으로 바닥이 꺼지는 현상이 나타났습니다.

언젠가 그 교회에서 지방회 월례회를 할 때, 지방회 목사님 한 분이 열악한 예배당 환경을 보고 내부 리모델링 공사비 지원에 대한 건의를 했습니다. 적은 금액이었지만 지방회의 결의로 J 목사님이 섬기는 교회의 수리비를 지원하기도 했습니다. 충분하지는 않았지만 연약한 교회에 조금이나마 힘이 된 것에 감사했습니다. 그 후로 공사비용 절감을 위해 지방회 목사님 몇 분이 몸으로 함께 섬겼습니다. 저도 공사를 위해 무거운 짐을 옮기고 바닥 폐기물 처리를 할 때 힘을 실어 드린 일이 있습니다. 오랜 시간이 걸렸지만, 여러 분의 작은 손길이 모여 마침내 리모델링을 마칠 수 있었습니다. 그렇게 해서 용기를 얻고 새로운 마음으로 목회를 이어 갔습니다.

그런데 목회라는 것이 그리 간단한 일이 아니죠. 한 고비를 넘으면 또 한 고비가 나오고, 하나의 산을 넘으면 또 다른 큰 산이 앞을 가로막는 일이 비일비재 합니다. 특히나 개척 교회는 더욱 그렇습니다. 건물이나 외적 환경을 바꾸는 효과는 오래 가지 않습니다. 내면의 본질적인 변화와 지속적인 부흥이 일어나야 합니다. 죽어 있던 영혼이 복음을 듣고 하나님을 만나는 사건이 계속되어야 합니다. 영적 침체에 빠져 있던 성도들이 살아나는 일이 끊이지 않아야 합니다.

하지만 기대와 달리 그런 일들은 잘 일어나지 않습니다. 게다가 2년 이상 계속된 코로나 팬데믹으로 인해, 기존의 성도들은 자신이 섬기던 공동체를 많이 떠나갔습니다. 교회의 규모를 떠나서 한국 교회 전체가 그러했습니다. 그중에 가장 가슴 아픈 교회는 역시 미자립 개척 교회들입니다. 작은 교회들은 극한의 위기 상황에 내몰리면 존립 자체가 위협을 받습니다. 따라서 작은 교회 목회자들이 감내해야 할 내적, 외적 압박과 스트레스는 상상 이상입니다.

J 목사님도 얼마든지 그런 목회적 어려움과 한계 속에서, 어떤 돌파구를 찾고 싶어 했던 것 같습니다. 그것이 가시적으로는 기도원에 가서 작정 금식기도를 하는 것이었다고 생각됩니다. 사모님 얘기를 들으니 J 목사님은 이번에 기도원에 올라가면서, 텐트를 가져가서 산 기도를 하고 싶어 했다고 하셨습니다. 하지만 여의치 않아 산 기도는 안 하셨는데, 물을 잘 안 드시면서 7일간 금식기도를 했습니다. 평소 건강에 특별한 문제는 없었다고 했는데, 아마도 금식의 과정에서 몸에 큰 이상이 생긴 것으로 보입니다. 나중에 병원에서 시신의 사인을 파악할 때 확인했는데, J 목사님의 목에는 피가 맺혀 있었습니다. 그리고 심장에 이상이 생겨서 사망한 것으로 결론 지었습니다.

저의 판단이지만 J 목사님의 여러 정황을 듣고 나름 퍼즐 조각을 맞춰 보았습니다. J 목사님은 절박하고 고통스런 목회적 환경에서 돌파구를 찾기 위해 하나님의 도우심을 구하며 간절히 부르짖었습니다. 금식으로 몸이 약해진 상태에서 죽기살기로 부르짖으니까 목에 피도 맺히고, 결과적으로 몸에 큰 무리가 되었던 것입니다. 그 상태에서 숙소로 돌아와 잠을 잤고 조용히 하늘의 부름을 받았습니다. 그런데 J 목사님이 사망한 것을 아무도 보지 못하고 어느 정도 시간이 지나고 나서야 발견했다고 합니다. 따끈한 방바닥 위에 누워 있던 시신은 이미 부패가 진행되고 있었던 것입니다. 소천하기 며칠 전까지만 해도 저와 여러 번 통화했는데, J 목사님은 갑자기 바람처럼 사라지고 말았습니다. 만감이 교차했습니다. 지방회 후배 목사님 한 분은 J 목사님의 부음을 듣고는 너무 이상하고 마음이 힘들어, 그날 밤 잠을 설쳤다고 합니다.

사람은 누구나 이 땅에 보내심을 받을 때가 있지만, 언젠가 하늘의 부르심을 받을 때가 있습니다. 어떤 이에게는 죽음의 때가 J 목사님처럼 갑자기 찾아오기도 하고, 그때를 어느 정도 감지하며 서서히 찾아오기도 합니다. 저명한 개혁주의 신학자 R. C. 스프로울은 《고난과 죽음을 말하다》(생명의 말씀사, 2015)에서 "죽음은 우리 삶에 대한 하나님의 목적의 일부요, 그리스도의 사역에 대한 소명처럼 하나님으로부터 임하는 소명이다."라고 했습니다. 그러면서 "죽음의 소명도 거룩한 것이다."라고 했습니다.

그리스도 안에서는 죽음도 거룩한 소명임을 전적으로 공감합니다. 그런데 그 죽음의 현실을 곁에서 맞이하는 자들에게는 두려움이 생기기도 합니다. 나와 비슷한 나이의 목사님이 갑자기 하늘의 부름을 받으셨듯이, 누구도 살 만큼 다 살다가 주님 앞에 간다는 보장을 할 수 없습니다. 우리 지방회 역사에서 지방회원 목사님이 소천한 일은 이번이 처음입니다. 배우자나 가족들이 소천한 일은 있었지만, 목사님 본인의 죽음은 처음이었기에 모든 지방회 목사님들이 적지 않은 충격을 받았습니다.

이번에 J 목사님이 기도원에 가신 사연을 들으며 저는 목회자로서 부끄러웠습니다. 왜냐하면 저는 지금이 사순절 기간인 줄도 모르고 지냈는데, J 목사님은 해마다 사순절에 작정 기도로 주님 앞에 나아가는 열정이 있었기 때문입니다. 그리고 저는 기도하는 중에도 필요하면 전화도 하고 인터넷 검색도 하는데, J 목사님은 주님과의 만남에 집중하기 위해, 현대인의 필수품인 휴대폰마저 집에 놓고 가는 단호함이 있었습니다. 만약 휴대폰을 갖고 갔더라면 위급한 상황에 긴급 연락을 취해서 불행한 일을 면했을 수도 있었을 것입니다. 하나님 앞에서 열정과 단호한 결단이 약화된 제 모습을 보고 부끄러웠습니다.

그리고 같은 시대, 같은 지역에서 힘겹게 목회하시던 J 목사님께 더 많은 관심을 갖지 못하고 더 많은 교제를 나누지 못한 것이 너무 안타깝고 아쉬웠습니다. 지방회 업무 때문에는 자주 통화했고 지방회에서도 만났지만, 개인적인 교제를 별로 갖지 못한 것이 후회됩니다. 수년 전 재무부 업무를 인수인계해 드리면서 밥 한 끼 사드린 것이 개인적인 만남의 처음이자 마지막이었습니다.

'내가 평소에 조금만 더 관심을 갖고 다가갈 걸…?'
'내가 조금만 더 적극적으로 돌아볼 걸…?'

후회해도 소용없는 일이지만 다시는 이런 후회가 없기를 바라며 스스로에게 채찍을 가했습니다.

모든 장례가 마친 후 J 목사님 사모님으로부터 전화가 걸려 왔습니다. 목사님 유품을 정리하면서 지방회 총무인 저에게 재무부 자료를 돌려주고, 목사님의 소천으로 인한 교회의 후속 조치를 상의하기 위해서였습니다. 떠난 자는 주님 품 안에서 안식하지만, 남은 자는 고단한 현실의 무게를 버텨 내야 했습니다. 목사님이 일하시던 사무실 책상에 앉아 지방회 관련 서류를 챙겼습니다. 컴퓨터를 켜고 바탕화면에 있던 파일도 USB에 옮겨 담았습니다. 3년 전 인수인계하던 그때가 또렷이 생각나 짠한 마음이 들었습니다.

잠시 후 예배당에 가서 기도드렸습니다. 사모님은 또 다시 눈물을 흘렸습니다. 남편을 여읜 사모님께, 아빠를 잃은 두 남매에게 해줄 수 있는 위로의 말이 없었습니다. 사모님과 필요한 얘기를 나누고 저는 봉투 하나를 건넸습니다. 아내가 빈소로 문상 갔다가 고등학생 딸이 있는 것을 보고 눈에 밟힌다며, 조금이라도 위로가 되고 싶어 저에게 부탁한 것입니다. 우리도 여유가 없는 형편이었지만 애잔한 마음을 이렇게라도 표현하지 않으면 견디기 힘들 것 같았습니다.

개척한 지 6년 밖에 안 된, 50대 초반의 젊은 목회자를 홀연히 데려가신 하나님이 야속하다는 생각이 들었습니다. 이게 과연 하나님의 최선인지 잘 모르겠습니다. 하지만 하나님의 뜻은 얼마든지 인간의 이해 영역을 뛰어넘곤 합니다. 누구도 예상치 못한 J 목사님의 죽음을 놓고, 인간인 제가 섣부른 해석과 판단을 내릴 수는 없습니다.

하지만 사모님이 전해 준 이야기를 들으면서 저는 스스로 이런 결론
을 내렸습니다.

'하나님을 향해 자신의 온몸과 마음을 드리려 했던, 목사님의 그 몸과
마음 그대로를 주님이 받기 원하셨구나!'

한동안 바람처럼 사라진 동역자 J 목사님이 그리울 것 같습니다.
하지만 부활의 소망이 있기에 절망하지 않습니다. 부디 남겨진 가족
들에게, 그리고 남겨진 개척 교회 성도들에게 주님의 선하신 보호와
인도하심이 있기를 간구할 뿐입니다.

가난하고 소외된 자들과 함께

교회에는 가난하고 힘들게 사는 분들이 자주 찾아오십니다. 교회를 개척하고 난 후 어디서 소문을 들었는지 교회에 무언가를 달라고 방문하는 분들의 발길이 끊이지 않았습니다.

"배가 고파서 왔어요. 먹을 것 좀 주세요."

"집이 서울인데 차비가 없어서 못 가고 있어요. 조금만 보태 주세요."

어떤 경우는 은행에 돈 맡긴 사람처럼 무작정 와서 돈을 달라는 경우도 있습니다. 거동이 불편하신 한 장애인은 정기적으로 교회 정문 앞에 휠체어를 타고 와서 아무 말 없이 손을 벌립니다. 작은 교회라 많은 것을 챙겨 줄 수는 없지만, 달라는 자에게 외면하지 않고 조금이라도 도움을 주고자 했습니다.

한번은 청년으로 보이는 한 남성이 사택 초인종을 누른 후 밥을 달라고 요구했습니다. 혹시 돈을 요구하는가 했더니 그렇지 않고 그저 밥 한 그릇 먹기를 원했습니다. 그래서 사택으로 불러들여 겸상해서 밥을 먹었습니다. 도대체 이 청년에게 무슨 사연이 있는지 궁금했지만 묻지 않았고, 마음속으로 평안을 빌며 떠나보냈습니다.

언젠가는 제법 키가 큰 남성이 주일 밤에 찾아왔습니다. 행색이 말끔하고 말도 예의를 갖춰 정중하게 하는 사람이었습니다. 그런데 이 밤에 무슨 일인가 물었더니, 부산에서 일거리를 찾아 여기까지 왔는데 할 일을 찾지 못하고 있다가 날은 어두워지고 방 얻을 돈은 없는데, 지나가다가 붉은색 십자가 네온사인이 보여 우리 교회로 들어왔다는 것입니다. 그러면서 교회에서 하룻밤 재워 줄 수 있느냐 물으며 갑자기 제게 본인 주민등록증을 꺼내 보여 주었습니다. 불안하면 자신의 신분을 확인해 보라는 것이었죠. 그런 행동에 약간 안심을 하고서 재워 주기로 마음먹었습니다. 2층은 가족들이 쓰는 사택이니 어렵고, 1층 예배당 뒤편에 있는 유아실에서 자도록 허락했습니다. 남성은 환한 표정을 지으며 감사하다고 했습니다. 그러더니 한술 더 떠서 부탁을 하는데, 하루가 아닌 한 달 정도를 재워 달라는 것입니다. 그건 어렵겠다고 했습니다. 그러자 곧바로 한 가지 부탁을 더 했습니다. 찬밥 있으면 밥 한 그릇 줄 수 있냐는 것입니다. 그가 원하는 대로 해주었습니다. 잠시 후 이불과 베개, 밥과 반찬을 챙겨 주며 하룻밤을 묵게 했습니다. 그리고 다음 날 아침, 이 남성은 흔적도 없이 사라졌습니다.

개척 초기에는 이런 일도 있었습니다. 나이 50쯤 되어 보이는 한 남성이 살짝 다리를 절면서 교회를 찾아왔습니다. 어떻게 오셨냐고 했더니 오늘 교회 앞 아파트로 이사 왔는데, 아직 짐 정리가 안 돼서 그러니 쌀 좀 줄 수 있냐는 것이었습니다. 흔쾌히 사택에 있는 쌀을 퍼다 드렸습니다. 쌀을 받고 가실 줄 알았는데 안 가시고, 저한테 할 말이 있다며 이야기를 시작했습니다.

충주로 이사 오기 전에 섬기던 교회에서 모든 가족이 열심히 봉사를 했으니, 앞으로는 우리 교회에 등록해서 최선을 다해 교회를 섬기겠다는 약속을 했습니다. 그러면서 부탁하기를, 우리 교회 뒤편에 있는 세탁소의 상호를 말하면서 자기가 그 세탁소를 인수해서 운영하기로 했다는 것입니다. 그런데 당장 내일 세탁소 문을 열려면 세탁소 부품이 필요한데, 그 부품을 파는 시내 점포로 운전 좀 해달라는 것입니다. 그래서 저는 그분을 태우고 시내 점포로 갔습니다. 그런데 모든 점포가 문을 닫아서 부품을 사지 못했습니다.

잠시 후 저는 그분이 이사 왔다는 교회 맞은편 아파트로 모셔다 드렸습니다. 그런데 차에서 내리기 전에 또 다른 부탁을 하셨습니다. 지금 수중에 돈이 하나도 없는데 4만 원만 빌려주면 주일에 가서 갚겠다는 것이었습니다. 저는 순간 당황했고 망설였습니다. 제가 당황하는 표정을 짓자, 목사님이 자기를 못 믿으시냐고 하며 걱정하지 말라고 했습니다. 계속 나를 이용한다는 느낌이 들었지만, 속는 셈 치고 지갑에서 4만 원을 꺼내 주었습니다. 이 남성은 감사하다는 말을 남기고 아파트 안으로 들어갔습니다. 그리고 며칠 후 주일이 되었습니다. 어떻게 되었을까요? 그분은 그림자도 보이지 않았습니다.

또 최근에는 이런 일도 있었습니다. 누군가 대낮에 사택 초인종을 누르더니 인터폰으로 "지금 감사 헌금 14만 원을 갖고 왔으니 내려와서 받아 가세요."라고 말하는 것이었습니다. 저는 곧바로 누구시냐고 물었습니다. 그런데 몇 번을 물어도 묵묵부답이었습니다. 잠시 후 내려가 문을 열었는데 아무도 없었습니다. 이상한 일이다 싶었는데 얼마 전 지방회 목사님으로부터 그분에 관한 얘기를 들었습니다. 키가 작고 하모니카를 부는 분이 여러 교회를 다니며 목회자에게 복잡한 이야기를 하는데, 결국은 돈을 얻어 가는 것이 목적이었다고 말입니다.

이렇게 교회를 방문하는 나그네들의 이야기는 끝도 없습니다. 그들은 큰 교회보다는 작은 교회를 선호합니다. 코로나로 한동안 발길이 뜸했지만, 방역 지침이 완화되자 그들의 활동이 다시 활발해지기 시작했습니다. 그들 중에는 찢어지게 가난하고 어려운 형편에 처한 분들도 있지만, 그렇지 않은 분들도 많습니다. 그래서 건강하고 말끔한 행색을 한 분들은 돕고 싶지 않은 마음도 생깁니다. 하지만 어찌 그것을 일일이 분간할 수 있겠습니까? 그들이 거짓말을 하든 나를 이용해 먹든, 저는 성경의 가르침대로 행하면 된다고 생각합니다.

마태복음 5장 42절에서는 "네게 구하는 자에게 주며 네게 꾸고자 하는 자에게 거절하지 말라"고 했습니다. 마태복음 25장 40절에서는 예수님께서 "너희가 여기 내 형제 중에 지극히 작은 자 하나에게 한 것이 곧 내게 한 것이니라"고 말씀하셨습니다. 적어도 그리스도인이라면 구하는 자에게 기꺼이 주는 모습과 지극히 작은 자 하나에게 한 것이 예수님께 하는 것임을 잊지 않고 행하는 자세가 필요합니다. 성경 전체에서 구제는 일관되게 강조하는 하나님 나라의 중요한 가치이자 사역이었습니다.

구약 시대 이스라엘에는 가난한 자들을 돕는 제도들이 마련되어 있었습니다. 대표적으로는 매 3년마다 따로 모아서 드리는 두 번째 십일조입니다. 이것은 매년 드리는 정기적인 십일조와는 별도로 가난한 이웃의 구제를 위한 십일조입니다. 신명기 14장에서 하나님은 율법을 통해 이스라엘 백성들에게 사회적 약자를 돌보라고 명하셨습니다. 그 대상은 기업이 없는 레위인을 비롯해 고아와 과부, 나그네였습니다.

구약 시대 또 하나의 대표적인 제도는 추수할 때 가난한 이웃을 위해 일부를 남겨 두는 섬세한 배려였습니다. 신명기 24장에 보면, 곡식을 거둘 때는 밭모퉁이까지 다 거두지 말고 떨어진 이삭도 줍지 말아야 했습니다. 포도원에서 포도를 딴 후에 남은 것이 있어도 그것을 다시 따지 말고, 객과 고아와 과부를 위해 남겨 두어야 했습니다. 이 얼마나 아름답고 따뜻한 사랑의 배려입니까?

신약 성경 로마서 15장에서는 이방인 그리스도인들이 예루살렘의 가난한 성도들을 위해 구제 헌금을 하고, 바울을 통해 예루살렘교회에 전달하기도 했습니다. 이처럼 가난하고 소외된 자들을 섬기고 구제하는 것은 주님의 교회가 감당해야 할 소중한 사역이라고 할 수 있습니다. 이것은 단지 인간의 선한 행위를 실천하는 차원이 아니라, 하나님의 사랑과 긍휼을 세상에 전달하는 거룩한 행위입니다. 그 일에 교회는 축복의 통로 역할을 하는 것입니다.

우리 교회는 체계적이고 정기적인 구제 사역을 할 만한 역량이 없습니다. 하지만 적어도 우리 눈앞에 발견된 가난하고 소외된 형제와 이웃의 고통을 외면하지는 않습니다. 이혼의 상처와 함께 물질적 궁핍을 겪는 자매를 위해 약간의 격려금을 줄 수 있는 마음, 장애인으로 살며 먹을 것이 없어 배고파하는 형제에게 따뜻한 국수 한 그릇 사줄 수 있는 마음, 부모 없이 연로한 할머니의 돌봄을 받으며 사는 가난하고 외로운 학생에게 설날 세뱃돈을 손에 쥐어 줄 수 있는 마음, 앞으로도 그런 마음을 소중한 보물처럼 지키며 사는 교회이고 싶습니다.

복음 전도와 사회 정의를 포괄하는 온전한 기독교를 주창하는 세계적인 복음주의 지도자 로날드 사이더(Ronald Sider)는 그의 대표작 《가난한 시대를 사는 부유한 그리스도인》(IVP, 1998)에서 이렇게 말합니다.

> 가난한 사람들에 대한 하나님의 특별한 관심은 변하지 않았다. 수많은 성경 본문은, 하나님은 여전히 우리가 가장 가난한 사람들에게 어떻게 행하는지에 따라 우리 사회를 평가하신다고 말한다. 예수님의

말씀은 여전히 부유한 사람들이 주린 자를 먹이고 벗은 자를 입히지 않는다면 지옥에 갈 것이라는 점을 그들에게 상기시킨다.

로날드 사이더는 무서운 경고를 하고 있습니다. 우리는 언젠가 사회에서 가장 연약하고 헐벗은 자들에게 행한 그것으로 하나님의 정확한 판단을 받게 될 것입니다. 그러므로 교회 안의 형제든, 교회 밖의 이웃이든 주님의 교회는 가난하고 소외된 자들을 향한 그리스도의 사랑과 사회적 책임을 실천해야 합니다. 화려하고 거창하지는 않아도 내게 주신 것으로, 내가 할 수 있는 만큼, 하나님의 눈을 의식하며 가난하고 소외된 이웃을 사랑하며 섬겨야겠습니다.

가난한 자를 불쌍히 여기는 것은 여호와께 꾸어 드리는 것이니 그의 선행을 그에게 갚아 주시리라 _잠 19:17

위대한 공급자

제가 좋아하는 성경 구절 중 하나가 빌립보서 4장 19절입니다.

나의 하나님이 그리스도 예수 안에서 영광 가운데 그 풍성한 대로 너희 모든 쓸 것을 채우시리라 _빌 4:19

이 말씀은 하나님을 믿는 신자라면 누구나 인생의 경험을 통해 자주 공감하는 구절입니다. 저 역시도 마찬가지입니다. 특히 신학교에 입학하면서부터 목회하는 지금에 이르기까지, 때를 따라 공급하시는 하나님의 손길을 끊임없이 체험하며 살고 있습니다.

신학교 시절 하나님은 주로 부모님의 손길을 통해 필요를 채워 주셨습니다. 매주 몇 만 원씩을 손에 쥐어 주시면 그걸로 차비도 하고 생활비도 했습니다. 그런데 학기 초가 되면 많은 비용이 들어갔습니다. 새로운 강의 과목의 교재를 사야 했기 때문입니다. 하지만 넉넉지 않은 가정 형편에 책 살 돈을 더 달라고 하기가 죄송해서 말씀드리지 않았습니다. 그리고 주님께 이야기하듯 홀로 기도했습니다.

> "주님! 새 학기 필수 과목 교재를 사려면 이번 주에 6만 원이 꼭 필요
> 한데 6만 원만 주세요."

아무에게도 말하지 않고 오직 주님께만 아뢰었습니다. 월요일 아침 일찍 기차를 타고 대전을 가야 하기 때문에, 주일 밤까지는 책값이 확보되어야 했습니다. 그래야 월요일부터 시작되는 강의를 듣는 데 지장이 없었습니다. 그 당시는 교회에서 주일 오전 예배와 저녁 예배가 있었습니다. 주일 오후에 집에서 좀 쉬었다가 저녁 예배를 드리러 가곤 했습니다. 그런데 주일 오후에 쉬고 있는데 갑자기 할머니께서 주머니에서 만 원짜리 두 장을 꺼내시더니 저에게 주셨습니다. 필요한 데 쓰라고 말입니다. 할머니는 아버지에게 가끔 용돈을 받아 쓰시기 때문에 수중에 돈도 별로 없으셨고, 또 손주들에게 돈 주는 일이 거의 없으셨습니다. 그런데 그날따라 이상하게 저에게 돈을 주신 것입니다.

저녁 때가 되어 교회에서 저녁 예배를 드리고 나왔습니다. 그런데 갑자기 교회 전도사님인 매형이 다가오더니 하얀 봉투를 건네셨습니다. 새 학기 책값에 보태라며 주신 격려금이었습니다. 집에 와서 봉투를 열어 보니 4만 원이 들어 있었습니다.

그때는 제가 6만 원을 달라고 기도한 것을 까마득히 잊고 있었습

니다. 다음 날 아침 대전행 기차를 타고 학교에 갔습니다. 수업 전에 구내 서점에서 강의 교재를 구입하는데, 별안간 며칠 전 기도했던 내용이 생각났습니다.

'맞아! 내가 책값 6만 원을 달라고 기도했었지!'

천 원의 오차도 없는 정확한 응답 앞에 깜짝 놀랐습니다.

신학교 후배 중 한 명은 학교에서 정신없이 한 주를 보내고 집에 가려고 대전역을 향해 갔습니다. 그런데 지갑에 돈이 한 푼도 없어서 기차표를 끊을 수 없게 되었습니다. 출발 시간은 임박했는데, 표 끊을 돈은 없고 마음은 다급해졌습니다. 해결할 방법이 없어서 마음속으로 하나님께 도와달라고 절박하게 기도했습니다. 그랬더니 "그냥 줄을 서라"고 하는 마음의 음성 같은 것이 들렸다고 합니다. 그래서 후배는 무작정 줄을 섰습니다. 한 사람씩 표를 끊고 개찰구로 들어가는데, 자기 바로 앞에 있던 사람이 표 끊을 차례가 되었습니다. 전혀 알지 못하는 사람인데 자기 표를 끊더니 갑자기 후배를 향해 고개를 돌렸습니다. 그리고는 밑도 끝도 없이 "어디까지 가세요? 제가 표 끊어드리겠습니다."라고 말하더니 충주행 기차표를 그냥 끊어 주고 사라졌다고 합니다. 후배는 도저히 믿기지 않는 돌발 상황 앞에 어안이 벙벙했지만, 하나님의 기막힌 응답임을 깨닫고 뛸 듯이 하나님을 찬양했다고 합니다.

시골에서 어렵게 목회하시는 제가 아는 어떤 목사님은 자녀들을 키우면서도 늘 그 필요를 채워 주지 못해 안타까운 마음이 있으셨습니다. 그런데 자녀가 어렸을 때, 어느 날 아들이 태권도를 배우고 싶다며 보채는데, 태권도 학원을 보낼 형편이 안되어 마음 아파했습니다. 그런데 그 일이 있은 후 얼마 지나지 않아 어떤 분을 만나 도움을 받게 되었습니다.

"목사님! 자녀분 계시면 저희 학원 보내세요. 무료로 교육시켜 드리겠습니다."

알고 보니 그분은 태권도 학원을 운영하는 분이었다고 합니다.

여러분 어떻습니까? 지금까지 언급한 것은 몇 가지 사례지만, 우주 만물을 창조하시고 다스리시며 공급하시는 하나님의 손길이 세상 곳곳에 얼마나 많고 다양하겠습니까? 그런데 우리는 하나님의 공급하심을 묵상할 때, 필요와 욕구를 구분할 필요가 있습니다. 찰스 스탠리(Charles Stanley)의 책 《하나님의 완전한 공급》(아가페북스, 2013)를 보면, '필요'에 관하여 이렇게 언급했습니다.

필요란, 하나님이 우리를 향한 계획을 이루시는 데 본질적인 것이다. 물이나 밥 또는 집과 같이 기본적인 것일 수도 있고, 하나님의 계획과 목적을 수행하기 위해 요구되는 교육이나 훈련일 수도 있다. 또 하나님이 우리에게 주신 직장과 가정을 영위해 나가기 위한 금전적인 것일 수도 있다. 필요는 하나님이 우리에게 바라시는 것을 더 확실히 인식하게 하는 일종의 나침반과 같은 것이다.

욕구에 대한 그의 설명도 들어 보십시오.

욕구는 본질적인 것이라기보다는 즐거움을 위한 것이다. 욕구는 대개 갈망하고 꿈꾸는 것이다. 욕구가 본질적인 것이 아니라고 해서 하나님이 중요하게 여기지 않으시는 것은 아니다. 어떤 욕구가 삶에 필수적인 것은 아니라 해도 그것은 삶의 즐거움 또는 기쁨과 관련된 것이며, 하나님도 우리가 즐거움과 기쁨, 재미를 누리며 살기를 원하신다. 성경 어디에도, 하나님이 우리의 필요는 채워 주시고 우리의 욕구는 외면하신다는 말은 없다. 하나님은 모든 필요를 채워 주신다고 약속하셨다. 그러나 모든 욕구를 충족시켜 주시겠다고 약속하지는 않으셨다.

요컨대, '필요'는 하나님의 계획을 이루는 본질적인 것이요, '욕구'는 본질적이기보다는 즐거움을 위한 것임을 알 수 있습니다. 하지만 이것도 취하고 저것도 버리지 말아야 하는데, 신자의 중요한 초점은 '필요'에 맞춰져 있어야 한다는 것입니다. 그런데 현실 세계에서 하나님의 공급을 기대하는 신자들의 초점은 '욕구'에 맞춰질 때가 많습니다. 그리고 욕구를 필요인 것처럼 둔갑시켜 자신을 속일 때도 있습니다. 그러므로 그리스도인은 항상 우리를 향한 하나님의 선하신 계획과 목적에 집중하여, 필요를 채우시는 하나님의 공급에 민감해야 합니다.

성경에는 하나님의 공급하심에 대한 사건이 자주 등장합니다. 구약에서는 만나와 메추라기 사건이 대표적입니다. 하나님은 하루 양식만 거두게 하셨는데 백성들이 욕심을 부려 필요 이상으로 거둬 가면, 다음 날 어김 없이 벌레가 생기고 고약한 냄새가 났습니다. 이렇게 필요를 따라 하나님의 공급을 기대하는 것은 복음서에서 예수님이 가르쳐 주신 기도의 내용과도 연결됩니다.

오늘 우리에게 일용할 양식을 주시옵고 _마 6:11

《죠지 뮬러의 일기》(두란노서원, 1991)를 보면, 고아들의 아버지요 위대한 기도의 사람인 죠지 뮬러(George Muller)의 이야기가 나옵니다. 그는 고아원을 시작할 때부터 사람에게는 어떤 도움도 요청하지 않고, 오직 하나님께만 기도로 필요를 아뢰며 고아원을 운영한다는 원칙을 세웠습니다. 그런데 신기한 것은 그렇게 60여 년간 고아들을 돌보면서 단 한 끼도 굶은 적이 없었다는 사실입니다. 5만 번 이상의 기도 응답을 일일이 열거할 수는 없지만, 많은 이들에게 회자되는 유명한 일화가 있습니다.

폭우가 쏟아지는 어느 날 아침, 고아원에 먹을 양식이 하나도 없어 죠지 뮬러는 400명의 고아와 함께 빈 식탁에 둘러앉아 식사에 대한 감사 기도를 드렸습니다. 그런데 기도가 끝나고 나니 어떤 마차가 고아원 앞에 도착했고, 그 마차에는 그날 아침에 구운 빵과 신선한 우유가 가득했습니다. 사연을 들으니 인근 공장에서 종업원들 야유회를 위해 빵과 우유를 주문했지만, 폭우 때문에 취소되는 바람에 고아들을 주기 위해 가져왔다는 것입니다. 이렇게 죠지 뮬러는 고아들을 섬기며 필요를 공급하시는 하나님을 매순간마다 경험했습니다.

예전에 여러 성도들이 교회를 떠나면서 재정적 압박에 시달린 적이 있었습니다. 매달마다 카드값이 7~80만 원 정도 마이너스 되는 상황이 벌어졌습니다. 그때는 멘붕이 와서 마음을 지키기가 힘들었습니다. 하지만 하나님은 생각지 못한 방법으로 필요를 공급해 주셨고, 모든 위기를 극복하게 하셨습니다.

코로나가 터지면서 2년 이상 교회의 역동성이 많이 약화되었습니다. 비대면 예배를 드리다가 장기 결석하는 분도 있고, 다른 교회로 떠난 성도도 있습니다. 아예 연락이 끊어진 이들도 있습니다. 당연히 교회의 재정 상황도 악화되었습니다. 그러던 중에 설상가상으로 교회 지붕에서 물이 새기 시작했습니다. 전에는 아주 미세하게 누수가 생겼지만, 이제는 더 이상 미룰 수 없는 지경이 되었습니다. 하지만 천만 원에 가까운 공사 금액을 마련할 방법이 없었습니다. 그런데 그 때에도 하나님은 감당할 만큼을 채워 주셨습니다.

그 후로도 도미노 현상처럼 연속적으로 교회의 필요들이 생겨났습니다. 교회 에어컨 컴프레서(compressor)가 완전히 망가지는 바람에 전기 공사도 하고, 새로운 에어컨도 설치했습니다. 교회 노후 경유차도 폐차하고 차도 새로 구입했습니다.

이처럼 꼬리에 꼬리를 무는 교회 내 어려움과 필요들이 넘쳐났지만, 하나님은 결국 교회의 모든 쓸 것을 공급해 주셨습니다. 지금까지 제 인생과 교회의 필요를 아시고, 때를 따라 공급하신 하나님의 은혜를 찬양합니다. 앞으로도 저는 주님께서 피로 값 주고 사신 교회의 필요를 채워 주실 것을 신뢰합니다.

코로나 기간 동안 1만 개 이상의 교회가 문을 닫았다는 안타까운 소식을 들었습니다. 아무리 힘든 고난에 처해도 주님이 세우신 모든 교회가 주님의 공급하심으로 더 든든해지기를 소망합니다. 그러기 위해 주를 향한 믿음과 감사의 태도를 잃어버리지 않아야겠습니다.

오늘 있다가 내일 아궁이에 던져지는 들풀도 하나님이 이렇게 입히시거든 하물며 너희일까 보냐 믿음이 작은 자들아 _마 6:30

아무 것도 염려하지 말고 다만 모든 일에 기도와 간구로 너희 구할 것을 감사함으로 하나님께 아뢰라 _빌 4:6

기독교 괴물

2006년 개봉한 영화 〈괴물〉을 보면서 깜짝 놀랐던 기억이 있습니다. 보통 괴물을 소재로 한 영화에서 괴물은 어두운 밤에 사람들의 눈에 띄지 않게 나타났다 사라지곤 하는데, 이 영화에 등장하는 괴물은 환한 대낮에 사람들이 많이 모여 있는 한강 공원에 대놓고 출현했기 때문입니다. 봉준호 감독의 과감한 발상이 만들어 낸 참신한 충격이었습니다.

그런데 저는 오늘날 한국 기독교 안에서 일어나는 가슴 아픈 일들을 보면서, 곳곳에서 크고 작은 괴물들이 대놓고 활개를 치는 상상을 하게 됩니다. 지나친 폄하일지도 모르지만, 괴물들이 뻔뻔하게 크리스천이라는 탈을 쓰고서 교회의 거룩성을 훼손하며 어지럽히고 있다고 생각합니다.

기독교 괴물의 가장 큰 특징은 '교만'입니다. 기독교 역사 전통에서 1,500년 이상 전해 내려오는 '7가지 큰 죄(seven deadly sins)'라는 것이 있습니다. 그것은 교만, 시기, 분노, 나태, 탐욕, 탐식, 정욕입니다. 이것은 4세기 사막의 수도사들이 처음 만들었고, 6세기 초 로마의 교황 그레고리 대제(Gregory the Great)가 수도원에서 일반 교회로 가지고 왔습니다. 그런데 이 7가지 목록 중에서 가장 근원적인 죄악은 교만입니다. 교만은 어떤 죄보다 위험하고 치명적이며 모든 죄악의 뿌리라고 할 수 있습니다.

그래서 토마스 아퀴나스(Thomas Aquinas)는 "교만은 모든 죄악의 어머니이다."라고 했고, C. S. 루이스는 "교만에 비하면 다른 죄들은 벼룩에 물린 자국과 같다."라고 했습니다. 그만큼 교만은 다른 죄목과는 비교할 수 없이 매우 강력한 영향력을 갖고 있으며, 대부분의 죄가 교만의 태도로부터 나왔다 해도 과언이 아닙니다.

교만은 다른 사람보다 자신을 더 우월하게 여기는 것을 넘어, 하나님 없이 스스로가 인생의 주인이 되어 살고자 하는 자세를 말합니다. 그런데 안타깝게도 우리는 교회 공동체 안에서 이런 부류의 사람을 어렵지 않게 만날 수 있습니다. 물론 누구든지 교만해질 위험성은 있지만 심각한 상태의 교만에 빠진 누군가가 교회 공동체 전체에 미치는 파장력은 상상 이상입니다.

신자들 중에는 자신을 다른 사람보다 더 높은 위치에 있는 자로 생각하는 사람이 있습니다. 이런 사람의 마음은 이기심으로 가득 차 있고, 행동 양식은 자기중심적입니다. 대화를 나눠 보면 온통 자기 위주의 생각과 고정 관념이 강해서 다른 견해가 들어갈 틈이 없습니다.

쌍방향의 대화가 아니라 일방통행적인 대화입니다. 아니, 대화 자체가 이루어지지 않습니다. 이런 사람은 신앙관도 편향되어 있을 가능성이 높습니다. 그리고 타인의 입장을 배려하고 존중하는 모습이 별로 없습니다. 자신이 처한 상황이나 감정에 충실하고 타인의 상황과 감정을 고려하지 않습니다.

한번은 예배도 잘 드리고 교회를 세워 가는 일에 열정을 가진 성도님 한 분이 아무 연락 없이 주일 예배를 오지 않으셨습니다. 제가 아무리 전화 연락을 해도 받지 않았습니다. 틀림없이 무슨 일이 있을 거라 판단되어 그분과 친한 다른 분으로 하여금 그 집을 방문케 했습니다. 집 앞에서 전화도 하고 초인종도 눌렀는데 아무런 반응이 없었습니다. 집 안에 있다는 것을 분명히 알고 있는데 반응이 없으니 찾아간 성도님이 매우 당황했습니다. 나중에 문자가 왔는데 "지금 상당히 기분이 안 좋으니까 연락도 하지 말고 찾아오지도 마세요."라는 것이었습니다. 집안에 어떤 사정이 생겨서 그런 불편한 반응을 보였다는 사실을 나중에 알게 되었지만, 아무리 그래도 목회자나 동료 성도에 대한 신자로서의 예의가 아니었습니다.

어떤 신자는 자신의 높은 사회적 지위와 명성을 모든 삶의 자리로 끌고 들어오기도 합니다. 나의 직함은 이러저러하고, 나는 유력한 사회 고위층 인사들과 교류하고, 나는 다양한 봉사와 선행을 많이 하고 있고, 나는 이 정도 급이 되는 잘나가는 사람이라고 하며 자기 자랑하기에 바쁩니다. 그러면서 자신보다 부족하고 영향력 없는 사람을 무시합니다. 차라리 기독교 신자라고 말하지나 말지, 그가 가는 어느 곳에서든 그의 교만이 하나님의 영광을 가리고 있습니다.

교만은 사람과의 관계도 깨뜨리고 하나님과의 관계도 무너뜨립니다. 결과적으로 자신을 파멸로 이끄는 지름길입니다. 그래서 잠언 16장 18절에는 "교만은 패망의 선봉이요 거만한 마음은 넘어짐의 앞잡이니라"고 했습니다. 앤드류 머레이(Andrew Murray)는《겸손》(레베카, 2013)이라는 책에서 이렇게 말합니다.

겸손은 본질적으로 피조물의 첫 번째 의무이자 최고의 미덕이며 동시에 모든 덕행의 근본입니다. 그러므로 이런 겸손을 상실한 상태, 즉 교만은 모든 죄악의 뿌리입니다.

사람은 겸손을 잃어버릴 때 걷잡을 수 없는 교만에 빠져 온갖 죄를 범하게 됩니다. 그러므로 교만에 빠지지 않으려면 피조물의 으뜸가는 의무요 덕행인 겸손함을 잃어버리지 말아야 합니다. 앤드류 머레이는 또 이렇게 말합니다.

겸손은 은혜가 뿌리내리는 유일한 토양입니다. 겸손하지 않다는 것만으로도 모든 결점과 실패에 대한 충분한 설명이 됩니다. 겸손은 다른 덕목들과 함께 나란히 둘 수 있는 은혜나 미덕이 아니라 모든 것의 뿌리라 할 수 있습니다. 하나님 앞에서 취해야 할 올바른 태도는 오직 겸손뿐이고, 모든 일을 행하시는 하나님의 모습을 가능케 하는 것도 바로 겸손이기 때문입니다."

교만이 모든 죄악의 뿌리가 되듯이 겸손은 은혜가 뿌리내리는 유일한 토양이라는 것입니다. 교회 공동체 안에서 이런 신자를 만나면 마음에 기쁨이 충만하고 저절로 감사가 뿜어져 나옵니다. 그리고 공동체에 풍성한 영적 열매들이 맺혀집니다. 교만의 괴물을 물리칠 수 있는 가장 강력한 대안은 겸손의 능력으로 교만의 능력을 잠재우는 것입니다.

기독교 괴물의 또 다른 특징은 '탐욕'입니다. 톨스토이(Leo Tolstoy)의 단편 소설 《사람에게는 얼마만큼의 땅이 필요한가?》(써네스트, 2018)에 보면, 가난한 농부 바흠에 대한 이야기가 나옵니다. 땅을 갖고 싶었던 그는 어느 날 "하루 동안 걸어서 해가 지기 전까지 출발 지점으로 되돌아오면, 전부 자신의 땅이 된다."라는 기가 막힌 제안을 받습니다. 바흠은 땅 부자가 될 수 있다는 기대에 부풀어 최대한 넓은 땅을 차지하기 위해 쉬지도 않고 부지런히 다녔습니다. 다니는 동안 '조금만 더'라는 생각이 끊이지 않았습니다.

바흠은 해가 거의 질 무렵 늦겠다는 생각이 들어 정신을 차리고 왔던 길로 돌아갔습니다. 어느 순간부터는 도저히 안되겠다 싶어 죽을 힘을 다해 달렸습니다. 드디어 출발 지점에 간신히 도착했습니다. 어마어마한 땅을 차지할 수 있는 순간이었습니다. 그런데 바흠은 너무 무리하게 달린 탓에 지쳐 쓰러졌고, 그 길로 세상을 떠나고 말았습니다. 그리고 그는 잠시 후 2미터 남짓한 땅에 묻히고 말았습니다. 땅을 차지하기 위해 목숨까지 내걸었지만, 그가 최종적으로 소유할 수 있던 땅은 고작 2미터 남짓한 땅에 불과했던 것입니다. 톨스토이의 이 소설은 욕망의 허망함과 탐욕이 부른 참상을 그리고 있습니다.

탐욕은 필요 이상으로 탐하는 욕심을 말합니다. 오늘날 한국 교회와 신자들 안에 돈과 물질을 절대시하는 맘모니즘(mammonism)이 성행하고 있습니다. 목회자와 교회, 혹은 교인들에 대한 평가는 예나 지금이나 그 기준이 달라지지 않았습니다. 얼마나 많은 수의 신자가 모이고, 얼마나 많은 헌금이 들어오며, 얼마나 큰 규모의 건물을 갖고 있고, 교회가 얼마나 다양한 사역에 얼마만큼의 재정을 투입하고 있느냐가 주요 관심사입니다. 가시적인 물량적 지표를 교회 부흥이나 목회 성공의 척도로 삼는 것입니다. 그리고 이런 물량주의적 관점은 기복주의 신앙과 연결됩니다. 이것은 하나님께 많은 물질을 바치면 더 많은 복을 내려 주신다는 인식을 성도들에게 심어, 많은 소유를 얻기 위해 신앙을 수단화시켜 버리는 우를 범하게 만듭니다.

수년 전 어떤 교회에서 목회자가 은퇴할 시점이 되어 처우 문제를 논의한 적이 있습니다. 성도들은 그동안 목회자의 수고와 공로를 인정해, 교회가 할 수 있는 최선으로 예우하려고 계획했습니다. 누가 봐도 합리적이고 그 정도 선이면 괜찮은 수준이라 여겼지만, 은퇴 목회자가 거기에 만족하지 못했습니다. 자신의 섭섭함을 드러내며 몇 가지 항목을 덧붙여 매월 수백만 원 이상의 추가 지급을 요청했습니다. 그러나 교회 측은 그런 부분까지 감당할 상황이 아니었고, 그것을 과도한 요구로 판단해 교회와 은퇴 목회자 사이에 갈등이 시작되었습니다. 양측 간에 밀고 당기는 줄다리기가 시작되었고, 이 갈등은 쉽게 해결되지 못했습니다. 결국 장기간의 갈등과 대립으로 교회는 시끄러워졌고 분열되기 시작했습니다. 아름다운 마무리가 될 수 있었던 은퇴가 목회자의 과욕으로 인해 교회 공동체에 깊은 상흔을 남기고 말았습니다.

현세적인 복을 얻기 위해 예배하고 헌금하고 봉사하는 신자들! 그들은 모두 자신의 욕망을 채우기 위해 신앙을 수단시하는 '기독교 괴물'입니다. 성도들에게 내세의 소망을 전하면서도 마치 자신은 내세를 믿지 않는 자처럼 물질적인 소유에 집착하는 목회자들! 그들 역시 맘몬(mammon) 신을 섬기는 '기독교 괴물'입니다.

기독교 괴물의 또 다른 특징은 '정욕'입니다. 인간의 3대 욕구를 식욕, 수면욕, 성욕이라 합니다. 먹고자 하는 욕구, 자고자 하는 욕구, 성적인 욕구 모두가 자연스러운 인간의 욕구입니다. 그런데 절제되지 못한 식욕이 탐식이 될 수도 있고, 절제하지 못한 수면욕이 게으름이 될 수 있듯이, 절제하지 못한 성욕은 정욕의 죄가 될 수 있습니다.

제 발로 파멸을 향해 걸어 들어가는 사람을 '불에 뛰어드는 나방과 같다'고 합니다. 불만 보면 좋아서 미친 듯이 전구를 향해 날아 들어가 전구에 붙어 버립니다. 그러면 전구의 높은 온도와 열 때문에 나방이 죽게 되는데, 정욕에 빠진 자가 바로 이와 같다는 것입니다. 자기가 달려들면 죽는 줄도 모르고 겁 없이 정욕에 뛰어듭니다. 자신의 성적 욕구를 제대로 통제하지 않는 정욕은 주변을 생지옥으로 만들어 버립니다.

콘스탄티노플(Constantinople)의 유명한 설교자요 신학 문제 상담자였던 에바그리우스는(Evagrius Ponticus) "정욕은 잔인한 죄다. 자신의 만족을 위해 다른 사람을 탐하는 것이기에, 상대방을 인격체가 아닌 물체로 보는 것과 다르지 않다."라고 했습니다.

일제 강점기 시절 일본군을 대상으로 성 행위를 강요받은 위안부 만행이라든가, 최근 들어 우크라이나를 침공한 러시아 군인들의 우크라이나 여성 성폭행 사건은 상대 여성을 자기 욕망 충족의 수단으로 삼은 사악하고 잔인한 범죄라 할 수 있습니다. 그런데 이 정욕의 유혹은 우리 주변에 항상 도사리고 있습니다. 하나님 마음에 합했던 다윗도 어느 날 저녁 침상에서 일어나 왕궁 지붕 위에서 거닐다가 한 여인이 목욕하는 것을 보고 데려다가 성적인 죄를 범하게 됩니다. 다윗은 성적 욕구를 통제하지 못해 한순간에 무너지고 말았습니다. 오늘날에도 성적인 유혹은 수시로 찾아옵니다. 교회 안에서 같은 성가대로 봉사하는 유부남 유부녀가 불륜 관계에 빠지는 일도 있습니다.

둘이 불륜에 빠진 것을 모든 성도가 아는데도 버젓이 함께 교회에 나와 예배를 드립니다. 참으로 기가 막힌 노릇입니다. 교역자가 교회 내에서 자신이 지도하는 미성년자나 청년을 대상으로 돈독한 관계를 만들어 심리적으로 지배한 뒤 성폭력을 저지르는 '그루밍(grooming) 성폭력'도 심심치 않게 일어나고 있습니다. 노골적으로 성도들 여러 명과 부적절한 성적 관계를 맺는 경우도 적지 않은 듯합니다. 제가 아는 어떤 목회자는 부교역자 시절 담임 목회자가 교회 안에서 한 여신도와 지속적으로 부적절한 관계 맺는 것을 보고 즉각적으로 사임하기도 했습니다. 이처럼 한국 교회 안에 수면 위로 드러나지 않은 갖가지 성적 문란함이 교회의 거룩성을 훼손시키고 있습니다.

이외에도 기독교 괴물의 특징은 헤아릴 수 없이 다양합니다. 주님의 교회는 지상에서 사람들이 하나님 나라의 참맛을 볼 수 있는 시식 코너 역할을 감당해야 합니다. 그런데 절대자 하나님을 등에 업고 오히려 세상에 해악을 끼치는 무시무시한 괴물로 변해 가고 있음이 안타깝습니다.

오늘 나의 신앙이, 그리고 우리 교회가 나도 모르게 기독교 괴물이 되어 가는 것은 아닌지 돌아봐야겠습니다.

걸어 다니는 시한폭탄

얼마 전부터 우리 교회를 나오는 한 형제가 있습니다. 40대 중반의 나이에 아내 없이 아들과 어머니를 모시고 살고 있습니다. 나이보다 어려 보이는 얼굴에 옷도 대학생처럼 깔 맞춤으로 잘 입고 다닙니다. 누가 봐도 시크한 멋쟁이 형제입니다. 이 형제는 매주 교회를 오고 싶어 하는데 그러지 못합니다. 예배 시간보다 늦게 올 때도 있고, 몇 주에 한 번 나오기도 합니다. 바빠서 그럴 것이라고 생각했는데 그렇지 않았습니다. 그에게는 그만한 사정이 있었습니다.

이 형제는 한마디로 '걸어 다니는 종합 병원'입니다. 평소 정기 진료를 받는 병원의 진료 과목은 7가지나 됩니다. 내분비내과, 소화기내과, 신장내과, 정신건강의학과, 마취통증의학과, 정형외과, 안과입니다. 그리고 평상시 먹는 약의 종류는 10가지입니다. 20대에 당뇨가 왔고 쓸개는 떼어내서 없습니다. 췌장은 고장 났고 신장은 투석 전 단계입니다. 지금까지 심정지도 두 번이나 와서 심폐 소생술(CPR)로 간신히 살아났습니다.

그런데 정말 심각한 문제는 가끔씩 실신하거나 혼수상태에 빠지는 것입니다. 실신하기 전에 식은땀이 나거나 오한 혹은 어지럼증 증세가 있는데, 주로 화장실을 갔다가 그런 증상이 나타나서 쓰러진다는 것입니다. 그렇게 쓰러지면 몇십 분이나 몇 시간을 꼼짝없이 그 상태로 있어서, 집에 혼자 있다가 쓰러지는 위험한 상황을 여러 번 겪었다고 합니다.

어떨 때는 어머니를 차에 모시고 운전하는 도중에 의식을 잃을 때도 있어서, 어머니가 간신히 흔들어 깨워 정신을 차린 적도 있었습니다. 하마터면 대형 교통사고가 날 수 있는 아찔한 상황에 어머니가 식겁하기도 했습니다. 마치 걸어 다니는 시한폭탄처럼 이 형제는 언제 어디서 어떤 일을 당할지 알 수 없는, 정말 위험한 순간순간을 살고 있습니다.

그런데 형제가 겪는 고통은 여기서 끝이 아닙니다. 형제에게는 상세 불명의 복통, 구토, 설사가 수시로 일어납니다. 통증이 없는 순간이 별로 없어서 마약성 진통제인 몰핀(morphine) 처방도 많이 받았습니다. 그러다 보니 몰핀 부작용으로 무슨 일이라도 일어날까 봐, 지역에 있는 주요 병원에서는 이 형제가 응급 상황에서 병원에 가면 진료를 거부하고 있는 실정입니다. 그래서 형제는 힘든 상황에서 서울에 있는 대형 종합 병원으로 진료를 갑니다. 자신이 운전을 할 수 없으니 콜택시를 불러 왕복 20만 원을 주고 다녀옵니다. 하지만 매번 그렇게 하기도 쉬운 일이 아닙니다.

그래서 만성 통증의 고통을 견디다 못해, 거금 2천만 원을 들여 '척수강내 약물주입펌프 이식술'(Intrathecal drugadministration system, 통증이 조절되지 않거나 약물 부작용으로 고통 받는 만성 통증 환자의 통증 관리를 위해 개발됨)을 받았습니다. '척수강내 약물주입펌프'는 복부 피부 아래에 삽입되어 척수강 내에 연결된 가는 유도관을 통해 약물을 공급하는 의료기기인데, 의료진에 의해 설정된 적정량의 몰핀만을 주입하여 안전하게 통증을 관리할 수 있습니다. 형제에게 몰핀 펌프 이야기를 듣는데, 갑자기 상의를 들추면서 자신의 배를 보여 주었습니다. 배꼽 옆으로 참치캔 같은 동그란 형태의 물건을 손으로 잡아 움직이면서 보여 줬는데, 그게 바로 몰핀 펌프였습니다. 그게 있어서 그나마 어느 정도 통증을 잡아 주어 기본적인 일상생활이 가능하다고 했습니다.

육체적인 질병의 고통 외에도 정신적인 고통도 겪고 있습니다. 시각적 환영(幻影, illusion, 감각의 왜곡으로 사실이 아닌 것을 사실로 받아들이는 현상)을 겪기도 하고, 귀신이 항상 자기 방에서 자신을 지켜보고 있다고 합니다. 불안과 두려움에 시달리고 만성 우울증을 겪고 있습니다.

그가 일상에서 가장 바라는 소원은 두 가지입니다. 음식을 잘 먹는 것과 잠을 잘 자는 것입니다. 식욕도 별로 없지만 음식을 먹으면 소화를 잘 못 시키고 구토와 설사가 일어납니다. 그래서 하루에 한 끼 정도밖에 먹지 못하는데, 그마저도 쉽지 않아 영양 섭취를 잘 못하고 있습니다. 잠은 며칠 동안 한숨도 못 자는 게 다반사고, 많이 자면 기껏해야 두 시간을 잔다고 합니다. 이렇게 산 지가 벌써 10년이나 되었습니다.

시크한 외모 뒤에 감추어진 형제의 어마어마한 고통의 스토리를 들으며 저는 말문이 막혀 버렸습니다. 어떻게 한 사람의 인생 안에 이런 생지옥의 고통이 종합 세트로 존재할 수 있을까요? 손가락 끝에 아주 미세한 상처가 나도 아파하는 것이 일반적인 사람들의 반응인데, 이 형제는 내일 일을 알 수 없는 인생이 아니라 한 시간 후의 일도 알 수 없는 만성 시한부 인생을 살고 있다니…. 도대체 범인(凡人)들은 상상조차 할 수 없는 이 고통은 어디에서 왔을까요? 그리고 이 엄청난 고통의 원인은 무엇일까요?

형제는 견디기 힘든 현재의 괴로움을 고백하며 자기 인생의 참회록 같은 이야기를 들려주었습니다. 형제는 청소년 시절 온갖 못된 짓을 하며 방탕하게 살다가 급기야 다니던 학교에서 퇴학을 당해 최종 학력은 중졸이었고, 10대에 사귀던 여학생 사이에서 아이를 낳았는데 첫돌도 되지 않아 아이 엄마가 떠나갔다고 했습니다. 학교도 다니지 못하고 아내 없이 자녀를 키워야 하니, 곧바로 생업 전선에 뛰어들 수밖에 없어 술집 업소에서도 일하고, 사채업에도 종사하면서, 나중에는 대리 운전 사업체를 맡아 운영하기도 했다고 했습니다. 덕분에 나름 돈은 벌었지만 낮과 밤이 바뀌는 험악한 일들을 하는 바람에 몸과 마음이 망가져 버렸다고, 형제가 제게 고백하더군요.

"목사님! 제가 지금과 같은 고통에 시달리며 사는 것은 지난날 못된 짓을 너무 많이 해서 벌을 받고 있는 것 같습니다. 좀 더 빨리 깨닫고 정신 차렸어야 했는데, 지금은 너무 늦은 것 같습니다."

형제의 진솔한 고백을 듣고 마음이 참 아팠습니다. 이제 와서 무언가를 탓할 수는 없지만, 과거 어긋난 인생길에서 조금만 더 일찍 평범한 삶의 자리로 돌아올 수 있었다면 얼마나 좋았을까요? C. S. 루이스는 《고통의 문제》(홍성사, 2002)에서 이렇게 말합니다.

하나님은 쾌락 속에서 우리에게 속삭이시고, 양심 속에서 말씀하시며, 고통 속에서 소리치십니다. 고통은 귀먹은 세상을 불러 깨우는 하나님의 메가폰입니다.

하나님의 메가폰이 더 빨리 더 세게 형제의 영혼의 심금을 울렸더라면, 지금보다는 더 희망적인 미래를 기대할 수 있었을 것입니다. 그러나 한편으로는 다행이고 감사하다는 생각이 들었습니다. 이제라도 유일한 길과 진리와 생명이신 예수님을 믿고자 교회로 왔으니, 그런 마음을 품은 것 자체가 이미 그 안에 희망의 싹이 트고 있다는 증거니까요!

대부분의 사람들은 자신이 경험하는 고통의 문제에 대해 본능적으로 인과응보적인 해석을 합니다. 그리스도인들도 예외는 아닙니다.

하지만 설령, 그러한 고통의 상황이 자신의 죄악 때문이었음을 부인할 수 없다 할지라도, 보다 중요한 것은 시련과 고통을 넘어 희망을 향해 나아가는 것입니다. 루이스는 계속해서 말합니다.

하나님의 메가폰으로써 고통이 혹독한 도구라는 데에는 의심의 여지가 없지만, 그 고통은 반역한 인간에게 개심할 수 있는 유일한 기회를 제공해 주는 역할도 합니다.

그렇습니다. 고통은 누구도 환영할 수 없는 가혹한 과정이지만, 그것은 결국 하나님을 떠나 있던 과거의 잘못됨을 돌이키는 희망의 기회가 되는 것입니다. 저는 너무 늦은 것 같다고 고백한 형제에게 이런저런 부연 설명을 하지 않았습니다.

"형제님! 우리 교회 잘 오셨습니다. 형제님께는 반드시 예수님이 필요합니다."
"언제 어디서 무슨 일을 만나든 생명의 주인이신 예수님 붙들고 사셔야 합니다."

형제와 헤어지고 난 후, 그날 저녁에 유튜브 찬양 한 곡을 형제의 카톡 링크로 보냈습니다. 손경민 작사·작곡의 〈예수께로 오세요〉 찬양곡입니다.

가난한 사람 연약한 사람 눈물 마르지 않는 사람

예수님이 필요한 사람 여기 있나요

실패한 사람 두려운 사람 꿈도 소망도 없는 사람

예수님이 필요한 사람 여기 있나요

예수께로 오세요 예수께로 오세요 당신의 마음 주가 알고 계세요

예수께로 오세요 예수께로 오세요 내 아버지 되신 예수께로 오세요

걸어 다니는 시한폭탄처럼 한 시간 후의 일조차 알 수 없는 절망한 한 영혼에게 '예수'라는 유일한 희망을 주는 그런 교회와 그런 신자들이 더욱 많이 넘쳐 나기를 기도합니다.

봄꽃 향기

새봄이 왔습니다. 예배당 안에 봄꽃 향기가 진동합니다. 아내가 예쁜 꽃들을 많이 얻어 와 화분에 옮겨 심었습니다. 팬지, 데이지, 비올라, 마거리트, 국화, 죽단화, 패랭이꽃, 은방울꽃, 리나리아, 물망초…. 이름을 다 알 수 없는 다채로운 꽃들이 어우러져 봄꽃들의 작은 축제가 벌어졌습니다. 잠시 피었다 지는 꽃들이지만 어쩌면 이렇게 예쁘고, 아름답고, 사랑스러운지 모릅니다.

꽃은 보는 이들의 마음을 설레게 하고 그 매력에 흠뻑 빠져들게 만듭니다. 특히 감수성 풍부한 사람일수록 꽃을 보며 온갖 감탄사를 연발합니다.

"어머나!"

"세상에나!"

"예쁘기도 해라!"

제가 한 말이 아니라 아내와 교회 여자 집사님들이 내뱉은 감탄사입니다. 꽃은 무표정한 얼굴을 미소 짓게 하고 그늘진 얼굴을 환하게 만듭니다. 침묵의 혀를 수다스러운 혀로 바꿉니다. 사람마다 표현의 차이는 있을 수 있지만, 봄날에 피는 아름다운 꽃들을 보고 좋아하지 않을 사람은 아무도 없습니다.

한국의 대표적인 봄꽃으로는 개나리, 진달래, 벚꽃, 목련 등이 있습니다. 저마다 생긴 자태와 빛깔, 그리고 뿜어내는 향기는 다르지만, 조물주 하나님의 솜씨가 아니고서는 도저히 만들어 낼 수 없는 신비로운 매력을 발산합니다.

어린 시절 살던 집 앞에 중학교가 있었습니다. 학교 담장 너머로 아카시아 나무가 울창했습니다. 하얀 아카시아꽃이 필 때 그 향기가 산들바람을 타고 집안으로 들어왔습니다. 달콤한 듯한 그 향긋함은 지금도 제 코를 찌르는 듯합니다. 먹거리가 별로 없던 그 시절, 저는 친구들과 함께 아카시아 꽃향기의 유혹에 이끌려 아카시아꽃을 배부를 정도로 실컷 따먹은 기억이 있습니다. 봄부터 가을까지 피는 사루비아꽃(Salvia, 깨꽃)의 향기도 잊을 수 없습니다. 빨간색 사루비아꽃을 떼서 입으로 쪽쪽 거리며 꿀을 빨아 먹던 그때가 얼마나 행복하고 즐거운 순간이었는지 모릅니다. 눈으로 보이던 꽃의 아름다움이 코를 통해 향기로 느껴지고, 그 아름다움과 향기가 혀로 전달되어 맛을 느끼니 꽃과 제가 물아일체 되었습니다.

'화향백리, 주향천리, 인향만리(花香百里 酒香千里 人香萬里)'라는 옛말이 있습니다. '꽃의 향기는 백 리를 가고, 술의 향기는 천 리를 가지만, 사람의 향기는 만 리를 간다'는 뜻입니다. 이것과 비슷한 말도 있습니다. '난향백리, 묵향천리, 덕향만리(蘭香百里 墨香千里 德香萬里)'입니다. '난의 향기는 백 리를 가고, 묵의 향기는 천 리를 가지만, 덕의 향기는 만 리를 간다'는 뜻입니다. 참 의미 있게 다가오는 옛말입니다.

꽃을 비롯한 만물에 다양한 냄새와 향기가 있듯이, 사람에게도 저마다 다른 냄새와 향기가 있습니다. 제가 제일 좋아하는 냄새는 어린 시절 엄마 냄새와 아기 냄새입니다. 엄마 젖을 먹으며 자랐기에, 따뜻한 엄마 품 안에서 맡았던 냄새는 인생에서 지울 수 없는 가장 소중한 향기라고 할 수 있습니다. 아기 냄새는 세 자녀를 키우면서 맡았던 냄새입니다. 여리고 약한 생명이 엄마 젖을 먹을 때나 새근새근 잠자며 풍겼던 냄새는 부모로서 경험한 가장 기분 좋은 향기라고 할 수 있습니다. 이제는 엄마의 향기도 아기의 향기도 맡을 수 없게 되었으니 애잔한 그리움이 남습니다.

그런데 정말 소중한 사람의 향기는 겉에서 풍기는 향기가 아니라 속에서 은은히 뿜어져 나오는 내면의 향기일 것입니다. 법정 스님의 《아름다운 마무리》(문학의숲, 2008)에 보면 이런 내용이 있습니다.

좋은 만남은 향기로운 여운이 감돌아야 한다. 그 향기로운 여운으로 인해 멀리 떨어져 있어도 함께 공존할 수 있다. 사람이 향기로운 여운을 지니려면 주어진 시간을 값없는 일에 낭비해서는 안 된다. 쉬지 않고 자신의 삶을 가꾸어야 한다. 그래야 만날 때마다 새로운 향기를 주고받을 수 있다.

여기서 '향기로운 여운'이라는 표현이 마음에 깊게 와닿습니다. 인생의 시간을 값지게 선용하며 끊임없이 내면을 성찰하고 삶을 아름답게 가꾸어 나갈 때, 사람과 사람의 관계는 공간적 거리와 상관없이 서로가 '향기로운 여운'을 줄 수 있는 좋은 만남이 된다는 것입니다. 박필규 시인의 〈향기 나는 사람〉이라는 시를 감상해 보겠습니다.

꽃, 나무, 사람, 바람과 물 속에도
자신만의 향기가 있다.
살기 어려워도 남을 돕는 사람
자기는 바빠도 순서를 양보하는 사람은
사람 발에 밟혀도 향기 뿜는 꽃잎 같다.
고난과 상처를 이겨 내고 우뚝 선 사람
힘겨울 때 보는 것만으로 위로가 되고
마음속의 눈물까지 닦아 주는 사람은
가지 잘린 상처를 감싸는 송진 향 같다.
나의 허물 덮어 주고 내 부족함을
고운 눈길로 지켜 주는 사람
상대를 배려하고 존중하는 사람은

자기 몸 태워 향 풍기는 향불 같다.

한 번 밝힌 마음의 등불을 깨뜨리지 않는 사람

인생의 여정을 진실하게 함께 가는 사람

삶을 사랑하며 사랑을 귀히 여기는 사람은

잘 익은 과일 향기 같다.

세상을 바라보는 시선이 곱고 밝은 사람

항상 웃음을 머금고 있는 사람은

영혼까지 맑게 하는 진한 커피 향 같다.

그런 사람, 그런 향기, 그런 여유,

먼저 나에게서 찾고 싶다.

그리고 당신과 나누고 싶다.

향수를 뿌리지 않아도, 향을 사르지 않아도

넉넉한 기품과 인간적 냄새가 나는

그런 사람이 되고 싶다.

아! 그런 사람 되고 싶다.

명품 향수를 뿌리고 다닌다고 향기 나는 사람이 되는 게 아닙니다. 사람이 명품이어야 합니다. 고단한 인생길에도 더 버겁게 사는 이들을 돌아볼 줄 아는 이타적인 마음을 가진 사람, 추운 고통을 겪은 다음에 맑은 향기를 발하는 매화처럼 가슴 시린 사람을 품을 수 있는 따뜻한 가슴을 지닌 사람, 언제나 겸손하게 자기를 낮추며 다른 사람을 높이고 섬기는 사람, 쉘 실버스타인(Shel Silverstein)의 《아낌없이 주는 나무》처럼 누군가를 평생 너그럽게 용납하고 모든 것을 내어 줄 수 있는 사람, 구수한 된장국 같고 숭늉 같은 사람. 그런 사람이 모두가 그리워하는 참 향기나는 사람이 아닐까요?

그런데 사실은 누구보다 그리스도인들이 이런 사람이 되어야 하고, 교회는 향기로운 사람들로 넘쳐 나야 합니다. 지금 이 시대 사람들은 그동안 교회와 그리스도인들이 풍긴 삶의 악취로 인해 눈살을 잔뜩 찌푸리고 있습니다. 이 모든 악취를 몰아낼 만한 강력한 그리스도의 향기가 우리의 삶의 자리 곳곳에서 '폴폴', '풀풀' 풍겨져 나와야겠습니다. 예배당 안을 순식간에 봄꽃 향기로 가득 채운 봄꽃들의 위력처럼 말입니다.

우리는 구원 받는 자들에게나 망하는 자들에게나 하나님 앞에서 그리스도의 향기니 _고후 2:15

에필로그

사계절 중에서 저는 봄을 가장 좋아합니다. 일 년 내내 봄의 계절을 만끽하고 싶습니다. 우연인지 몰라도 제 이름 안에 봄의 의미가 담겨 있습니다. '재춘(載春)'이라는 이름은 '실을 재'에 '봄 춘' 자를 쓰는데, 직역하면 '봄을 실어서 운반한다'는 뜻입니다. 봄은 희망을 상징하는 계절이므로 '載春'을 다시 해석하면 '희망을 실어서 운반하는 사람'이라는 뜻입니다. 생명력을 잃고 절망에 빠진 사람들과 가야 할 길을 몰라 방황하는 이들에게 희망을 실어 나르는 역할이 얼마나 아름답고 소중한 일입니까? 제 이름 속에 목회자의 사명이 있고, 교회의 사명이 있습니다.

지난 십수 년 동안 교회를 건축하고 개척하여 목회해 오면서, 다양하고 변화무쌍한 교회의 사계절을 체험했습니다. 늘 봄날의 꽃길 같으면 좋겠는데, 실제 목회 현장에서는 따뜻한 봄날도 화려한 꽃길도 별로 없습니다. 추운 겨울과 거친 가시밭길이 훨씬 많습니다. 그러나 교회가 어떤 계절을 경험하든 하나님의 섭리 안에 있음을 확신합니다. 아름다운 교회를 꿈꾸던 때에도, 열정으로 교회를 세우던 시절에도 주님은 함께하셨습니다. 기쁨으로 열매를 거두던 때에도, 가슴 아픈 눈물을 흘리던 시기에도 주님은 언제나 동행하셨습니다.

이 책의 제목인 "교회, 다시 봄"에는 이중적인 의미가 담겨 있습니다. 하나는 지나간 교회의 봄, 여름, 가을, 겨울을 회고하며 다시 본다(視)는 뜻입니다. 또 하나는 시련의 겨울을 보내고 있는 교회에 다시 희망의 봄(春)이 오기를 고대한다는 뜻입니다.

많은 이들이 한국 교회의 위기를 말합니다. 이미 오래전부터 사회적인 신뢰를 잃어 교회의 이미지가 추락했고, 현재에도 늘 비난의 대상이 되고 있습니다. 교회의 양극화도 갈수록 심화되고 있고, 미래를 책임질 다음 세대도 급격히 감소하고 있습니다. 미래학자 최윤식 박사에 의하면, 2050년 한국 기독교인 수를 현재의 절반 수준인 400만 명 정도로 예측하고 있습니다. 모든 교회가 어렵지만 특히 작은 교회들의 형편이 좋지 않습니다. 현재 한국 교회의 70~80%는 50명 이하의 작은 교회들입니다. 이들 중 상당수가 재정 자립이 되지 않아 목회자나 사모가 일을 해서 생활하고 있습니다. 이제는 이중직도 보편적인 현상이 되고 있습니다. 어떻게든 교회가 문 닫는 것은 막기 위해 눈물겹게 고군분투하는 목회자들이 주변에 많습니다. 그분들 모두에게 칭찬과 격려의 박수를 아낌없이 보내고 싶습니다. 아무도 그 수고와 눈물을 몰라줘도 괜찮습니다. 사람들이 알아 주는 것보다 주님께 기억되는 인생이 복되니까요!

교회와 함께한 지난날이 다시 떠올리기 싫은 흑역사였을지라도, 그리스도 안에 있다면 지나간 것은 반드시 그것 나름의 의미가 있습니다. 개라도 한 마리 앉혀 놓고 예배드리고 싶을 정도로 한 영혼에 목말라하는 그 목사님의 비통한 심정의 고백을 결코 잊을 수 없습니다. 예상치 못한 역경과 눈물로 깊은 탄식에 빠졌던 순간도, 아무리 부르짖어 기도해도 하나님께서 응답해주시지 않는 것 같은 영혼의 어두운 밤도, 목회자의 가슴에 대못을 박고 떠나는 성도의 뒷모습을 지켜보는 쓸쓸함의 경험도, 절망의 탄식이 아니라 교회의 희망을 배태한 유의미한 기억으로 간직할 것입니다.

바보새 이야기를 들어보셨습니까? 동양에서는 '하늘을 믿는 노인' 이란 뜻으로 '신천옹(信天翁)'이라고 불립니다. 양 날개를 펴면 3m 가 넘고, 6일 동안 한 번의 날갯짓도 없이 날 수 있고, 단번에 32km 를 날아갈 수 있습니다. 어떤 새보다 더 멀리 더 높이 날아서, 두 달 안에 지구를 한 바퀴 돌 수 있는 이 바보새의 이름은 '알바트로스 (albatross)'입니다. 알바트로스를 바보새라 부르는 이유는 땅 위에서는 지저분하게 보이는 큰 날개와 물갈퀴 때문에 걷거나 뛰는 모습이 우스꽝스럽고, 아이들이 돌을 던지면 날지 못하고 뒤뚱거리며 도망가는 모습이 바보 같기 때문입니다. 아무리 날갯짓해도 혼자 힘으로 날아오르지 못합니다.

그런데 바보새에게는 놀랄 만한 능력이 있습니다. 폭풍이 몰려오는 날 모든 새가 안전한 곳으로 피해 들어갈 때, 바보새는 폭풍우를 마주합니다. 절벽 위에서 긴 날개를 펴고 바람이 거세질수록 바람에 몸을 맡기며 절벽에서 뛰어내립니다. 폭풍우 치는 그때가 바로 비상할 수 있는 기회입니다. 그렇게 거센 바람의 힘을 이용해 날아가는데, 필요한 힘의 98%는 바람에서 얻고, 나머지 2%만 자신의 힘을 이용한다고 합니다.

바보새 알바트로스는 거센 바람에 몸을 맡기며 뛰어내릴 때, 비로소 아름다운 비상을 하게 됩니다. 시시각각 닥쳐오는 현장 목회의 어려움은 마치 절벽 위에서 폭풍우를 맞는 것과 같습니다. 하지만 시련의 바람이 거세질수록 모든 것을 주님께 맡길 때, 오히려 고난은 더 높은 희망을 향해 비상하는 기회가 될 수 있습니다. 이 책을 통해서 저는 냉혹한 목회 현장에서 보이지 않는 하나님 나라를 위해 치열한 사투를 벌이는, 모든 교회 목회자들과 성도들에게 미약하나마 희망의 기운이 불어넣어졌기를 기대합니다.

　이 책이 출간되어 나오기까지 많은 분의 수고가 있었습니다. 먼저 책을 출간할 수 있도록 해주신 세움북스 출판사와 강인구 대표님, 이정희 과장님, 류성민 대리님께 감사드립니다. 또한 책을 쓸 수 있도록 따뜻하고 진심 어린 동기 부여를 해준 친구 김관성 목사님, 출간 과정에서 지속적인 격려를 해주신 홍인표 목사님, 저의 어린 시절부터 말씀의 꼴을 먹여 주신 김형윤 목사님, 청소년 때부터 친구로 만나 함께 목회의 길을 걷고 있는 친구 김광섭 목사님, 같은 지방회에서 좋은 멘토로 격려해 주시는 남병습 목사님, 개척과 건축의 여정에 큰 힘을 실어 주신 임성도 목사님, 항상 넉넉한 가슴으로 품어주고 미소 지어주시는 선배 김원정 목사님, 따뜻한 감성과 냉철한 지성을 가진 친구 최진봉 교수님, 시대에 선한 영향력을 끼치며 건강한 목회를 하고 있는 친구 최인선 목사님, 한국과 세계에 좋은 모델이 될만한 교회를 세워 가고 있는 친구 최병락 목사님께 감사합니다. 이분들은 한없이 부족한 저와 저의 목회를 기쁨으로 응원하며 흔쾌히 추천사를 써주신 분들입니다.

우리 가문에 가장 먼저 복음의 씨앗을 뿌려 주신 천국에 계신 할머니, 역시 천국에서 저를 위해 기도하고 계실 사랑하는 엄마, 홀로 남아 믿음의 길을 걷고 계신 아버지, 같은 교단에서 목회하고 있는 두 형님 목사님 가정과 큰 매형 목사님 가정, 그리고 한의사 작은 매형 가족들에게도 감사를 드립니다.

무엇보다 나의 사랑하는 푸른마을교회 지체들, 그리고 누구보다 가까이에서 저를 사랑하고 언제나 제 편이 되어 주는 지혜롭고 사랑스러운 아내 백현하와 항상 아빠를 응원해 주는 세 아들에게도 감사의 마음을 전합니다. 이 감사한 마음을 잊지 않고 제게 주신 목회 현장에서 주님의 교회를 더 깊이 사랑하고 묵상하며, 보잘것없지만 세상에 작은 희망이 되는 교회 공동체를 지향하며 나아가겠습니다.

지금도 악전고투하며 혹독한 겨울을 보내고 있을 이 땅의 작은 교회 목회자들과 성도들, 그리고 모든 한국 교회 목회자들과 신자들을 향해 외치고 싶습니다.

"주님의 교회를 다시 봅시다!"

"주님의 교회에 다시 희망의 봄이 오기를 고대합시다!"